用户增长知识体系指南 UGBOK®

营销国际协会（SMEI） 著

电子工业出版社
Publishing House of Electronics Industry
北京·BEIJING

内 容 简 介

本书由有着 140 多年历史的 SMEI（营销国际协会）组织美、中两国权威专家历时三年编写而成，作为旨在引领互联网用户增长实践的全球标准，在世界范围内首次系统地提出了互联网用户增长知识体系指南，包括精益增长的核心方法，用户获取、用户深耕的全生命周期增长逻辑与过程，十项典型增长任务的完成及数据驱动的增长运营技术，并采用准确而优美的语言、中文与英文对照的叙述方式定义了超过 500 个基础概念，建立了超过 100 个指标的增长指标体系，大量的图解也使本书既生动又易于理解。这些来自全球非常成功的互联网企业正在普遍使用的方法，在由 SMEI 提炼为知识体系指南后，将引领更多的企业加速走向辉煌。

未经许可，不得以任何方式复制或抄袭本书之部分或全部内容。
版权所有，侵权必究。

图书在版编目（CIP）数据

用户增长知识体系指南 UGBOK／美国营销国际协会（SMEI）著. —北京：电子工业出版社，2022.2
ISBN 978-7-121-42863-0

Ⅰ.①用… Ⅱ.①美… Ⅲ.①网络营销—研究 Ⅳ.①F713.365.2

中国版本图书馆 CIP 数据核字（2022）第 029053 号

责任编辑：蒲　玥　　　　　特约编辑：田学清
印　　刷：三河市兴达印务有限公司
装　　订：三河市兴达印务有限公司
出版发行：电子工业出版社
　　　　　北京市海淀区万寿路 173 信箱　　　邮编：100036
开　　本：787×1092　1/16　印张：18.5　字数：474 千字
版　　次：2022 年 2 月第 1 版
印　　次：2022 年 12 月第 2 次印刷
定　　价：78.00 元

凡所购买电子工业出版社图书有缺损问题，请向购买书店调换。若书店售缺，请与本社发行部联系，联系及邮购电话：(010) 88254888，88258888。
质量投诉请发邮件至 zlts@phei.com.cn，盗版侵权举报请发邮件至 dbqq@phei.com.cn。
本书咨询联系方式：(010) 88254485，puyue@phei.com.cn。

前 言

近年来，互联网用户增长类职业成为在全球受到热捧的新兴职业，众多企业尤其是与互联网相关的企业，纷纷加大了对用户增长人才的争夺力度。在领英、拉勾等知名招聘平台上，与用户增长相关的职位招聘量不断刷新纪录。

SMEI（Sales & Marketing Executives International，营销国际协会）于2018年10月在多个国家和地区发起了一项共1300余人参与的问卷调查（高校学生占57%，在职人士占43%）。在本次调查中，互联网用户增长领域受到的关注度之高令人惊讶。在"非常有兴趣"和"比较有兴趣"进入该领域发展的群体中，排在前两位的理由分别是"薪酬起点高"（占58.6%）和"互联网行业的吸引力大"（占52.7%）；而在就业挑战中，排在前两位的挑战分别是"压力指数高"（占42.5%）和"欠缺互联网用户增长知识和技能"（占36.3%）。

基于本次调查的启发和在调查过程中发现的大家普遍关心的问题，自2018年12月起，SMEI组织美国和中国的专家团队，开展了一项近三年的专题研究。重点研究的问题包括：那些在互联网用户增长方面卓有成效的企业普遍采用什么样的方法、策略、技术与工具？典型企业对增长类岗位人才的胜任力要素是如何设立与评价的？典型企业如何招聘与培养增长类岗位人才？还未广泛采用互联网用户增长方法的企业有哪些原因？互联网用户增长概念的产生和发展趋势，以及与之相关的一系列基础性问题。

本次专题研究主要采用了以下研究方式。

- 研究优秀企业的增长方法和案例。通过访谈、考察、合作研究等方式，对优秀企业的增长方法、策略、技术、工具与案例进行研究，研究对象既包括Meta（原Facebook）、亚马逊、阿里巴巴、字节跳动这样的大型互联网企业，又包括一些具有广阔成长空间的中型互联网企业。
- 研究招聘市场和直接从业者。对招聘职位、工作场景、工作内容、职位资格要求、招聘企业痛点、从业人员的观点等进行综合研究分析。
- 研究重要文献资料。收集和研究全球专业研究机构和典型企业等发表的重要文献。
- 研究行业专家观点。收集业界和学术界知名专家的专业性观点并进行研究分析。

通过本次专题研究，研究团队获得了一系列重要的认知。

- "最终用户时代"已经到来。这是自工业革命以来的现代营销发展历程中，继生产导向时代、销售导向时代、营销导向时代之后的第四个时代，直接面向最终用户的营销与运营是其关键特征,最终用户的体验是其核心主题,当然,这也是企业长期保持增长活力的源泉。

- 用户增长学科即将诞生。企业全新的增长现实需求、正在丰富和完善的增长理论、快速发展的行业实践和探索,以及互联网用户增长需要研究的问题本身的独特性质,决定了用户增长学科即将诞生。而且,已经比较清晰的一点是,这门崭新的交叉学科,将主要建立在营销管理、数据分析、信息技术三门学科的基础之上。
- 用户增长人才将呈井喷式增长。《华尔街日报》将这类复合型人才称为企业中的"独角兽",意为其数量稀少、价值独特。充分的研究证据表明,在当今的商业和技术环境下,拥有互联网增长思维及营销、数据共同驱动的增长技能的人才,能为企业真正带来持续增长,是企业迫切需要的人才,可以肯定,这样的复合型人才拥有广阔的增长前景。

通过本次专题研究,研究团队还获得了一系列重要的成果,将陆续通过专著、报告、白皮书、专题文章等形式进行公布。

基于本次专题研究,SMEI 决定实施以下计划,以推动全球用户增长学科的建设及专业人才的培养。

- 成立用户增长知识体系委员会。SMEI 将在旗下成立专门的用户增长知识体系委员会,该委员会主要以美国、中国这两个全球最大经济体的专家为主,并适当吸收欧洲和亚太地区的相关行业专家。该委员会的基本使命是,研究和推广互联网用户增长知识体系,推动用户增长学科的建设及发展。
- 出版《用户增长知识体系指南 UGBOK®》。本书将成为互联网用户增长学科发展史上的奠基性著作,并计划每隔 1~2 年更新一个版本,逐步发展和完善,成为全球公认的互联网用户增长知识体系标准。
- 建立用户增长的学科发展社区。SMEI 将首先建立英文和中文两个语种的学科发展社区,为行业人士的学习、交流、研讨提供平台,并助力用户增长学科的发展和推广。
- 对用户增长专业人才进行认可与认证。SMEI 将开展对互联网用户增长师的、三个层级的认可与认证,探索互联网用户增长专业人才培养机制的创新,为企业输送优质人才,促进全球互联网商业的繁荣。互联网用户增长师的认可与认证将以《用户增长知识体系指南 UGBOK®》作为依据。在中国,SMEI 中国办公室同工业和信息化部教育与考试中心联合举办的"UGS 互联网用户增长师"认证项目已经在工业和信息化技术技能人才网上学习平台上线。

《用户增长知识体系指南 UGBOK®》是本次专题研究的重要成果之一,它主要包括以下特点。

- 构建了互联网用户增长的完整知识体系，其核心可以归纳为"一二三"（一套增长思想、两大过程能力、三大专业技能）。这套知识体系结构清晰、逻辑严密、方便实用，它来自全球众多一流企业的生动实践，经过SMEI研究团队近三年的反复研究、提炼和升华，成为更加系统化、结构化的知识体系，普遍适用于各个行业，各类企业和高等院校，增长、营销、运营、产品、数据分析、商业分析等众多职业领域的从业人士，以及有志进入互联网用户增长领域发展的人士。
- 开发了"策略环"模型，即由机会、策略、验证、发展四个环节构成的思维模型，是思考和解决问题（包含企业增长问题）的通用方法论。它简洁而又精密的四步循环过程，既是一种分析和解决问题的核心思想，又是一套切实可行的实践办法。在企业增长领域，这四个步骤的不断循环往复，可以精益化地驱动用户和企业的增长。
- 解析了用户获取、用户深耕的全生命周期增长逻辑与过程，以及如何完成这个过程中的十项典型增长任务。
- 充分呈现了数据驱动的增长运营技术，提供了从宏观到微观的完整分析方法。
- 定义了超过500个互联网用户增长领域的基础概念，厘清了该领域众多似是而非、互相矛盾的观点。这套权威的定义提供了众多基础概念的标准解释，也规范了该领域的沟通语言。而且，这些概念的叙述采用了准确而优美的语言、中文与英文对照的叙述方式，更易于读者理解。
- 建立了超过100个指标的增长指标体系，规范和明确了相关指标的计算和使用场景。
- 大量的图解使本书既生动又易于理解。
- 在世界范围内首次提出了用户增长道德守则，为规范该领域的行为提供了清晰的道德指引。

目 录

第一章 用户增长知识体系指南简介 1
    1.1 目的 1
    1.2 构建原则 1
    1.3 知识体系框架 2
    1.4 《UGBOK®指南》的内容框架与内容结构 2
    1.5 适用范围 4
    1.6 相关声明 5

第二章 用户增长概述 7
    2.1 最终用户时代 8
    2.2 用户增长的知识体系 14
    2.3 用户增长的原力：核心价值 17
    2.4 用户增长数量的衡量 22
    2.5 用户生命周期价值的衡量 24
    2.6 北极星指标 28

第三章 策略环模型 31
    3.1 机会 31
    3.2 策略 47
    3.3 验证 49
    3.4 发展 53

第四章 用户获取过程 55
    4.1 理解用户获取过程及模型 55
    4.2 主要任务 59
    4.3 渠道运营 59
    4.4 渠道端推广 71
    4.5 着陆页优化 84

4.6	裂变获客	89
4.7	反流量欺诈	95
4.8	触点管理	101

第五章 用户深耕过程 109

5.1	理解用户深耕过程及模型	109
5.2	主要任务	111
5.3	新用户留存	111
5.4	老用户留存	117
5.5	用户流失干预	125
5.6	用户持续转化	131

第六章 营销管理 139

6.1	用户画像	139
6.2	产品与品牌	144
6.3	程序化广告	148
6.4	搜索引擎优化	151

第七章 数据分析 155

7.1	数据分析流程	155
7.2	概率论与数理统计	162
7.3	Excel 数据分析	165

第八章 信息技术 169

8.1	计算机网络基础	169
8.2	辨识与追踪技术	172
8.3	营销技术	177

第九章 用户增长团队与文化 180

9.1	与增长重点相关的职能	180
9.2	组建增长团队的时机	181
9.3	增长团队的配置类型	182
9.4	增长团队的人员角色	183
9.5	建设企业的增长文化	184

第十章　用户增长道德 185

附录 A　用户增长道德守则 186

附录 B　名词术语 195

附录 C　常用缩写 272

附录 D　常用指标 277

附录 E　参考文献 288

用户增长知识体系指南简介

1.1 目的

《用户增长知识体系指南》(*A Guide to the User Growth Body of Knowledge*,以下统称《UGBOK®指南》)的主要目的,是定义最终用户时代的用户增长职业并提供一套业界普遍接受的实践标准,推动相关专业人才的培养和职业发展,促进这一职业的长足发展。

1.2 构建原则

用户增长是一种实践性极强的新兴职业,新的知识及技术还在职业的高速演进和发展中不断涌现。同时,在不同的国家或地区,获客渠道、工具平台、技术及法律环境等也不尽相同。

基于以上背景,《UGBOK®指南》对知识点的收录和知识体系的构建,遵循以下三个基本原则。

- **通用性原则**。本书重点收录不因区域、工具平台、技术及法律环境等不同而产生差异性的共性知识。例如,在 Meta 和微信中运营流量的具体操作有很多不同,因而本书收录的重点会侧重于社交平台运营的共性知识。
- **相关性原则**。本书重点收录与互联网用户增长具有强相关性、最应当被掌握的知识。例如,对于涉及概率论与统计学知识的相关内容,本书只收录了假设检验(Hypothesis Testing)等与用户增长密切相关的知识,而非全面的概率论与统计学知识。
- **实用性原则**。本书重点收录在用户增长业务过程中的实用性知识。例如,在用户生命周期价值(Life Time Value,LTV)和投资回报率(Return on Investment,ROI)

等指标的计算中，本书收录的是实用价值高、可操作性强的计算方法，而非复杂的计算方法。

1.3 知识体系框架

基于用户增长的能力模型，本书构建了用户增长的核心知识体系。该体系可以概括为以下内容。

- **一套增长思想**，即一套由机会（Opportunity）、策略（Tactic）、验证（Verification）、发展（Development）四个环节构成的思维模型，是思考和解决问题（包含企业增长问题）的通用方法论。
- **两大过程能力**，即用户获取（User Acquisition）、用户深耕（Deep Cultivation）两大过程能力。这两大过程构成了增长的**关键过程领域**（Key Process Area，KPA），直接决定了增长的实效。
- **三大专业技能**，即营销管理、数据分析、信息技术。

用户增长知识体系框架如图 1-1 所示。

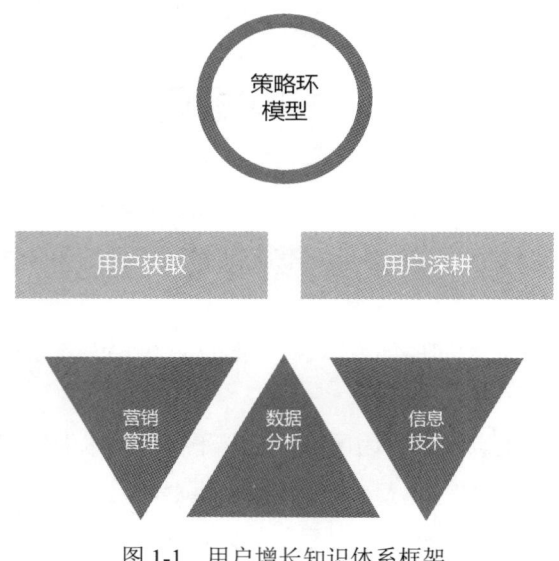

图 1-1 用户增长知识体系框架

1.4 《UGBOK®指南》的内容框架与内容结构

1. 《UGBOK®指南》的内容框架

《UGBOK®指南》的内容框架如图 1-2 所示。

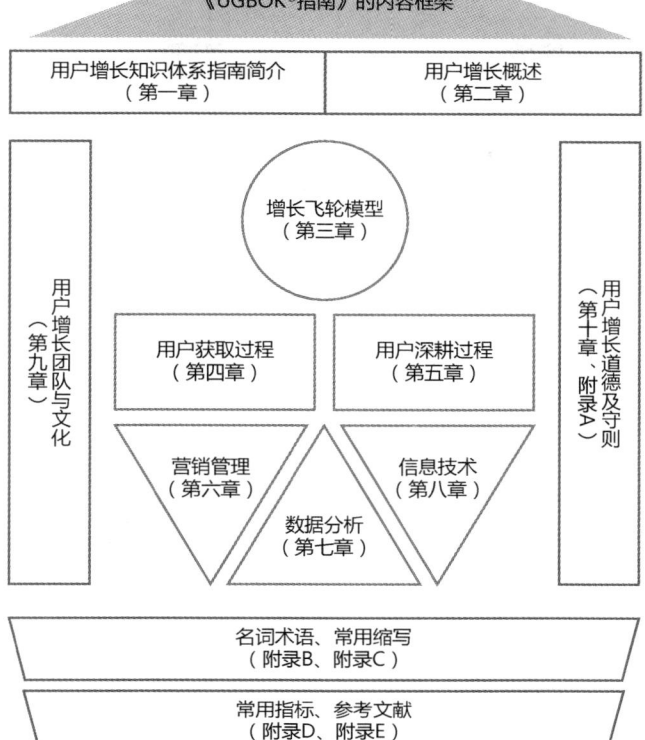

图 1-2 《UGBOK®指南》的内容框架

2.《UGBOK®指南》的内容结构

本书正文由十章组成,其中第三至八章是核心章节。

第一章重点阐述了用户增长知识体系的研究背景、知识体系框架、适用范围。

第二章重点阐述了用户增长的时代背景、产品核心价值的概念、用户增长的衡量。

第三章重点阐述了用户增长的核心逻辑——"策略环模型"。它由识别机会、制定策略、测试验证、持续发展四个环节组成,四个环节不断循环,形成了精益增长的效果和一套有效的用户增长机制。

第四至五章重点阐述了用户增长的两大过程,即用户获取过程、用户深耕过程。这两大过程共包含了十项典型任务,第四至五章阐述了"策略环模型"在每项任务中的应用过程,对每项任务的阐述采用了大致相同的结构。

第六至八章重点阐述了与用户增长相关的三大专业技能,即营销管理、数据分析、信息技术,并阐述了每个知识点与两大增长过程中十项典型任务的映射关系,对每个知识领域的阐述采用了大致相同的结构。

第九章重点阐述了用户增长团队与文化。

第十章重点阐述了用户增长道德。

1.5 适用范围

在最终用户时代,向用户提供产品或服务的企业应建立以用户为中心的业务运作模式和商业哲学体系。

用户增长知识体系不但适用于用户增长相关岗位的直接从业者,而且广泛适用于与用户增长相关的其他岗位从业者,以及准备进入这一领域的人士。

1. 一线从业者

《UGBOK®指南》为用户增长领域可选集的一线从业者提供了一套系统的工作指南,包括机会领域、分析指标、分析方法、数据运用、技术运用、工具箱、策略可选集等。

与用户增长相关的一线从业者如表 1-1 所示。

表 1-1 与用户增长相关的一线从业者

适用类别	职业方向	岗位举例
一线从业者	增长	用户增长、产品增长、营销增长、裂变增长、增长黑客等
	运营	用户运营、产品运营、活动运营、渠道运营、电商运营等
	内容	内容营销、文案策划、编辑等
	广告	广告制作、程序化广告投放等
	产品	产品管理、产品开发、产品规划、用户研究等
	设计	广告设计、网页设计、用户界面设计、创意设计等
	数据	数据分析、数据挖掘、数据工程等

2. 增长型团队中的利益相关者

《UGBOK®指南》为企业的增长型团队中的利益相关者提供了科学的增长思维、有效的增长路径,以及与增长工作相关的运行逻辑,为企业增长赋能。

增长型团队中的利益相关者包含(但不限于)以下人员。

- 企业中的决策者。
- 企业中的管理者。
- 与企业增长密切相关的职能部门,如技术部门、财务部门、人力资源部门等。

3. 人才评价者

《UGBOK®指南》为评价用户增长相关人才的能力提供了参考标准。

4. 学习研究者

《UGBOK®指南》为高校相关专业的师生及其他准备进入该领域的人士提供了学习和研究的重要指引和参考。

5．其他行业实践者

《UGBOK®指南》为用户增长职业的实践提供了理念、方法、概念、术语、计算法则、道德守则的集成系统和领先体系，反映了全球最新的职业实践成果，并对理论体系进行持续的更新迭代。

1.6 相关声明

1．商标声明

SMEI®、UGBOK®、UGS®等商标均系 SMEI 所持有的国际性商标，在众多国家或地区进行了注册。任何组织或个人未经书面授权不得使用相关商标或近似的文字、图案等视觉元素，对侵权行为和侵权者，SMEI 将保留追究其法律责任的权利。

2．著作权声明

本书的著作权归 SMEI 及 SMEI China Office（SMEI 中国区）共同所有，包括不同的语言版本（如中文、英文、德文、法文等），不同的载体形式（如纸质图书、电子书籍的全部或部分），不同的版本（当前为第 1 版）等。未经 SMEI 或 SMEI China Office 书面许可，任何组织或个人不得使用或抄袭本书中的任何内容。对侵权行为和侵权者，SMEI 或 SMEI China Office 将保留追究其法律责任的权利。

其中，对两项特别事项的声明如下。

- SMEI 提倡合理、合法地引用与传播，但必须注明出处。中国地区规范用语为"SMEI 与 SMEI 中国区. 用户增长知识体系指南[M]. 北京：电子工业出版社，2022."
- SMEI 鼓励企业内部将《UGBOK®指南》作为评价标准，但应获得 SMEI 的授权，授权联系方式为 ugbok@smei.net。

3．免责声明

本书的内容仅供相关组织或个人参考，SMEI 及 SMEI China Office 对内容的正确性不提供保证，对使用《UGBOK®指南》导致的任何后果也免除一切责任。

4．发展声明

本书将永远保持发展和更新。

欢迎全球相关领域的组织或个人与 SMEI 一起，共同推动用户增长学科、职业和《UGBOK®指南》的发展。如果您有以下任何方面的意见或建议，请及时通过邮箱 ugbok@smei.net 与我们联系。

用户增长知识体系指南 UGBOK®

- 纠正本书中的错误与不当之处。
- 对本书的发展和更新提出的建设性意见。
- 发现本书与相关国家或地区的法律法规或宗教信仰相冲突的内容。
- 向 SMEI 贡献企业的优秀实践成果或案例。
- 其他有益的意见或建议。

对于实际的贡献者及其贡献内容，SMEI 将在后续版本中一一载明。

ugbok@smei.net 是 SMEI 与全球相关领域的组织或个人就用户增长学科与职业发展进行沟通的专设邮箱，暂时只接收中文、英文、德文、法文邮件，不接收广告和虚假信息。

第二章

用户增长概述

"用户（User）"一词已经很难追溯具体是在什么时候被创造出来的了。但可以肯定的是，它的诞生时间相当久远。

在谷歌书籍词频统计器（Google Books Ngram Viewer）中检索词语"user"及与之高度相关的几个词语，包括"consumer（消费者）""customer（顾客）""client（客户）"，它们被提及的频率变化趋势如图2-1所示。

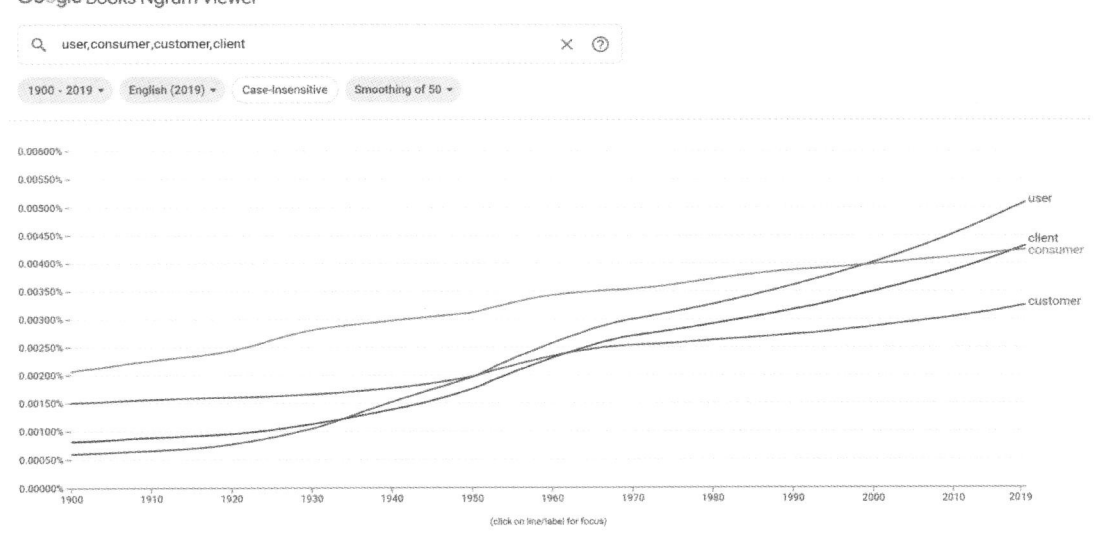

图 2-1　谷歌书籍词频统计器检索结果

从图2-1中可以发现，至少在1900年，用户、消费者、顾客、客户这些词语就已经被一些书籍提及了。1900年，在这几个词语中，"用户"一词被提及的频率最低，而在今天它已经独占鳌头。这在一定程度上反映了"用户"概念的发展趋势。

事实上，现在已经完全称得上是一个"最终用户"的新时代了。

2.1 最终用户时代

1. 营销时代的变迁

关于营销的实践已经有数千年的历史了。例如，早在公元前 200 年，中国人就使用包装和品牌表示家族、地名和产品质量，在公元 600—900 年间使用政府规定的产品品牌。据说，世界上最早的消费主义文化兴起于中国宋代，宋代出现的青铜雕版印刷的"济南刘家功夫针铺"的广告，被认为是世界上最早的印刷广告。后来，在庞贝古城、美索不达米亚平原、地中海等地也陆续发现了古代营销实践活动的遗迹。

"市场营销（Marketing）"一词最早记载于十六世纪的字典中，指的是在市场上进行买卖的过程。"营销"的现代定义在 1879 年的词典中首次出现，其被定义为一种将商品从生产者转移到消费者的过程，重点是销售和广告。尽管营销的实践已经进行了数千年，但作为专业实践的现代市场营销概念，普遍被认为出现在工业革命之后。关于现代营销的阶段划分有众多的版本，但最被广泛接受的是罗伯特·J. 基思（Robert J. Keith）的划分原则，他于 1960 年发表的一篇题为《营销革命》的文章被视为研究营销实践历史的开创性著作。在该文章中，他提出了三个典型的营销时代：生产导向时代（Production-oriented Era），时间为 19 世纪 60 年代至 20 世纪 30 年代；销售导向时代（Sales-oriented Era），时间为 20 世纪 30 年代至 50 年代；营销导向时代（Marketing-oriented Era），时间为 20 世纪 50 年代之后。被誉为"现代营销学之父"的菲利普·科特勒（Philip Kotler）在其经典著作《营销管理》中，将营销观念的发展演变总结为生产观念（Production Concept）、产品观念（Product Concept）、销售观念（Selling Concept）、营销观念（Marketing Concept）、全方位营销观念（Holistic Marketing）。科特勒的观点可视为对基思观点的一种继承和发展，也受到了广泛的认可。

SMEI 延续基思的思想脉络，将"营销导向时代"之后的第四个时代称为"最终用户导向时代"（简称最终用户时代，End User Era）。这个新时代的分水岭在 2010 年前后，标志性事件是可以快速接入互联网的移动设备在全球范围内开始被大量使用（2007 年苹果公司推出了首款 iOS 手机，2008 年 HTC 推出了首款 Android 手机，在 2010 年之前和之后，3G 和 4G 移动网络也陆续进入了全面商用阶段）。

网络分析机构 StatCounter 的监测数据显示，在 2016 年 10 月，互联网上的全球移动设备使用量首次超过了台式机。Google 在 2020 年发布的一项研究报告显示，有 68% 的人使用搜索来帮助他们解决在将来某个时刻要面临的问题。这些对未来需求的搜索主要发生在移动设备上，其中有 97% 的人会在手机上进行搜索。移动设备的广泛使用彻底改变了消费者访问互联网的方式、消费决策过程、与产品或品牌互动的模式，伴随着产品形态、移动媒体、社交网络、大数据、人工智能、短视频等移动网络生态的爆发式发展，商业和营销的格局也被彻底改变了，以"用户体验"为核心的"最终用户时代"正式到来。

"最终用户"这个词并非 SMEI 首创，它于 20 世纪 80 年代就已经诞生，那时计算机软件的用户从编程专家和计算机科学家扩展到普通消费者，"最终用户"特指软件的普通消费者。SMEI 将今天的营销新现实定义为"最终用户时代"，是基于消费者行为出现的根本性变化而定义的，其含义已经远远超出了软件的普通消费者的范围。

2．最终用户时代的用户及其消费特征

每一个时代都有其显著的特征，最终用户时代的用户及其消费特征主要有以下五点。

（1）最终用户在购买决策中的权利显著加大

关于消费者（或用户）购买决策过程，美国广告与销售界的先驱艾尔莫·李维斯（Elmo Lewis）早在 1898 年就提出了经典的 AIDA 模型，即 Attention（注意）、Interest（兴趣）、Desire（欲望）、Action（行动）。这一模型假设消费者通常在受到刺激（如广告）后对产品或品牌产生了注意，在产生注意后进一步产生了解兴趣，在产生了解兴趣后进一步激发购买欲望，在激发购买欲望后才会形成购买意向，最终成交，这是一个线性、连续的过程。当然，也有不少人士批评这一模型过于简单。于是，陆续出现了一些其他模型或 AIDA 模型的变种，其中一种消费者（或用户）的购买决策过程模型如图 2-2 所示。

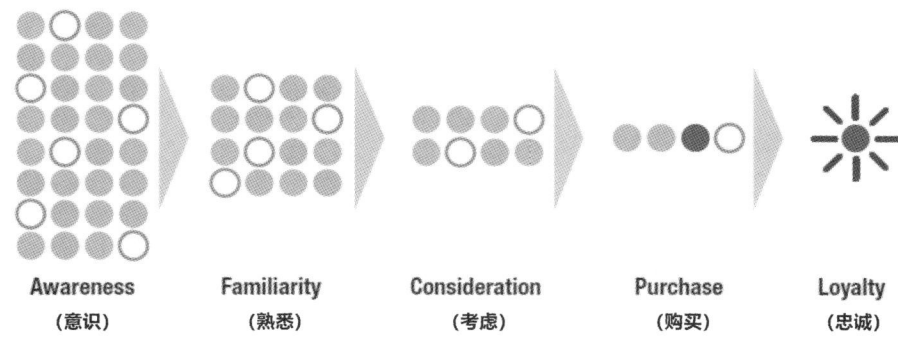

图 2-2　一种消费者（或用户）的购买决策过程模型

图 2-2 中的这种模型就是典型的 AIDA 模型的变种。它由 Awareness（意识）、Familiarity（熟悉）、Consideration（考虑）、Purchase（购买）、Loyalty（忠诚）五个阶段构成，描述了消费者（或用户）从一组品牌中开始筛选，逐步缩减目标品牌数量，最终集中在少量品牌上进行对比后做出购买决策的过程，并且考虑了消费者（或用户）对品牌的忠诚度因素。这种模型描述了一个线性、连续、漏斗化的消费者购买决策过程，这个过程显得如此有条不紊。

然而，随着互联网尤其是移动互联网的兴起，消费者（或用户）的决策过程发生了根本性的变化。麦肯锡在研究了近 20000 名消费者的购买决策过程后，开发了一种新的、非线性的模型，如图 2-3 所示。

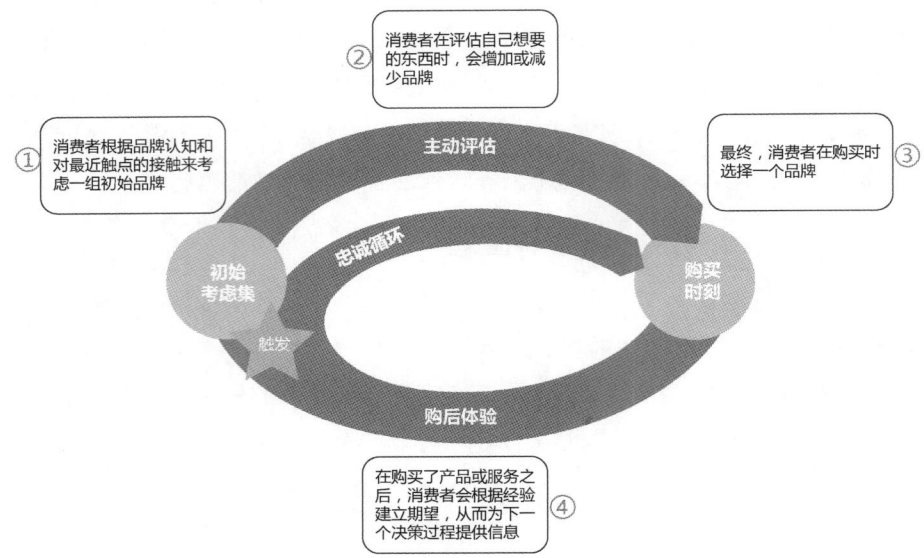

图 2-3 麦肯锡的"消费者决策过程"模型

麦肯锡的"消费者决策过程（Consumer Decision Journey，CDJ）"模型，与以往的线性模型相比，有以下三个重大差别。

其一，在消费者（或用户）初始考虑阶段被排除的品牌，并不会从决策"漏斗"中彻底消失，到了消费者（或用户）主动评估的阶段时，这些品牌也可能重新获得被选择的机会。为什么会这样呢？根本原因是互联网，尤其是移动互联网给消费者（或用户）带来了信息搜索上的极大便利，人们随时随地掏出手机就可以搜索到丰富的信息。例如，迈克想买一辆山地自行车，他对六七个山地自行车品牌有印象（可能是广告记忆留存，也可能是曾经接触过），这就是他的"初始考虑集"。基于对这些品牌的印象，他可能排除三四个品牌，留下两三个品牌重点考虑。这个时候，迈克很可能不是直接去这几个品牌的门店进行挑选，而是打开手机上的搜索引擎，查询这几个品牌的信息，或者他不仅限于搜索已知的品牌，也会广泛地搜索与山地自行车相关的信息。经过一番搜索评估，他很可能发现一些新的信息，而这些信息很可能会影响他的决策，相关的品牌会在他脑海中被重新考虑和排序，甚至被重新考虑的品牌有可能与之前的"初始考虑集"完全不同。此时，之前已经被排除的品牌也有可能重新获得被选择的机会。总之，这个过程不再是线性、连续的。而这种消费行为的变化，使那些善于建设和运营互联网触点的企业获得了更多的转化机会。

其二，消费者（或用户）对营销人员的主动触发变得比营销人员对消费者（或用户）的主动触发更为重要。在过去，营销是由公司驱动的，通过传统广告、直销、赞助等渠道"推"给消费者（或用户）。在决策漏斗的每个节点，消费者（或用户）会减少他们选择的品牌数量，此时，营销人员就会试图影响他们的决定。这种不精确的方法往往无法在正确的时间点接触到正确的消费者（或用户）。而在当今的消费者（或用户）决策过程中，由消费者（或用户）驱动的营销变得越来越重要，因为消费者（或用户）掌握了流程的控制权并积极"拉取"对他们有用的信息。麦肯锡研究发现，在主动评估阶段中，有三分之二的触点涉及由消费者（或用户）驱动的营销活动，如互联网评论、商家口碑、亲朋好友的推荐、店内互动，以及对过往经历和体验的回忆等。[1]

其三，当消费者（或用户）做出购买决定的那一刻，营销人员的工作才刚刚开始。因为消费者（或用户）在购买后的体验会影响他们和其他人的态度或意见，这些态度或意见会参与新的忠诚循环，所以消费者（或用户）决策过程是一个持续的循环。《哈佛商业评论》载文指出，在购买面部护肤产品的消费者（或用户）中，超过60%的人购买后会在互联网上进行进一步的研究交流，这是在以往的漏斗状模型中完全没有涉及的点。①

在新时代，一些传统的购买模式也在发生巨大变革。例如，企业在购买办公软件时，传统的购买决策通常由企业的 CIO（Chief Information Officer，首席信息官）或部门负责人做出，企业购买了软件，企业中的最终用户才有权限使用软件。而现在，随着云计算（Cloud Computing）模式的兴起，软件可以通过互联网便捷地推送到最终用户面前，最终用户可以直接采用，而且软件通常是免费的或者在一段时间内是免费的。于是，采用软件的顺序被颠倒过来了，过去是企业先采用、最终用户后采用，而现在，越来越多的情形是最终用户先采用，再由他们向企业介绍软件，促使企业购买软件。"产品导向型增长（Product Led Growth，PLG）"描述的就是这种情形，即一种以最终用户为中心的增长模式，该模式依赖于把产品本身作为用户获取、转化和扩展的主要驱动力。

总之，由于信息的获得极其便利，用户会在不同的决策阶段之间来回跳转，购买的线性路径已被打破。在获得信息的能力增强的同时，用户在购买决策中的选择权、推荐权也加大了，即使在传统的企业市场，最终用户也日益转变为购买的实际推动者。今天，最终用户在做出购买决定时，通常已经是一个对产品非常知情，甚至掌握着购买主导权的人了。2011年，谷歌创造了一个术语——ZMOT（Zero Moment of Truth，零关键时刻），即在采取任何购买行动之前，消费者会在网上对有关产品或服务进行研究（如搜索评论）并做出决策，这一在线决策时刻被称为ZMOT。与以往在实际接触了产品后才做出决策相比，消费者（或用户）购买的决策点前移了。

与 ZMOT 相关的还有 FMOT（第一关键时刻，即首次转化）、SMOT（第二关键时刻，即返回或复购）、TMOT（第三关键时刻，传播或推荐）、FMOT（第四关键时刻，即流失与回流），并称为用户增长的五大MOT。

（2）最终用户的口碑力量显著增强

最终用户关于产品质量、使用体验、价值体验、过程体验、服务体验等形成的口碑，尤其是网络口碑，会对其他消费者的购买决策产生重大影响。与企业的销售或营销人员的

---

① 该文章引自《哈佛商业评论》杂志官方网站，文章标题为 Branding in the Digital Age:You're Spending Your Money in All the Wrong Places。

建议相比，消费者往往更愿意相信互联网上的其他消费者的看法。过去，口碑的传播是通过口耳相传进行的，传播的速度、范围有限。而今天，网络口碑的形成非常迅速，传播也非常迅速，因而网络口碑的影响力也被迅速放大了。

企业对网络口碑的运营甚至可以直接促成购买行为。Hotmail（今天的 Outlook）在用户发送的邮件底部向收件人展示一句话"请注册并使用 Hotmail 的免费电子邮件服务"，从而获得大量注册，其当前在全球已拥有超过 1.87 亿个用户。云存储品牌 Slack 是另一个成功的例子，其通过在最终用户中开展"推荐新用户并获得更多存储空间"的"病毒"营销计划，获取了大量的新用户，在 15 个月内获得了 3900%的增长。

（3）最终用户与企业之间的直接互动显著增强

今天，最终用户与企业之间的互动已经不存在时间上或空间上的限制。过去，企业只能通过广告或公关等方式向某个用户群体发起单向的广播，甚至某些企业（如生产制造类企业）只负责生产，产品必须经过多层销售渠道才能转移到最终用户手中，企业难以做到和最终用户的直接互动，最终用户对企业也一样难以直接互动。然而在今天，这一现象发生了变化，企业与用户之间具备了直接互动的便利条件，两者的直接互动日益频繁，企业很难再像过去那样生活在"信息茧房"中。企业必须顺应这一重大变化，与最终用户构建新型互动关系，以最终用户为中心，从而在这样的新型互动关系中获益。

一些面向最终用户的商务模式也快速兴起，如 DTCA（Direct-to-Consumer Advertising，直接面向消费者的广告），在药品广告领域，这种新的广告模式是企业直接面向作为患者的最终消费者进行广告推广，而非针对医疗专业人员；又如 DTC（Direct-to-Consumer，直接面向消费者的营销），泛指产品或品牌方直接面向最终消费者的营销活动，包括推广、销售、运营、互动等。

（4）最终用户在价值共创中的能力和意愿显著增强

在今天高度互联的世界里，最终用户不再处于产品价值链的末端，而是深度融入产品价值创造的过程中，对产品和品牌的发展产生深刻的影响。最终用户参与价值共创的方式多种多样，如参与意见、参与设计、参与用户测试、共同开发、参与社区建设、为品牌生成原创内容等。IBM（International Business Machines Corporation，国际商业机器公司）曾经在对全球 1500 位首席执行官进行调查后得出结论：最成功的组织是与消费者（或用户）共同创造产品和服务并将消费者（或用户）整合到核心流程中的组织。最终消费者或用户参与共创的意愿正在不断提高，正如媒体专家查尔斯·利伯特·贝克特所论述的那样，共创正在形成一种文化，在这种文化中，用户的地位越来越由他们创造和分享的东西而不是他们拥有的东西来定义。

中国的小米公司就是用户共创的经典案例。小米公司在 2010 年创业初期，将公司开发人员和共同参与的最终用户构建成了一个数万人的开发团队，对 Android 系统进行优化。除了工程代码的编写，其他的产品需求、测试和发布都开放给用户，许多 MIUI 系统的功能设计是经过用户讨论或投票确定的。最终，小米 MIUI 系统的极大成功开启了小米公司的快速增长时期。

（5）最终用户的数据价值显著提升

今天的用户已经成为互联网上的"数字居民"，他们的身份"ID 化"，他们的行为"数据化"。用户在企业店铺、广告投放（Ad Delivery）、社区等各个触点上留下了海量的数字化消费行为（Digital Consumer Behavior），企业通过收集和分析，利用这些数据形成消费者（或用户）行为洞察或营销策略，再运用到程序化广告的投放、相似人群扩展、再营销、个性化推荐、大规模个性化定制等营销与运营活动中。对最终用户数据的收集与应用已经成为企业增长的关键途径。

最终用户时代的基本特征如图 2-4 所示。

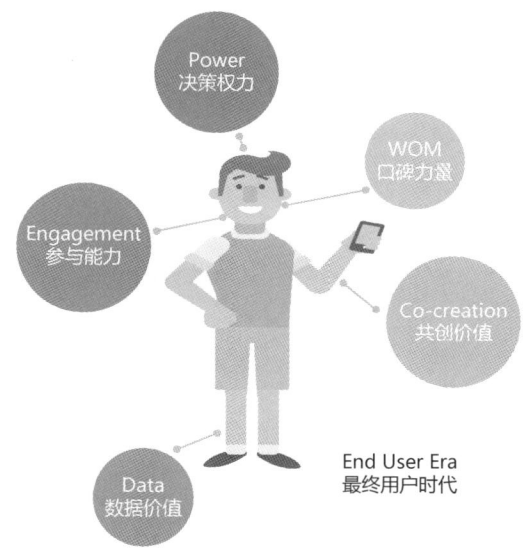

图 2-4　最终用户时代的基本特征

3．四个营销时代的对比

四个营销时代的对比如表 2-1 所示。

表 2-1　四个营销时代的对比

对　　比	营 销 时 代			
	生产导向时代（19世纪 60 年代至 20 世纪 30 年代）	销售导向时代（20世纪 30 年代至 50年代）	营销导向时代（20世纪 50 年代至 21 世纪 10 年代）	最终用户导向时代（21 世纪 10 年代至今）
供求与竞争	供不应求；少有竞争	供求基本匹配；微弱竞争	供大于求；激烈竞争	严重供大于求且产品极易获得；空前激烈竞争
最被企业关注的人	车间工人	销售人员	顾客	最终用户
营销的关键词	产量	卖点	需求	体验
营销获胜的关键	生产效率	推销能力	广告驱动的营销能力	数据驱动的增长能力

2.2 用户增长的知识体系

1. 理解用户及相关概念

用户指的是使用产品或接受服务的人。用户通常被称为"最终用户（End User）"，但需要注意的是，二者并不是完全相等的，如在软件行业，一款软件的"用户"除了"最终用户"，还包括软件技术支持人员、软件维护人员、数据库管理人员等。除非特殊声明，在《UGBOK®指南》中提及的"用户"指的就是"最终用户"，产品或服务统称为产品。

正如前文谷歌书籍词频统计器检索结果（见图2-1），与"用户"重点相关的词语还有"消费者""顾客"和"客户"。虽然这些词语经常被混用，但严格地说，它们之间还是有一些细微区别的。这几个术语的定义可能有好几百种版本，以下是SMEI采用的定义。

消费者指的是购买或使用产品的人。消费者中除了用户，还有消费产品的非用户，即只购买而不自行使用产品的人。例如，购买礼品的消费者，他们通常将礼品赠送他人；再如，购买儿童玩具的父母也是这类消费者。"最终消费者"是既购买又自行使用产品的人，从这一意义上讲，"最终用户"与"最终消费者"的含义相同。

消费者与用户的关系如图2-5所示。

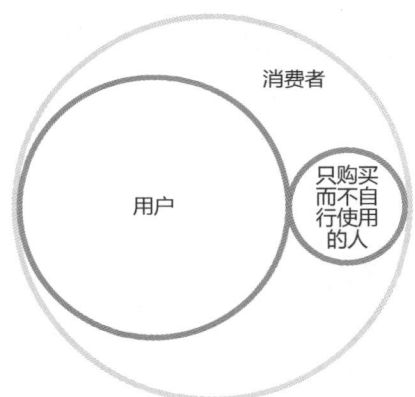

图 2-5 消费者与用户的关系

需要注意的一点是，有时消费者和用户在使用语境上是不相同的。用户通常是针对某种或某类产品而言的，如Windows产品的用户，或者互联网用户；而消费者可以泛指市场中的物质资料、劳务活动的使用者或服务对象。从这一意义上讲，每个人都是市场中的消费者，在这种语境下与之相对应的概念通常是"生产者"。

顾客指的是接受产品的组织或个人。根据ISO9000质量管理标准的这个定义，顾客可以是组织内部的或组织外部的，如消费者、委托人、最终用户、零售商、内部过程中的产品或服务的接受者、采购方，以及其他利益相关者，可见这是一个含义非常宽泛的概念。显然，顾客的含义比用户宽泛，二者是包含关系。

顾客与用户的关系如图 2-6 所示。

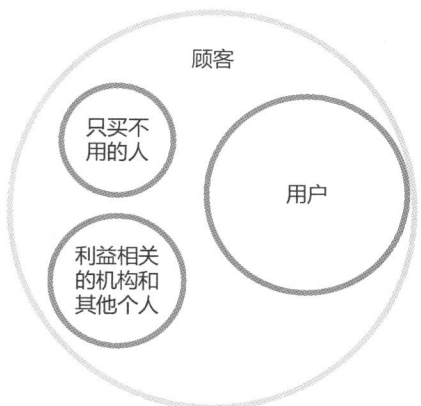

图 2-6　顾客与用户的关系

客户指的是接受专业人士或组织的服务、建议的组织或个人。因此客户是顾客，但不是普通的顾客，而是接受专业服务的顾客。例如，麦肯锡的创始人马文·鲍尔说："我们没有顾客，我们只有客户；我们不属于哪个行业（industry），我们是一个专业（profession）。"他的意思便是麦肯锡是一家提供专业服务的公司。

2．理解用户增长

从企业职能的角度来看，**用户增长是一种新型的企业经营管理职能，聚焦于高效推动用户和企业持续增长这一目标**。

那么，如何衡量用户是否真的在增长呢？观察点主要有两个，一个是有效用户是否在增加，另一个是用户生命周期价值是否在提升。前者衡量用户增长的规模，后者衡量用户增长的质量。下文提供了二者的具体衡量方法。因而除了"职能"角度，理解用户增长的第二个角度就是"度量"，即用户增长指的是用户量增加和用户生命周期价值提升。

也可以形象地说，用户增长主要体现在 3 个 M 上，即 More User（更多的用户）、Use More（用户用得更多）、More Expensive（用户花钱更多）。

3．用户增长的全景图

一个用户从刚开始了解和接触产品，到使用产品，再到最终离开产品是有周期的。

完整的用户生命周期（User Lifecycle）指的是导入期、成长期、成熟期、休眠期、流失期五个阶段。当然，对于某一个用户来说，未必会完整地经历这五个阶段，有可能在刚接触产品后就流失了，也可能走到第二、三阶段才会流失。

如图 2-7 所示，这张 F 形的图片，表示了用户的六种典型状态，即目标用户、新增用户、活跃用户、重活用户、高价值用户（High Value User）、流失用户。

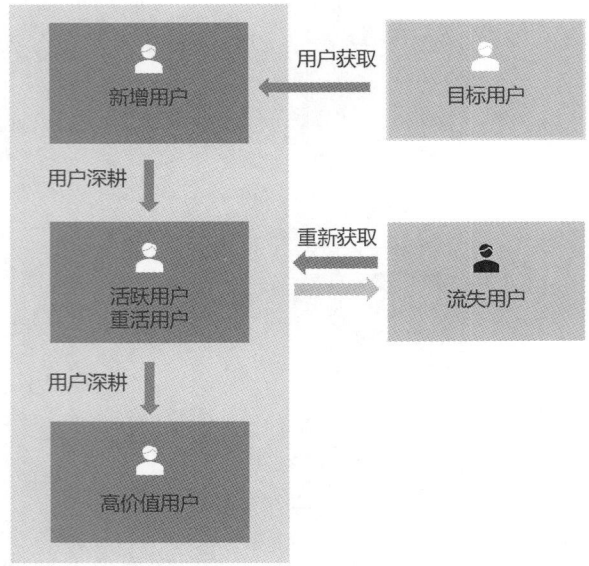

图 2-7　用户的六种典型状态

用户在这六种典型状态之间不断流转。

就像自然界中的运动一样，用户的状态可以受"力"改变，用户正是在"力"的作用下实现增长的。这两种关键的力就是用户获取和用户深耕。经过用户获取，目标用户成为新增用户；经过用户深耕，新增用户成为活跃用户并进一步成为高价值用户，或者在流失后重新成为活跃用户。用户获取、用户深耕也是实现用户增长的两大核心运作过程。

4．用户增长的关键能力与知识体系

（1）用户增长的关键能力

企业的用户增长运作建立在三个层次的关键能力之上。

核心能力（Core Competence） 指的是对用户增长起决定性作用的能力，处于最核心的位置，具体包括用户获取、用户深耕两大过程中的营销与运营能力。

专业能力（Professional Competence） 指的是对用户增长提供专业保证的能力，具体包括营销管理、数据分析、信息技术等专业能力。

基础能力（Basic Competence） 指的是对用户增长起基础性作用的能力，具体包括增长型文案写作、团队沟通与协作、工具运用、领导力等能力，这些能力对于一名职场人士来说也是比较重要的基础技能。当然，不同岗位层次的增长人员，侧重点有所不同。对于普通工作人员来说，文案写作、团队沟通与协作、工具运用的能力比较重要，而对于中层和高层人员来说，领导力更为重要。

用户增长的能力层次结构如图 2-8 所示。

图 2-8 用户增长的能力层次结构

（2）用户增长的知识体系

围绕上文中用户增长的关键能力，SMEI 构建了用户增长的知识体系，具体包括以下内容。

一套增长思想，即一套由机会（Opportunity）、策略（Tactic）、验证（Verification）、发展（Development）四个环节构成的思维模型，是思考和解决问题（包含企业增长问题）的通用方法论。

两大过程能力，即用户获取、用户深耕两大过程能力，这两大过程构成了增长的关键过程领域，直接决定了增长的实效。

三大专业技能，即营销管理、数据分析、信息技术。

完整的用户增长知识体系框架如图 1-1 所示。

2.3 用户增长的原力：核心价值

产品有两种主要的价值，一种是商业价值，另一种是用户价值。商业价值指的是产品从生产到交易过程中的经济价值，用货币化指标（如利润）进行衡量。用户价值指的是产品对用户有什么益处，有些价值是比较核心的，而有些价值是一般性的。**产品核心价值**（Product Core Value，PCV）指的是能打动目标人群的一组产品特性（Product

Characteristic）。

一般情况下，产品的商业价值要通过对用户价值的创造、提供和传播来实现。因此，用户价值的成立往往是商业价值成立的前提，而用户价值中产品的核心价值处于最重要的地位。

1．产品的目标人群

"目标人群"通常包含目标用户，此外，它还包含一些重要的利益相关者，如做消费决策或对消费决策有重要影响的人。一款儿童用品，目标用户是儿童，而在对产品进行营销与运营时的目标人群会包含儿童及儿童的家长；一款婚戒产品，目标用户是新郎和新娘，目标人群可能还包含新郎和新娘的父母和朋友。

2．产品特性

产品核心价值植根于产品特性。

产品特性就是产品所特有的性质。换句话说，它是本产品特有而别的产品通常不具有，尤其是竞品不具有的差异化性质。

产品特性的来源非常丰富，它可能来自产品自然拥有、产品市场表现、产品独特体验等方面，包含（但不限于）以下几点。[①]

（1）产品自然拥有特性

- 开创者。
- 拥有属性。
- 制造方法。
- 设计风格。
- 经典。
- 领先。

（2）产品市场表现特性

- 市场领导者。
- 专家形象或专业解决能力。
- 热销。
- 受青睐。
- 口碑。
- 性价比。

---

① 产品特性的来源部分参考了杰克·特劳特（Jack Trout）和史蒂夫·里夫金（Steve Rivkin）关于定位的研究成果，他们提出的产品差异化概念包括成为第一、拥有特性、领导地位、成为经典、市场专长、最受青睐、制造方法、更新一代、创造热销等。

（3）产品独特体验特性

- 品牌精神、形象或调性。
- 独特使用体验。
- 独特社交或情感体验。
- 人群专属。

3．打动目标人群

产品核心价值是针对具体的目标人群而言的，离开目标人群谈产品核心价值没有意义。

产品核心价值不仅应当被精心地创造、提供，还应当被高效、高质量地传播到目标人群中，目的是让目标人群产生共鸣、认同或被感染，从而被其打动。目标人群只有被打动后，才能产生消费动机。

为了精准地说服与打动目标人群，企业应针对不同的目标人群精心设计触发消费的策略，包括文案、图案、视频、声音、触点、触发过程等。在必要时，企业还可以进行说服角度转换，即从产品特性角度转换为用户（或消费者）更容易感知的利益角度。

用户（或消费者）在选择或购买产品时，通常比较注重三个层次的利益：实用利益、心理利益、个人价值利益。[①] 这三个层次的利益包含了极其丰富的内容，在消费转化场景中，可重点挖掘的利益如下。

- **实用利益**。可重点挖掘的实用利益包括功能有用性、设计实用性、使用易用性等。例如，一款笔记本电脑的特性是设计轻薄，转换为用户（或消费者）的实用利益，则可以将"设计轻薄"变为"在出差的时候携带非常方便"，这体现了设计的实用性，通过这种表述，将产品特性与用户的具体使用场景关联起来，更容易激发用户的需求与动机。
- **心理利益**。可重点挖掘的心理利益包括增加愉悦感、获得满足感、获得安全感、获得独特体验、感觉到划算、建立美好情感、维护自我形象、减少痛苦或焦虑等。例如，一枚钻戒的特性是4C（Color、Clarity、Cut、Carat，即颜色、净度、切工、克拉）品质高，转换为用户（或消费者）的心理利益，则可以将钻石的品质高解读为"钻石恒久远，一颗永流传"。
- **个人价值利益**。可重点挖掘的个人价值利益包括自我实现、自我超越、彰显价值观、获得成就感、获得认同感等。例如，一辆越野车的特性是卓越的越野性能，转换为

---

① 源于经典的"手段-目的链"（Means-End Chain，MEC）理论，该理论认为消费者通常将产品或服务的属性视为手段（Means），通过属性产生的利益实现其消费的最终目的（End），目的可能是一种结果或一种价值。

用户（或消费者）的个人价值利益，则可以将"实现用户（或消费者）多年来驾车探险的夙愿"作为这辆车的卖点。

这三个层次的用户（或消费者）利益，如同一个"用户利益阶梯（User Benefit Ladder）"，企业在用户（或消费者）需求最强烈或最容易被打动的利益层次上与其沟通，往往能起到更好的消费激发效果。

产品特性转换为用户（或消费者）利益如图 2-9 所示。

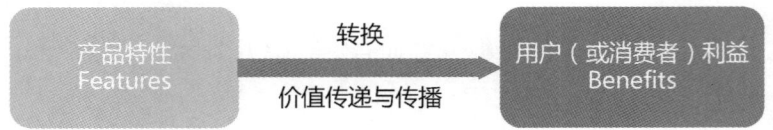

图 2-9　产品特性转换为用户（或消费者）利益

这样的价值沟通被广泛应用于用户获取、用户深耕的过程中。企业具体在哪一个或哪几个利益层次上与用户（或消费者）沟通，沟通哪些产品特性或利益点，是基于对用户（或消费者）个体或群体的洞察而选择的。

总之，产品核心价值不能脱离目标人群，从这一意义上讲，产品核心价值也可以理解为最能影响目标用户（或消费者）购买行为的一类价值。

4. 产品核心价值的挖掘与验证

产品核心价值往往不是一目了然的，更不是想当然的，它需要被深刻洞察和深入挖掘，当然，市场是最终检验产品核心价值是否成立的唯一标准。

（1）产品核心价值的挖掘

基于上述内容，产品核心价值的挖掘主要从以下三个角度入手。

一是目标用户的需求，即对于目标用户来说还存在哪些未被满足或未被较好满足的需求，他们在使用同类产品时有什么痛点，他们有什么样的情绪、态度、欲望、抱怨等。洞察了这些关键问题，意味着企业发现了增长机会。在进行这样的用户研究与洞察时，企业需要获得相关数据，获得相关数据的方式包含（但不限于）以下内容。

- 用户调查（User Survey）：通过观察、座谈交流、问卷调查、一对一访谈等各种方式，直接了解目标用户。
- 圈子调查：在目标用户聚集度高的社群、朋友圈子、行业圈子中进行调查。
- 用户搜索：在电商平台、问答平台、搜索引擎平台等公开平台中了解用户的相关搜索内容，如电商平台中的搜索词、搜索量、谷歌趋势、百度指数、问答平台中的话题关注热度等，都隐含着市场需求。
- 网络口碑：如在社交平台、电商平台、应用商店、网络论坛、网络投诉平台等平台中了解目标用户的评分、评论、讨论、抱怨等信息。

二是竞品的满足程度，即对于目标用户来说竞品的满足状态如何，竞品的核心价值是什么，它们是如何说服、打动目标用户的，竞品有哪些优势和劣势，目标用户对竞品的态度如何等。需要注意的一点是，竞品并非只是同一类型的产品，也可能是完全不同的品类，如某种改善睡眠质量的药物，其竞品可能不只是同类药物，还有睡眠保健器械；在同一个商场中的餐饮门店，无论是中餐还是西餐，彼此都可能互为竞品。企业分析并获得竞品数据的方式包含（但不限于）以下内容。

- 直接使用或体验竞品。
- 分析竞品的网络口碑，重点是用户的评论、抱怨。
- 分析竞品的搜索量、销售量。
- 分析竞品的广告、推广文案、商品详情页。
- 分析竞品的用户，重点是忠实用户、流失用户。
- 分析竞品的开发计划、迭代情况等。

三是产品自身的特性，详见上文。

以上三个角度的挖掘没有固定的顺序要求，企业在挖掘的过程中经常需要从各个角度出发进行交替、反复的分析，才可能获得理想的结果。

最终，产品的核心价值源泉来自以下三个方面的交集，如图 2-10 所示。

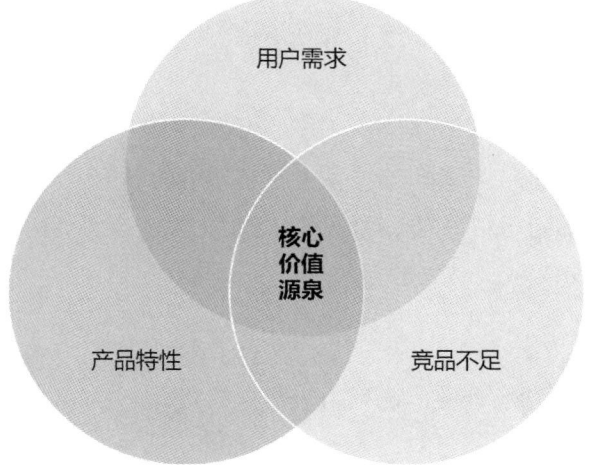

图 2-10　产品的核心价值源泉

企业经过上述挖掘，在"核心价值源泉"区域内找到相关价值点的一个基本策略是：找到或选出一个最佳的价值点作为产品最重要的核心价值，其他价值点作为辅助价值，在产品的定位和搭配中大力突出和强化最重要的核心价值，将产品的美放大到极致，使之足够独特、犀利、引人注目，在短期内有利于说服、打动用户，在长期内有利于进入并占据用户心智。

（2）产品核心价值的验证

产品核心价值是否成立，需要企业基于市场进行验证并回答。产品核心价值的验证方式包含（但不限于）以下内容。

- 用户是否愿意付费。
- 产品的用户留存率、用户活跃度。
- 产品能否被一定的用户自愿传播或推荐。
- 产品的满意度。
- 产品的 NPS（Net Promoter Score，净推荐值）。
- 产品是否被竞品高度关注甚至打压。

2.4　用户增长数量的衡量

新用户（New User） 指的是在某一时刻开始使用产品的用户。

需要注意区分的另一个概念是"新手用户"。

新手用户（Novice User） 指的是处于使用产品或服务的初期阶段的用户。

"新用户"或"新增用户（Added User）"表示对用户"身份"的确认，即在一个时间点之前某人的身份是产品的"非用户"，而在这个时间点之后他正式成为产品的"用户"，拥有了"用户身份"。

"新手用户"是处于新手引导期的用户。新手用户是对用户"状态"的划分，与"新手用户"相对的是"老用户"，但两者之间并没有明确的划分标准。

那么企业如何统计新增用户呢？这一统计过程主要涉及两个问题，一个是统计口径，另一个是用户身份辨识。

1. 统计口径

互在不同的增长运营场景中，衡量用户数量的指标不尽相同，这里列举一些常见的情形：

- **网站用户**：常用指标有用户数、活跃用户数、注册用户数、付费用户数等。
- **App 用户**：常用指标有应用安装激活数、注册用户数、活跃用户数、付费用户数等。
- **电商平台店铺用户**：常用指标有访客人数、加购客户数、成交客户数、会员数等。
- **社交平台及自媒体用户**：常用指标有关注人数等。

统计的口径涉及到范围、时间、和方法，同一指标在不同的统计口径下结果不同。比如，在不同的场景下新老用户的统计方法有所不同，在网站中通常以 Cookie 中的 ID 标识

（如 ClientID）来区分新老用户，在 App 中通常以移动设备 ID（如 IMEI、IDFA 或其它 ID）来区分。

2．用户身份辨识

新老用户辨识、用户统计去重、再营销、营销触点归因、流失召回等业务活动的开展，都必须以用户身份识别为前提。

用户身份的识别通常有以下三个层次。

- **设备级别**。Web 环境下通常使用 Cookie（具体地说是 Cookie 中的 ID 标识——如 ClientID）来识别用户，例如，谷歌分析（Google Analytics）对新用户的判定依据的就是 Cookie，只要访客的客户端不存在 Cookie，该访客就被判定为新用户，若生成 Cookie 后的用户再次访问，则被判定为"回访用户（Returning User）"。移动端 App 通常使用移动设备 ID（如 IMEI 或 IDFA）辨识用户身份。例如，某用户在手机上安装了某个 App，随即卸载，过几天又重新安装了该 App，那么该 App 就可以通过设备 ID 辨识该用户。基于设备级别的身份辨识机制，会产生比较严重的用户重复统计情况。当用户在不同的客户端（如 PC 端、移动端）或用不同的浏览器使用产品，或者手动禁用或删除客户端的 Cookie 文件，或者 Cookie 自动失效，或者用户更换了新的设备或手动修改了设备 ID 时，都可能造成用户被重复统计。
- **用户账号级别**。如果产品建立了"用户账号"体系，那么注册用户无论使用什么客户端、浏览器，或者更换设备，只要其使用同一账号登录，其身份就可以被精准辨识。基于用户账号级别的身份辨识使同一用户被重复统计的概率大大降低，但在少数情况下仍然难以避免用户被重复统计。例如，某用户在某产品中注册了多个账号，在这些账号之间未实现用户 ID 打通的情况下，该用户仍然会被统计为不同的用户。即使利用用户账号与手机号绑定这种更精准的方式，也会存在一个用户使用多个手机号的情况。
- **人的唯一性标识信息级别**。基于人的唯一性标识信息（如身份证号、指纹、虹膜等）辨识用户身份，是一种高度精准的辨识机制，理论上可以解决同一用户被重复统计为不同用户的问题。但是，这种辨识机制面临着技术难以全面普及、个人隐私受法律保护等因素，在商业性产品中几乎没有应用的可能，一般只能在极少数特殊场景下应用，如政府部门、司法机构等。

在用户增长领域，企业在"用户账号级别"层次上对用户身份进行辨识，是一个现实可行的较优选项。

用户辨识与追踪的三个级别，如图 2-11 所示。

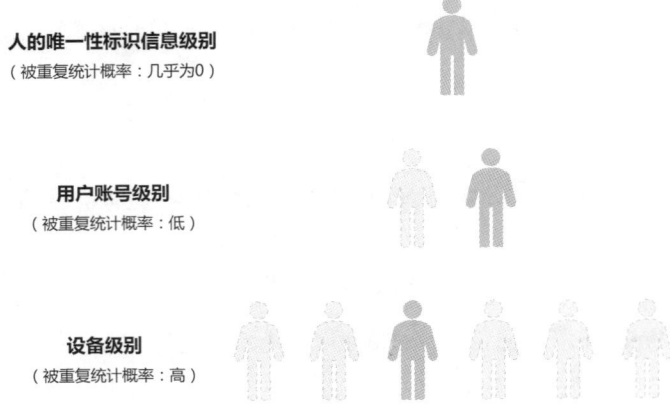

图 2-11　用户辨识与追踪的三个级别

2.5　用户生命周期价值的衡量

用户生命周期价值指的是在用户与企业的整个关系期间内归属于用户的未来现金流量的现值，也称为客户生命周期价值（Customer Lifetime Value，CLV）。[①]

用户生命周期价值是基于用户参与行为创造的，也就是说，如果没有用户参与行为，就不会产生用户生命周期价值。用户参与行为是用户生命周期价值的根源。

但是，用户行为（User Behavior）是多样化的，因此其价值也是多样的，有的行为的价值高，有的行为的价值低，有的行为的价值无效甚至价值为负（如刷单、作弊、网络暴力等），并非所有的用户行为都能被称为"参与（Engagement）"行为。**用户参与特指正向、积极、有价值的用户行为**。从是否直接产出价值的角度来看，可以把用户参与行为分为两大类，即产出性参与行为和一般性参与行为。产出性参与行为又可以分为付费行为和非付费行为。

用户参与行为的构成如图 2-12 所示。

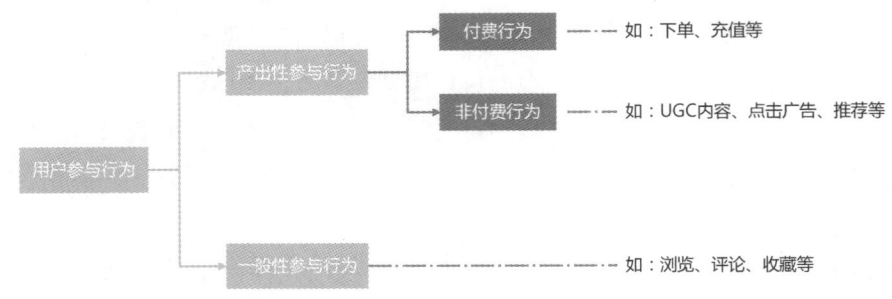

图 2-12　用户参与行为的构成

---

① Customer Lifetime Value 原本应当翻译为"顾客生命周期价值"，但由于业界一直翻译为"客户生命周期价值"，因此本书也按约定俗成的方式翻译。

1. 计算 LTV 的基本模式

LTV 的衡量取决于两个变量，一个是用户生命周期时长（Life Time，LT），另一个是用户创造的货币化价值，三者的关系可以用以下公式表示。

$$LTV=LT\times ARPU$$

注：ARPU（Average Revenue Per User）是每用户平均收入。

业界没有统一的 LTV 计算模型或方法。SMEI 主张计算 LTV 的三种基本模式如图 2-13 所示。

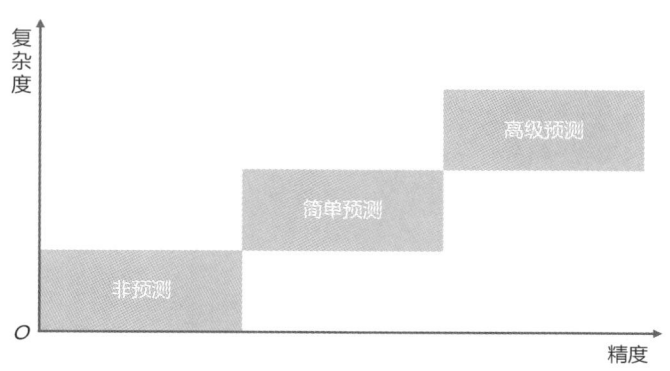

图 2-13　计算 LTV 的三种基本模式

2．非预测模式

非预测模式通常基于产品的历史数据计算 LTV，如计算在过去 1 年内用户贡献的平均利润；也可以取在获取用户后 n 天内的数据，如计算在获取新用户后 15 天内或 30 天内用户贡献的平均利润。

这种模式计算简便，但会产生较大的误差。因为无论是基于历史数据，还是基于获取用户后 n 天内的数据，数据的时间段都不是真正的"全生命周期"，计算得出的用户 LTV 通常比实际值偏低。

3．简单预测模式

（1）用户生命周期时长预测

对用户生命周期时长（LT）的预测有多种方法，如移动平均法（Moving Average Method）、回归预测法等。SMEI 推荐基于用户平均流失率计算 LT 的方法，这种方法比较简便易行。

用户生命周期时长与用户平均流失率的关系可以用以下公式表示。

$$LT=1/用户平均流失率$$

在给定的用户平均流失率下（如月平均流失率，可以便利地基于用户数据计算得出），对用户流失的预测可视为一个为得到一次成功事件（概率为 P）而进行 n 次伯努利试验的过程，该过程服从离散变量的几何分布规律。将其还原为业务场景就是，平均试验 X 次会发生用户流失的情况，X 即为用户平均生命周期时长，对所进行试验的次数 X 求解数学期望（Mathematical Expectation）即可。在几何分布下求解 $E(X)$ 的其中一个推导过程可以用以下公式表示。

$$E(X) = \sum_{k=1}^{\infty} k(1-p)^{k-1} p = -p \sum_{k=1}^{\infty} [(1-p)^k]' = -p \sum_{k=0}^{\infty} [(1-p)^k]'$$
$$= -p[\frac{1}{1-(1-p)}]' = -p(-\frac{1}{p^2}) = 1/p$$

基于上述结论，如果产品中用户的月平均流失率为 20%，那么用户平均生命周期时长是 5 个月（1/0.2）。

在这种方法背后的重要假设是，用户流失率是恒定的。虽然用户流失率很难保持恒定，但是这种方法仍然是一个非常可取的方法，其计算考虑了全生命周期的因素，而且计算的过程相当便利。

（2）用户生命周期收入预测

基于在一段时间内用户贡献的利润，除以当期用户数，企业可以得到每个用户贡献的平均利润，即 ARPU 值。

但需要注意的一点是，用户基数的取值有三种：总用户数、活跃用户数、付费用户数。在上文中计算 LT 的场景下，应取活跃用户数作为用户基数，计算公式如下。

ARPU=在一段时间内用户贡献的利润/当期活跃用户数

还需要注意的一点是，ARPU 与 LT 的计量单位应保持一致。换句话说，如果 LT 的计量单位是月，那么 ARPU 的计量单位也应是月；如果 LT 的计量单位是日，那么 ARPU 的计量单位也应是日。

通过以上简单预测模式，企业可以借助 LT 和 ARPU 计算活跃用户的平均 LTV。

4．高级预测模式

高级预测模式是基于概率模型生成的，它可以预测用户终身价值，如关于用户购买行为的 BG/NBD 预测模型或 Pareto/NBD 预测模型。这种方法可以精确到单个用户，从而计算每个用户的 LTV。

高级预测模式的计算结果更精确，但在数学建模、数据计算等实际操作中更加复杂，并且需要大量的用户行为数据作为支撑，使用的门槛较高。

5．ARPU 的计算范围

收入意义上的 LTV 失真较为严重，不利于真实业务状况的分析和决策，因此企业应计算利润意义上的 LTV，这样计算出来的 LTV 也被称为净 LTV（Net LTV）。计算利润意义上的 LTV，其实就是计算利润意义上的 ARPU，因此涉及收入和成本两个变量的取值范围。

过于精细的取值操作较为复杂，过于简化的取值则明显失真，SMEI 倡导的是以下取值范围。

（1）收入范围

计入 ARPU 收入的项目，包含（但不限于）以下内容。

- 用户直接付费收入。
- 用户点击广告形成的收入。
- 自定义价值。有些用户虽然不会付费，也不会点击广告，但其产出或贡献对于产品发展进步、提升用户黏性（User Viscosity）、活跃社区氛围、促成购买决策等具有重要作用，对于这样的用户或用户行为，可以赋予其合适的价值，一并纳入 ARPU 收入的计算。

（2）成本范围

计入 ARPU 成本的项目，包含（但不限于）以下内容。

- 推广费用，包括支付给渠道的推广费用，以及支付给第三方的服务费用（如广告设计费、物料印刷费、广告监测费等）。
- PC 成本，指的是购买成本（Purchase Cost）或生产成本（Production Cost），购买成本包含进价成本和物流包装费用，生产成本包含原材料采购成本和制造费用。
- 直接人工费用。
- 其他相关费用。

6．选择 LTV 计算模式时应考虑的因素

计算 LTV 的模式远远不止上文的三种，ARPU 的收入与成本的取值和计算规则也可以十分精细（如考虑贴现率、边际贡献、公摊成本、用户维系成本等）。但是，计算模式的精度与复杂度成正比，与计算效率成反比。事实上，无论采用多么复杂精细的计算模式，计算结果都不可能是完全精确的。因此在不同的业务场景下，企业可以采用合适的计算模式，从而做出正确的用户增长业务决策。

企业在选择计算模式时应当考虑的主要因素，包含（但不限于）以下内容。

- 计算的目的。
- 可用数据。
- 技术能力。
- 投入成本，包括资金及人员等。
- 其他因素。

SMEI 倡导使用简单预测模式，此模式可以满足大多数业务场景的需求，同时，在计算精度与计算效率之间也实现了平衡。

2.6 北极星指标

1. 理解目标与指标

目标（Goal）指的是组织或个人在未来一定时期内想要达到的水平或状态。制定目标应遵循 SMART 准则，即 Specific（具体的）、Measurable（可测量的）、Achievable（可实现的）、Relevant（相关的）和 Time-bound（有时限的），如"一年后产品销量提升 50%"就是一个目标。

关键绩效指标（Key Performance Indicator，KPI）指的是最能反映目标达成情况的关键指标。在上一段的例子中，"产品销量"就是一个 KPI。在衡量目标的达成情况时，应当选择少数的关键指标。

一般绩效指标（General Performance Indicator，GPI）是与 KPI 相对的指标，即 GPI 衡量的指标是非关键性的，但具有一定的分析价值。在上文的例子中，"产品利润率""产品投诉率"等可能就是有价值的 GPI。

在渠道端推广中常见的推广目标与指标示例如表 2-2 所示。

表 2-2　在渠道端推广中常见的推广目标与指标示例

推 广 目 标	KPI 示例	GPI 示例
提升品牌知名度	品牌知名度、品牌回忆率、消费者购买意愿	每千次展现费用、每点击费用、网站访问量、App 下载量
顾客交易	成交量、ROI	顾客参与度、商品或店铺收藏率、商品加购率、客服咨询数
获取客户线索	线索数、获客成本	客户参与度、客服咨询数
用户订阅（关注）	订阅数、获客成本	用户参与度
用户注册账号	注册数、注册率、获客成本	用户参与度、客服咨询数
App 下载、安装	App 激活数、App 激活率、每安装费用、获客成本	App 展现数、搜索排名、榜单排名、被推荐次数、广告点击率
流失用户召回	用户召回数、用户召回率、获客成本	用户参与度、用户触达率、广告点击率

关于表 2-2 需要进一步理解的内容如下。

- 表 2-2 中的"推广目标"不一定是增长运营的终极目标，它通常是消费者决策过程中的某个关键点。站在转化的角度来理解，终极目标就是"宏转化（Macro Conversion）"目标，CDJ 中的关键点就是"微转化（Micro Conversion）"中的"过程里程碑"。例如，某个 SaaS（Software as a Service，软件即服务，一种云计算服务）产品进行获客推广，它的推广目标很可能是获得"客户线索"，而不是位于 CDJ 后程阶段的"付费使用"，从获得"客户线索"到客户"付费使用"之间还需要其他运营过程的推动。因此，产品或服务在推广时应基于"推广目标"而非"终极目标"

开展选择渠道、设计触点、确定 KPI、设计着陆页（Landing Page）、设计广告创意、选择目标受众、制定投放策略等一系列工作。
- 表 2-2 中的 KPI 仅是示例，企业应当依据实际情况决定。

2. 理解北极星指标

北极星指标（North Star Metric，NSM）指的是在某个阶段内可以非常直观且灵敏地反映有意义的用户增长水平的指标。

对北极星指标的理解要点有以下内容。

- **北极星指标要能直观地反映用户增长水平。**有一些指标难以做到直观地反映用户增长水平，如利润率、投资回报率等。以利润率为例，它的变动无法与用户的增减变动直接挂钩，利润率下降了，可能是用户的付费金额变少了，也可能是成本增加了。
- **北极星指标要能灵敏地反映用户增长水平。**有一些指标难以做到灵敏地反映用户增长水平，如利润、利润率、投资回报率、LTV、某些产品的收入等。以 SaaS 类产品为例，由于它的转化周期比较长，如果以"收入"为衡量指标就会过于滞后，企业无法对用户的增减做出灵敏反应和策略调整。北极星指标应当是一个灵敏的先导指标，而不是一个滞后指标。
- **北极星指标要能反映有意义的用户增长水平。**有一些指标难以做到真正有意义地反映用户增长水平，如新增用户数、账号注册数、App 下载量等。以新增用户数为例，当新增用户是有效用户时可以用于衡量增长水平（如上文所述），但在某些情况下，这个指标容易被操纵或非正常地拔高，这种增长的假象是无益的或"虚荣"的，对企业的发展没有意义。真正有意义的指标，应当是在产品核心价值方向上的指标，如这个指标可以让企业知道用户是否体验到了产品核心价值吗？如果这个指标变好了，是不是真的能说明企业的业务或产品正在向好的方向发展呢？
- **北极星指标并非一成不变。**在产品的不同阶段，用户增长的重点不同，北极星指标通常也会不一样。例如，一款阅读产品在上线之初，其北极星指标可能是日活跃用户数；随着产品的发展，其北极星指标可能会调整为付费会员数等。
- **北极星指标的价值是为用户增长导航。**"北极星指标"就是衡量增长运营的顶级 KPI。科学的北极星指标非常有价值，正如闪烁在夜空中明亮的北极星一样，它指引着用户增长的正确方向，代表了当前最应当关注的核心业务领域，是企业对相关项目进行优先级排序的重要依据；它也是一个可以统率其他用户增长指标的顶级指标，更是增长团队共同的奋斗目标、一致行动的坐标和工作价值的共同依归。但需要注意的一点是，企业在制定北极星指标的过程中，要避免伤害其他重要指标。例如，一款信贷 App 的北极星指标可能是用户贷款总金额，但应避免因盲目提升这一北极星指标而导致坏账率的升高。必要情况下，在制定北极星指标的同时，企业可以列出重要的负向约束指标。

3．选取北极星指标的流程

北极星指标并不需要发明，而是从实际的业务指标中挑选的。

为了保证北极星指标的直观、灵敏，企业通常会将北极星指标映射到某个具体的用户行为上，只要该用户行为被触发，指标数值就会自然产生。例如，活跃用户数是被广泛使用的北极星指标，而用户是否活跃是由用户是否发生某个具体的行为来定义的，这样，活跃用户数自然可以映射到用户行为上；再如，订单数也是经常被用到的北极星指标，它也是可以映射到用户的"下单"行为上的。

企业从用户行为出发选择北极星指标的一组参考步骤如下。

第一步：在产品核心价值方向上列出相关的用户行为。

第二步：选定关键行为。

第三步：为该关键行为确定度量指标，从而最终确定北极星指标。

第三章 策略环模型

"策略环"模型（Tactic Loop Model，TLM）由 SMEI 提出，即一套由机会（Opportunity）、策略（Tactic）、验证（Verification）、发展（Development）四个环节构成的思维模型，是思考和解决问题（包含企业增长问题）的通用方法论。它简洁而又精密的四步循环过程，既是一种分析和解决问题的核心思想，又是一套切实可行的实践办法。在企业增长领域，这四个步骤的不断循环往复，可以精益化地驱动用户和企业的增长。

"策略环"模型的核心是策略。识别机会是策略的起点，是策略的因应；验证是对策略的测试和检验，以保证策略的正确性；发展是对正确策略的应用与深化。

策略环模型如图 3-1 所示。

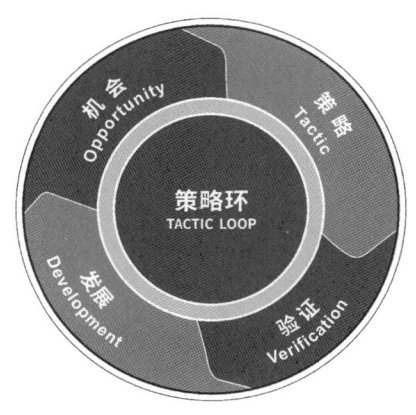

图 3-1　策略环模型

3.1　机会

1. 理解增长机会

增长机会（**Growth Opportunity**）指的是实现用户或企业增长的条件或可能性。

机会有大有小，如发现了一个新的优质获客渠道可能是一个大机会，而优化获客渠道上某个广告的文案可能是一个小机会。

2．增长机会识别的范围

在用户增长领域，增长机会识别的范围包含（但不限于）以下内容。

- **用户获取过程**，包括获客渠道的开拓、渠道及触点优化、流量获取、广告投放、社交推广、用户裂变（User Fission）、老用户推荐、着陆页转化等运营领域。
- **用户深耕过程**，包括用户留存、用户参与、用户转化、交易体验、用户流失预防、流失用户召回等运营领域。
- **用户研究（User Research）过程**，包括对用户的消费行为、习惯、需求、痛点等进行洞察的领域。
- **用户价值创造与提供**，即产品的用户价值，包括竞品对比、产品迭代、功能优化、商品优化、品牌建设等领域。
- **外部环境变化**，包括市场需求变化、经济和社会发展变化、技术发展变化、政策与法律调整等。

3．识别机会的分析方法

识别机会就是通过定性、定量的分析发现在上述范围内实现增长的条件或可能性的过程。

如图 3-2 所示为 SMEI 提出的以用户为中心的分析框架，可以运用于用户获取、用户深耕的全过程中，企业在识别机会时也可以从中选取相关分析方法或工具。

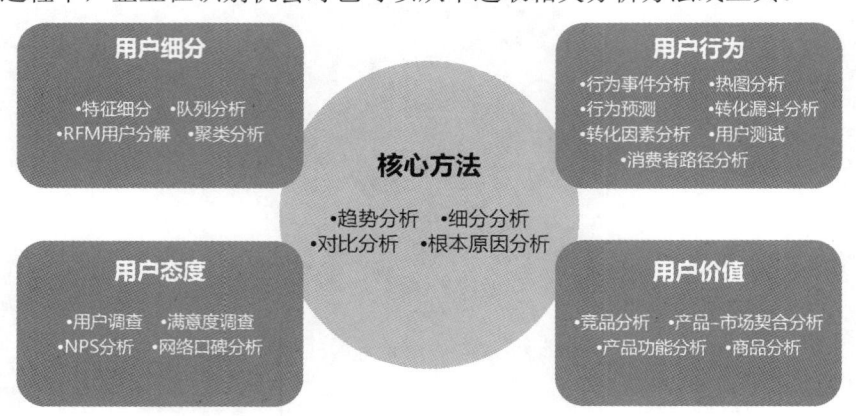

图 3-2 以用户为中心的分析框架

从图 3-2 中可以看出，在该分析框架中，居于中心地位的是趋势分析（Trend Analysis）、细分分析（Segmentation Analysis）、对比分析（Contrastive Analysis）、根本原因分析（Root Cause Analysis，RCA）这四种用户数据分析的核心方法，企业在面对任何数据时，都可以选择其中的一种或多种方法打开分析思路、获得有益洞察。用户细分（User Segmentation）

分析、用户行为分析、用户态度分析、用户价值分析这几个维度中的具体方法，几乎都是这四种核心方法的变体或延伸。

（1）趋势分析

趋势分析指的是对分析对象连续数期的数据进行对比，以确定其增减的方向和幅度，从而揭示分析对象变化的性质与规律的分析方法。

（2）细分分析

细分分析指的是将总体按照一定的规则细分成并列的若干部分后，再对细分后的部分进行分析的方法。

任何细分都应选取相应的细分维度。维度（Dimension）指的是数据的某一个属性，与它密切相关的概念是度量（Metric），度量指的是对数据的属性进行计量的方法。只有同时具有维度和度量的数据，才能构成可供理解的"信息"。

细分分析的方法主要有以下两种。

- 单维细分，即选取某个单一的维度对数据进行细分。
- 多维交叉细分，即对数据进行不同维度的交叉展现，并进行多角度结合分析。例如，用户增长领域常用的"四象限分析法（Four Quadrant Analysis）"就是一种典型的多维交叉细分方法。

一个常用的具体方法是指标分解法（Indicator Decomposition Method）。

指标分解法将一个总体指标分解成若干个相关的细分指标，再对细分指标进行研究，从而达到易于分析、便于实现的目的。指标分解法包括总分法和渐进法。总分法直接把核心数据拆分成若干个细分指标，将这些细分指标组合起来就可以得到核心数据；渐进法是按照数据之间的逻辑递进关系，逐步获得各项细分指标，最后得出核心数据的方法。

对北极星指标进行分解是一种典型的指标分解法。例如，企业将北极星指标中的"交易额"拆分成新用户交易额+留存用户交易额+召回流失用户交易额三个部分，再根据用户的消费旅程对三个部分分别进行进一步分解，直至拆分至具体的用户行为，在拆分后的细部中发现增长机会。

另一个常用的具体方法是流程分解法。

流程分解法按业务流程进行细分分析。例如，对于一个新用户试用SaaS的流程，企业可以按照"点击广告—到达着陆页—浏览产品—注册登录—申请试用—付费"这样的业务流程进行细分分析。如果有需要，企业可以将每个业务流程环节进一步分解为更详细的操作步骤，基于每个业务流程环节或操作步骤发现可能存在的问题。

（3）对比分析

对比分析指的是将相互联系的数据进行比较的分析方法。

对比分析的方法包含（但不限于）以下两种。

- 横向对比。该方法具体包含实际情况与目标对比、与标准对比、与指定对象对比及与同层级对比等。
- 纵向对比。该方法具体包含同比、环比、定基比、前后比等。

（4）根本原因分析

原因分析指的是分析造成某种结果的因素。其中，根本原因分析指的是一种结构化的问题分析方法，用以逐步找出问题的根本原因并加以解决，而不是仅仅关注问题的表征。根本原因分析是一个系统化的问题处理过程，包括确定和分析问题原因、找出问题解决办法、制定问题预防措施三个环节。在组织管理领域内，根本原因分析能帮助利益相关者发现组织问题的症结，从而找出根本性的解决方案。

用户增长领域常用的根本原因分析方法包含（但不限于）以下几种。

- **五问法**，是由日本丰田公司在 20 世纪 30 年代开发的一种通过不断追问的方式探寻造成特定问题的原因的方法。其特点是通过一连串的"为什么"和"导致此问题的原因"的追问，逐层向下钻取出新的问题，通常第一个"为什么"的答案会提示第二个"为什么"，依次类推。在实践中，企业可以进一步拓展出六问、七问甚至更多的"为什么"，直到询问不再产生更多有价值的答案时，表明企业可能已经揭示了问题的根本原因。
- **鱼骨图法（Fishbone Diagram）**，鱼骨图也称为因果图、石川图，在 20 世纪 60 年代由日本质量管理大师石川馨提出。鱼骨图法通过分解的方式探寻导致问题产生的众多可能的原因，将这些原因按其关联关系整理成层次分明、条理清楚并标出重要因素的图形，因为其形状像鱼骨，所以又被形象地称为"鱼骨图法"。例如，分析一个质量问题出现的原因，通常可以从人、机、料、法、环、测六个方面进行分解分析；分析一个用户转化问题出现的原因，通常可以从触发、利益、阻碍三个方面进行分解分析。
- **头脑风暴法（Brain Storming）**，是一种在短时间内产生大量创意和想法的方法。其形式通常是将小组成员集中在一起就某一主题独立自主地发表意见，从而产出好的想法。该方法需要遵循的原则包括对小组成员的意见不批评、不评价、不讨论，尊重并记录所有人的想法等。
- **变更分析法**，通过分析在问题或事件发生之前的相关变更及变更的潜在影响与风险，从而找出产生问题的原因，如更改了系统配置、升级了应用的版本、修改了信息系统策略、执行了新的或不同的营销策略、调整了广告策略等。
- **散点图（Scatter Plot）分析法**，是一种利用可视化工具呈现两个数值变量之间关系的方法。在散点图中，预测变量或自变量位于横轴上，响应变量或因变量位于纵轴上。从点的分布可以快速判断两个变量之间的关系，如正相关、负相关、相关的强度等。
- **帕累托法则**，也称为 80/20 法则、帕累托定律或"二八法则"。既然原因与结果、投入与产出、努力与报酬之间的关系往往是不平衡的，那么找出那些在数量上占少数、在影响上却占多数的因素并加以管理，往往能取得良好的效果。
- 回归分析（Regression Analysis）法，通过生成一个方程描述一个或多个预测变量和响应变量之间的统计关系。在根本原因分析中，可以通过回归分析法分析变量之间的因果关系是否显著。
- 归因（Attribution）分析法，常用于对触点或渠道的分析，通过归因分析法研判触点或渠道与用户转化之间的关系，尽可能客观地评价渠道的价值与贡献。

（5）特征细分

特征细分指的是选取用户的相关特征，再将用户分成不同群体的方法。企业在细分时可以选取用户信息的某一个维度或多个维度进行交叉细分。

用户特征信息的参考框架如图 3-3 所示。

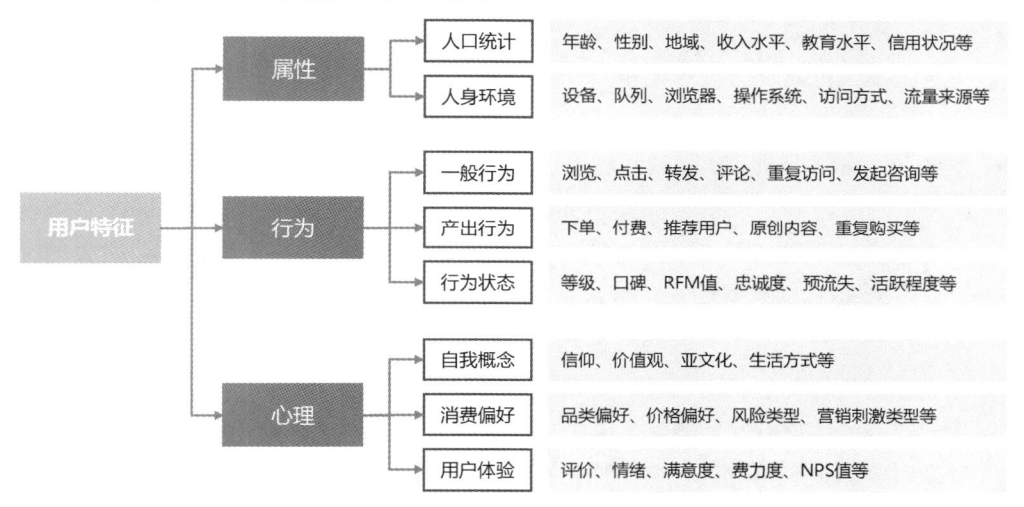

用户特征	属性	人口统计	年龄、性别、地域、收入水平、教育水平、信用状况等
		人身环境	设备、队列、浏览器、操作系统、访问方式、流量来源等
	行为	一般行为	浏览、点击、转发、评论、重复访问、发起咨询等
		产出行为	下单、付费、推荐用户、原创内容、重复购买等
		行为状态	等级、口碑、RFM值、忠诚度、预流失、活跃程度等
	心理	自我概念	信仰、价值观、亚文化、生活方式等
		消费偏好	品类偏好、价格偏好、风险类型、营销刺激类型等
		用户体验	评价、情绪、满意度、费力度、NPS值等

图 3-3　用户特征信息的参考框架

（6）队列分析

队列分析（Cohort Analysis）指的是对在某一时间发生过某种相同行为的用户进行观察、描述或分析的方法。例如，企业对某次推广活动获取的用户队列的留存情况进行分析，或对体验过某个产品功能的用户队列的留存情况进行分析。

（7）RFM 用户分群

RFM 用户分群指的是通过最近一次消费时间（Recency）、消费频率（Frequency）、消费金额（Monetary Value）这三项指标衡量用户价值的方法，基于三者的组合将用户分成八类群体，分别采取更有效率的运营策略。

（8）聚类分析

聚类分析（Cluster Analysis）指的是将样本数据划分为组或簇的方法。组成簇的形成使同一组或簇中的对象相似，而不同组或簇中的对象不同。

聚类是一种典型的用户分群模型（基于相似特征），其他典型的用户分群模型还有队列分析（基于相同行为）、RFM 用户分群（基于用户价值）等。

聚类适用于无监督类问题，要求划分的类是未知的，因此无法事先得知可以将样本数据分成多少类。常用的聚类方法有层次聚类、划分聚类。例如，将付费用户按照几个特定维度（如年龄、职业、地域、性别、付费金额、品类偏好、消费频率等）进行聚类分析后，得到几个在特征上具有明显区别的细分用户群体，根据各个用户群体的特征进行针对性的深耕运营，以获得更好的用户转化效果和用户体验反馈。

（9）行为事件分析

行为事件分析指的是对用户在互联网触点上的行为和事件进行观察和分析的方法。其重点是在企业可监测的触点上，企业通常需要在相关网站或 App 中部署监测代码（直接或间接）才能获得相关数据，这些数据以第一方数据为主、第二方数据为辅。

行为事件分析的具体用法包含（但不限于）以下内容。

- **会话分析**。例如，会话数量、新会话数量、独立访问者数、页面浏览量、页面跳出及跳出率、页面退出及退出率、平均会话长度、平均会话深度、平均页面浏览时长等。
- **事件（Event）分析**。在互联网触点上的事件指的是用户与内容的交互（Interaction），它可以独立于网页或屏幕加载之外进行测量，如用户在页面内填写表单、播放视频、点击购买、消费评价、内容转发或其他关键事件等。一个事件通常涉及发生的时间、位置、数量、操作等要素。在 Google Analytics 中，一个事件的要素包含事件类别（如视频交互）、操作（如播放视频）、标签（如《乱世佳人》）、值（如 3 次）。
- **转化分析**。转化包括宏转化、微转化两种，详见下文。
- **基于行为的偏好分析**。例如，企业基于广泛的用户消费行为（内容消费、娱乐消费、商品消费、金融消费等）分析用户的消费偏好，从而形成运营策略。

（10）热图分析

热图（Heat Map）指的是一种通过对用户行为的数值进行颜色编码以便直观展现的图示。用户的注视、鼠标移动、鼠标点击、滚动屏幕等行为，都可以量化并转化为直观的图示，将定量数据转化为可视化见解。

热图的具体形式包含（但不限于）以下几种。

- 点击热图。
- 移动热图。
- 滚动热图。

（11）行为预测

行为预测指的是基于用户数据和模型预测用户行为的方法，如广告点击预测、流失预测等，其通常需要采用机器学习（Machine Learning，ML）技术不断训练模型并提升预测的精度。

（12）转化漏斗分析

转化漏斗（Conversion Funnel）分析指的是选取用户路径（User Path）上的关键环节，

构建转化漏斗，分析各个环节的转化效率，最终发现问题点的方法。

在互联网用户增长领域，有一个广为人知的 AARRR 漏斗模型，该模型由获取（Acquisition）、激活（Activation）、留存（Retention）、收入（Revenue）、推荐（Refer）五个环节构成。

（13）转化因素分析

转化（Conversion）指的是让用户完成某个设定目标的过程。

转化主要包括两种，即宏转化和微转化。

宏转化指的是企业最希望用户完成的关键行为。 宏转化与企业的核心商业诉求直接相关。在很多情形下，宏转化都可以映射到用户增长的北极星指标上。常见的宏转化包含（但不限于）以下内容。

- 购买，是与电子商务类应用、SaaS 类应用等相关的关键行为。
- 注册账号，是与社交类应用、资讯媒体类应用等相关的关键行为。
- 与广告互动，即观看或点击广告，是与以广告盈利为主要收益模式的产品相关的关键行为。

宏转化以外的用户转化是微转化。 微转化主要分为以下两类。

- 过程里程碑，即在发生宏转化的过程中必要的过程性转化。例如，"购买"是宏转化，点击商品、添加购物车、登录、下单、选择收货地址等是过程里程碑。由过程里程碑微转化、宏转化构成的环节，也称为"主转化进程"。
- 次要操作，即未必是宏转化的必要过程，但在发生后对宏转化有积极影响的转化。例如，"购买"是宏转化，用户查看商品评论、向客服发起咨询、点击收藏、点击降价通知、阅读商品详情页等是次要操作。

宏转化与微转化的关系如图 3-4 所示。

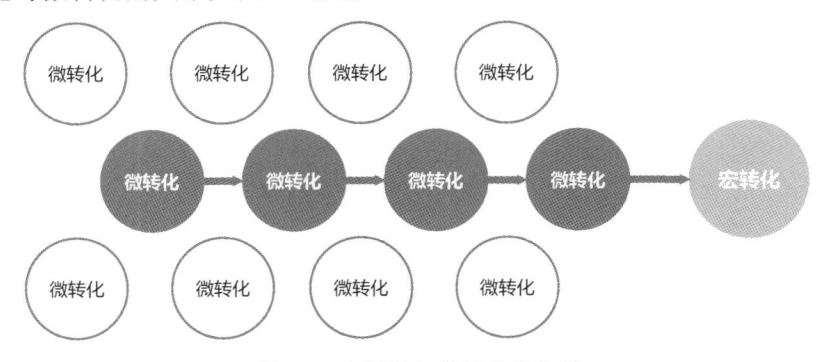

图 3-4 宏转化与微转化的关系

无论是宏转化还是微转化，都可能是线上或线下的。

衡量转化效果的指标通常是转化率，其计算公式如下。

$$转化率=转化数/基数×100\%$$

此计算公式中的基数通常可以取两种值，一种是某个连续运营活动的初始用户或流量数值，另一种是上一个运营环节的用户或流量数值。

转化其实就是让用户行动，而用户是否行动会受到众多因素的影响，最主要的包括三类关键因素，即利益、阻碍，以及触发要素的整体设计与利用。三者构成了一个"转化系统"（详见第五章），如图 3-5 所示的转化公式（Universal Convert Formula）是"转化系统"的简化表达。

$$转化 = 触发 \times (利益 - 阻碍)$$

图 3-5　转化公式

- **触发**，主要包括四个要素，即触发场景、触点、触发物、触发过程。
- **利益**，即实用利益、心理利益、个人价值利益。
- **阻碍**，即用户在完成一次预期的转化过程中可能会面临的挫折或障碍，主要包括四个层面：一是使用受挫，如在使用产品时遇到问题、不会操作、很难上手、花费时间太长等；二是交易受挫，如超出预算、支付故障、竞品干扰、与客服沟通不愉快、广告与实际产品或着陆页缺乏相关性等；三是心理障碍，三种常见的心理障碍是 FUD（Fear, Uncertainty and Doubt，分别为恐惧、不确定和疑虑）[①]，如信任度不足、对商家的宣传效果有顾虑、担心产品出现安全或质量问题、担心使用产品后有损个人形象等；四是拖延现象，在行动时用户常有拖延现象，包括有意识和无意识的拖延，导致无法及时转化。

对以上三类因素的分析和调整优化可以明显提高转化率。

转化因素分析既是发现增长机会的一种分析方法，也是向用户推广、激发用户参与设计一项营销或运营活动、与用户良好互动等增长运营活动中非常重要的策略和思考框架。

（14）用户测试

用户测试（User Testing）指的是委托特定用户使用产品并从其使用过程中获得洞察的方法。用户测试的具体方式主要包括以下两种。

一种是用户在观测现场使用，分析人员在旁边观摩用户的操作，询问其感受或建议。

另一种是对用户非现场的操作过程进行录屏，以供分析人员回看分析，也称为用户会话重播（Session Replay），会话重播工具通常可以捕获鼠标移动、点击、键入、滚动、滑动等信息。不过第二种方式可能在用户隐私方面引发争议。

（15）消费者路径分析

消费者路径有广义与狭义之分。

广义的消费者路径指的是完整的消费者旅程，起点是消费者最初了解产品或服务，既

[①] 恐惧（Fear）、不确定（Uncertainty）和疑虑（Doubt）通常也简称为 FUD，其相关表述最早可追溯至 17 世纪（维基百科）。它们是一系列心理状态的集合，可以在各种情况下影响人们的思维和决策。在商业领域，它们经常被用作与对手竞争或影响消费者的策略。在用户转化过程中，积极消除用户的 FUD，有利于转化目标的达成。例如，对商品进行限量销售、限时打折以制造稀缺感等，就是对 FUD 的利用。

包含产品内触点，又包含产品外触点。广义的消费者路径也称为"消费者决策过程"，将其按照时间关系绘制成的可视化图表称为"消费者旅程地图（Consumer Journey Map，CJM）"，如果进一步增加消费者的情绪、感受、体验等内容，"消费者旅程地图"就变成了"消费者体验地图（Consumer Experience Map，CEM）"。

狭义的消费者路径指的是产品或服务内部的旅程（也称用户路径）。

消费者路径分析的主要作用包含（但不限于）以下几点。

- 基于设定的起点和终点，分析消费者路径与预期是否一致。
- 分析所有消费者路径的特点，洞察消费者使用产品的方式。
- 当用户转化发生异常时，分析该节点的上下游消费者路径。
- 分析在某个运营活动（如广告、推荐、优惠券发放）后的消费者路径特征。
- 对某个具体的消费者路径进行细查。
- 分析消费者决策过程，规划、设计和建设触点。
- 分析消费者的体验。

（16）用户调查

用户调查指的是通过电话、邮件、问卷、访谈等方式从特定用户群体（样本）中收集特定调查数据，以评估用户的想法、意见和感受的方法，是一种定性与定量相结合的方法。

企业收集特定调查数据的具体方法包含（但不限于）以下几种。

- 面对面访谈。
- 焦点小组。
- 电话调查。
- 邮件调查。
- 问卷调查。
- 入户调查。

（17）满意度调查

满意度调查本质上属于用户调查的一种，指的是专门针对顾客或用户满意程度这一主题，通过对其满意度及满意或不满意的原因进行调查，以发现增长机会的方法。该方法用于调查统计的指标是满意度评分（Customer Satisfaction，CSAT）。

（18）NPS 分析

NPS 是净推荐值，NPS 分析本质上也属于用户调查的一种，但其指的是专门针对老用户推荐新用户的意愿程度这一主题进行调查，以发现增长机会的方法。

该方法首先向用户提出"你在多大程度上愿意推荐公司/产品给你的朋友/同事？"的问题；然后采取 0～10 分制，并将用户的回答分为三类：9～10 分为推荐者（Promoter），7～8 分为被动满意者（Passives Satisfied），0～6 分为贬损者（Detractor）；最后计算 NPS=（推荐者数/受访人数-贬损者数/受访人数）×100%。

（19）网络口碑分析

网络口碑（Electronic Word-of-Mouth，eWOM）指的是消费者在网络上对产品、品牌或组织的评价，通常运用基于自然语言处理（Natural Language Processing，NLP）技术的文本分析（Text Analysis）、情感分析（Sentiment Analysis）和主题分析（Topic Analysis）方法对其进行分析。

（20）竞品分析

竞品分析指的是通过对主要竞品进行分析，在产品核心价值定位、差异化营销、获客渠道、用户获取、品牌推广等方面发现机会的方法。

竞品分析的要点包含（但不限于）以下内容。

- 竞品的核心价值定位。
- 竞品的目标用户。
- 竞品的市场数据。
- 竞品的特色功能或设计。
- 竞品的重要文案。
- 竞品的获客渠道。
- 竞品的运营和推广策略。
- 竞品的定价。
- 竞品的优势与劣势。

业界流行的竞品分析框架包含（但不限于）以下几种。

- SWOT 分析。
- 波特五力模型。
- 波士顿矩阵。

（21）产品-市场契合分析

产品-市场契合（Product Market Fit，PMF）指的是基于证据表明产品符合市场需求、市场满意度高且进入了可以规模化增长的阶段的状态。[1] 一个产品在开展大规模增长前应当达到 PMF 状态。PMF 分析没有统一的标准，SMEI 推荐的评判原则有以下几条。

- 不可或缺性调查。如果对于"不能再使用本产品"有超过 40% 的用户表示"非常失望"，那么视为产品达到了 PMF 状态。[2]
- 净推荐值。如果产品的净推荐值超过 40 分，那么视为达到了 PMF 状态。[3]
- 用户活跃度。如果产品的月活跃用户比例达到 40% 以上，那么视为达到了 PMF 状态。[4]

---

[1] "产品-市场契合"的概念很可能是由红杉资本创始人唐·瓦伦丁（Don Valentine）创造的，后来由马克·安德森（Marc Andreessen）普及、推广了这一概念，此处关于 PMF 的描述来自马克·安德森的观点。
[2] 该评判原则由"增长黑客（Growth Hacker）"概念的创造者肖恩·埃利斯（Sean Ellis）提出。
[3] 该评判原则由安迪·拉赫列夫（Andy Rachleff）提出。
[4] 该评判原则由 Running Lean《精益创业实战》一书的作者阿什·莫瑞亚（Ash Maury）提出。

（22）产品功能分析

产品功能分析涉及的范围非常广泛，但面向产品设计开发的产品功能分析与面向用户增长的产品功能分析的侧重点有所不同，后者通常分析某个功能被用户使用的数据以获得消费洞察。

面向用户增长的产品功能分析的要点包含（但不限于）以下内容。

- 功能使用，包括某个功能的使用率、使用时长、用户数、用户构成情况等。
- 功能访问路径。
- 功能-留存分析，即分析使用过某个功能的用户留存情况，从而分析该功能对用户留存的影响是否显著。
- 功能-流失分析，即分析使用过某个功能的用户流失情况，从而分析该功能对用户流失的影响是否显著。
- 费力度分析，顾客费力度评分（Customer Effort Score，CES）主要用于评估顾客使用产品或相关功能解决问题的难易程度，通常通过问卷进行调查。
- 用户意见收集，即收集用户对相关功能的意见和建议。

（23）商品分析

商品分析涉及的范围也非常广泛，面向用户价值的商品分析的要点包含（但不限于）以下内容。

- 商品交易分析，即分析商品的订单数、添加购物车数、付费额、金额、利润等相关情况。
- 商品关注-销量分析，"关注"属于销售成单的前置动作，将"关注"与销售成单的数据进行交叉对比，可以发现增长机会（如筛选出高关注、低销售的商品进一步分析，并采取措施推动销售转化）。
- 商品价格-销量分析，即分析商品定价对销量的影响，分析商品的价格弹性空间，以制定更优的定价策略。
- 商品捆绑销售分析，即分析不同的商品捆绑策略的效果。
- 品类价格带分析，即分析品类成交价格的规律，从而制定商品运营策略和定价策略。
- 商品 ROI 或 ROAS（Return on Advertising Spending，广告支出回报率）分析。
- 商品复购周期分析。
- 商品退、换货分析。
- 商品满意度分析。
- 商品评价分析。

（24）其他分析方法

上文列举的是与用户相关的常用的分析方法。此外，在一些特定的业务场景中，企业还可以采用另一些分析方法，如用户行为观察、广告作品测试、显著性检验等。

4．识别机会的过程

（1）增长的两类任务

在增长运营活动中通常面临两类任务，一类是解决增长问题，另一类是提升增长水平。在不同类别的任务中，识别机会的方式有所不同。

问题等于应有状态减去现有状态。例如，在过去 6 个月中，用户月平均流失率为 20%，而在第 7 个月时，用户流失率为 30%，这就出现了问题，第一类增长的任务就是要解决这样的问题，让状态恢复至应有水平。SMEI 将这类任务称为 A 类增长任务（Growth Task），简称 **A 类任务**。"应有状态"通常是基于历史状态的趋势预测值。

提升水平等于期望状态减去现有状态。例如，当前的用户月平均流失率为 20%，企业期望在未来 3 个月内将月平均流失率降低 5 个百分点，即保持在 15% 以内，第二类增长的任务就是要实现这样的期望。SMEI 将这类任务称为 B 类增长任务，简称 **B 类任务**。当然，有的时候企业只有期望但没有明确的期望值，希望进行机会探索，这也属于 B 类任务。

A、B 两类任务的时间与状态如图 3-6 所示。

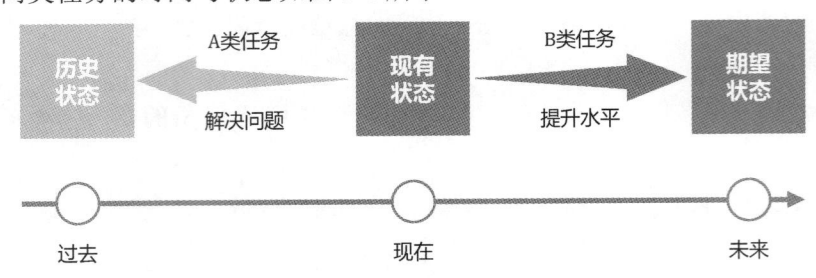

图 3-6　A、B 两类任务的时间与状态

（2）两类任务的来源

A、B 两类任务的来源不尽相同。

A 类任务的来源包含（但不限于）以下内容。

- **故障或事故**。突发的技术故障、事故、异常事件等，如网站突然无法登录、用户突然无法下单等。
- **数据分析**。企业在各种数据分析过程中发现的问题，如数据中的异常值。
- **观察**。企业在直接观察过程中发现的问题，如无法达到规格标准。
- **用户调查**。企业在用户调查过程中收集的问题。
- **试验**。企业在试验过程中暴露的问题，如在进行可用性（Usability）测试时，用户难以上手的问题。
- **监测**。企业通过监测而捕获的问题，如监测到在社交网络中出现大量关于品牌的负面言论，或监测到用户有大量卸载行为等。
- **预警机制**。基于预警模型或机制反馈的问题、征兆，如在用户流失预测、信贷用户违约预测中反馈的预警性问题等。

B 类任务的来源包含（但不限于）以下内容。
- **企业愿景**。企业要成为一个什么样的企业及与之相匹配的增长诉求。
- **企业生存与发展**。企业为了生存、发展或抢占市场，在市场占有率、用户数量、利润等方面的诉求。
- **竞争**。外部的竞争来自竞争态势、竞争对手的压力、生存的压力等；内部的竞争来自企业内部的相关团队或领域等。
- **投资方或股东**。企业对投资回报等方面的诉求。
- **团队目标或利益**。团队 KPI、团队收入、团队自驱性的奋斗目标等。
- **新业务上线**。新业务上线并希望获得较高的增长水平。

A、B 两类任务的来源如图 3-7 所示。

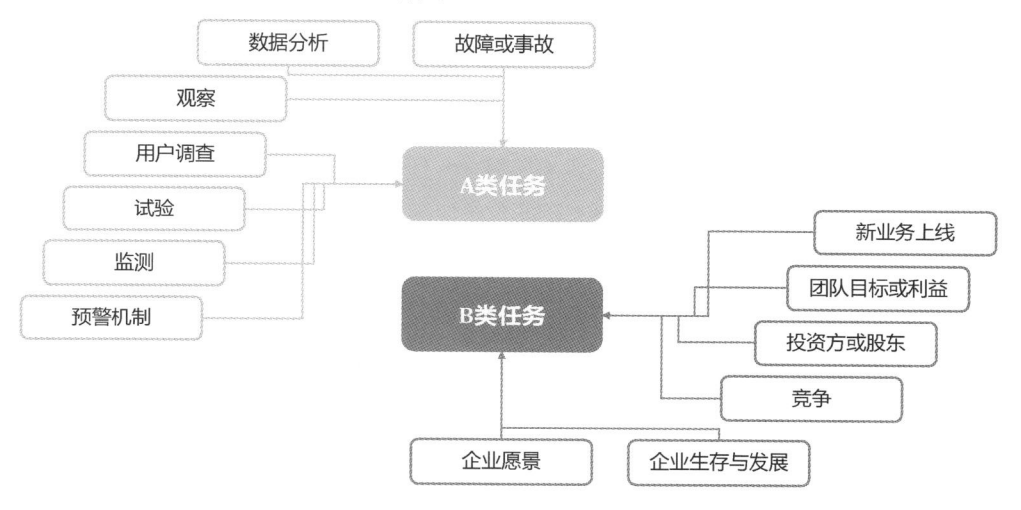

图 3-7　A、B 两类任务的来源

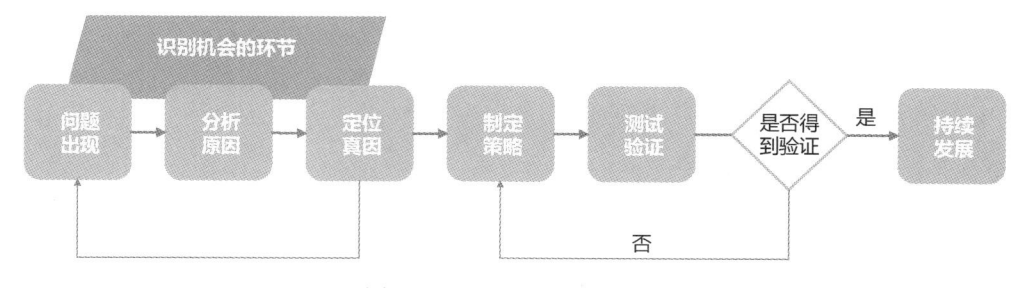

（3）A 类任务的运行过程

A 类任务的运行过程如图 3-8 所示。

图 3-8　A 类任务的运行过程

问题出现是 A 类任务的运行起点。

当出现问题时，通常伴随着一些现象，企业在紧急情况下可先消除现象，但不能忽视对原因的分析，只有搞清楚了问题的原因和机理，企业才能采取更有效的预防或根除的策略。

在分析原因时，企业不应当只停留于现象，而应当分析"现象"背后的"本质"。例如，用户流失率突然增加，这是问题的现象；经过分析，发现问题的本质是竞争对手在挖取用户，解决这个问题的重点在于采取更好的竞争策略。

在可能存在的众多原因中，有一类原因是导致问题发生的根本原因，也称为真正原因（简称真因）。开展 A 类任务首先应对问题定位真因。

准确定位真因的方式应至少包含（但不限于）以下的一种。

- **问题复现**，即观察问题在某一假定原因的单一作用下是否复现。具体可以在排除其他可能的原因后再观察问题是否依旧存在，或者分别在保留该原因和消除该原因后，对比观察问题是否复现。例如，用户投诉打不开 App 支付页面，经过分析，这一问题的原因是新版本升级技术故障（假设），将 App 版本回滚到上一版本后，故障消失，表明真因定位准确。
- **证据支持**，即在没有条件或没有必要使问题复现时，基于充分的、完整的证据链来支持或否定对原因的假设。例如，发现着陆页的跳出率突然升高，假设有不同年龄段用户的原因或某个别渠道的原因。进一步分析流量来源数据，发现不同年龄段用户在跳出率上没有显著差异，则证据不支持该假设；再分析流量来源渠道，发现某渠道与其他渠道的跳出率相比有显著差异，则证据支持该假设。

定位真因的方式如图 3-9 所示。

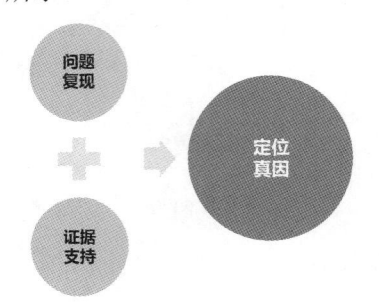

图 3-9　定位真因的方式

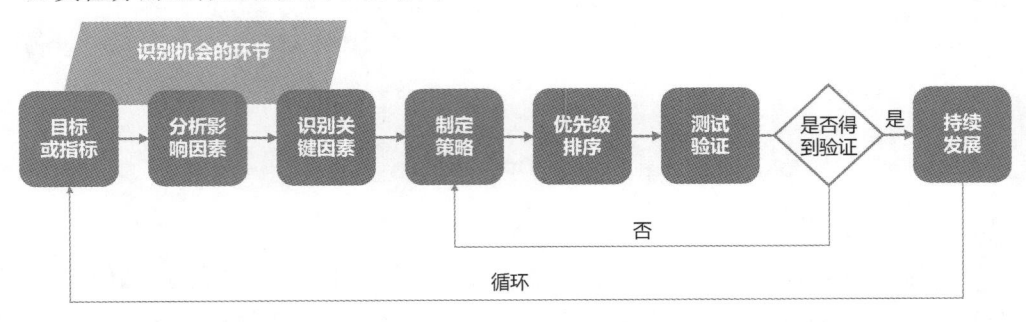

（4）B 类任务的运行过程

B 类任务的运行过程如图 3-10 所示。

图 3-10　B 类任务的运行过程

对某个增长目标或某个指标进行优化是 B 类任务的运行起点。

有的时候，B 类任务并不是一个明确的目标，而是一个指标对象。例如，某 App 当前的注册转化率为 30%，虽然无从判定这个指标处于什么水平，但是可以假设这个指标还有提升的空间。

基于增长目标和基于某个指标这两个业务场景的共同点是都属于 B 类任务，都要提升目标或指标的表现；两者的不同点是，前者有明确的增长期望值，后者虽有增长期望但无明确的期望值。

企业在运行 B 类任务时，在分析影响因素环节仍然可以使用根本原因分析（RCA）的相关具体方法，但这个时候不是寻找"真因"，而是探查关键影响因素。

由于增长要靠用户转化达成，而用户转化分为微转化、宏转化两种，因此 B 类任务的机会识别也有两种场景。

a. 微转化

- **如果企业的目标是提升某一环节指标的水平，那么企业应重点为该环节寻找机会。**例如，要提升着陆页的"账号注册率"，企业应重点分析在该触点上影响用户注册的相关因素，并进一步分析其中的关键因素。
- **如果企业的目标是提升某一全局性指标的水平，那么企业应考虑包括该环节在内的、之前的整个消费者决策过程。**例如，要提升着陆页的"账号注册量"，企业应追溯之前所有的消费者重要触点，如广告展现、广告点击、到达着陆页、浏览、注册等，分析影响各个重要触点转化效率的相关因素，并进一步分析其中的关键因素。
- **需要注意的一点是，微转化应与宏转化正相关**，也就是说，企业在优化微转化后，宏转化也会相应地提升，不应在与宏转化无关的"伪微转化"上浪费企业资源。企业在分析微转化与宏转化的相关性、相关程度及方向时，可以采用相关分析（Correlation Analysis）。

b. 宏转化

正常的业务运行逻辑是从宏观到微观。例如，先进行营销的战略定位，即 STP 战略——市场细分（Segmentation）、目标选择（Targeting）、品牌定位（Positioning）；再运用营销组合策略，即 4P 策略——产品（Product）、价格（Price）、渠道（Place）、推广（Promotion）。针对业务运营中的具体转化问题，企业可以通过上文"微转化"的分析思路进行机会识别、不断优化。

当然，也可以逆向反思企业的营销策略。例如，企业在微观层面上已经努力优化，但最重要的"宏转化"效果还是不好，那么继续在微观层面上寻找增长机会的意义已经不大，此时企业应反思在宏观层面上的营销策略甚至是更宏观的 STP 营销战略是否出现了偏差，并寻找在宏观层面上有没有增长机会。因此，该环节主要涉及寻找两个层面的增长机会。

- **营销策略层面的分析**，即 **4P 策略**，分析在产品、价格、渠道、推广中的机会。例如，对产品的功能进行重大调整或升级，调整推广的渠道等。
- **营销战略层面的分析**，即 **STP 战略**，反思产品的市场细分、目标选择、品牌定位中的机会。例如，调整产品的目标市场等。

从众多影响因素中选取"关键因素"的方法包含（但不限于）以下几种。

- **相关分析法**，即分析相关影响因素与目标结果数据的相关性，一般情况下，如果相关系数的绝对值是 0~0.3，那么两者低度相关；如果相关系数的绝对值是 0.3~0.6，那么两者中度相关；如果相关系数的绝对值是 0.6~1，那么两者高度相关。也可以对多组变量的相关系数进行对比，选取相关性更大的变量作为"关键因素"。需要注意的一点是，相关关系不等于因果关系，需要进一步在相关因素中进行因果验证后，才能表明因素之间是否存在因果关系，这个验证的步骤一般放在后续的"测试验证"环节中进行。
- **二八法则**，即帕累托法则，选取在众多因素中影响最大的 20%作为关键因素。
- 专业或经验判断。
- 头脑风暴法。

（5）A、B 两类任务的运行对比

A 类任务分析的目的是寻找问题的根本原因（真因），根本原因的数量较少甚至是唯一的，策略有效、状态恢复即可完成 A 类任务的运行。

B 类任务分析的目的是从众多对增长目标或某个指标有影响的因素中，识别出关键因素并进一步明确项目实施的优先级排序，先摘取那些"低垂的果实"（增长杠杆），不断地优化、迭代和循环下去，直到任务需要停止运行。

A、B 两类任务识别机会的本质区别如图 3-11 所示。

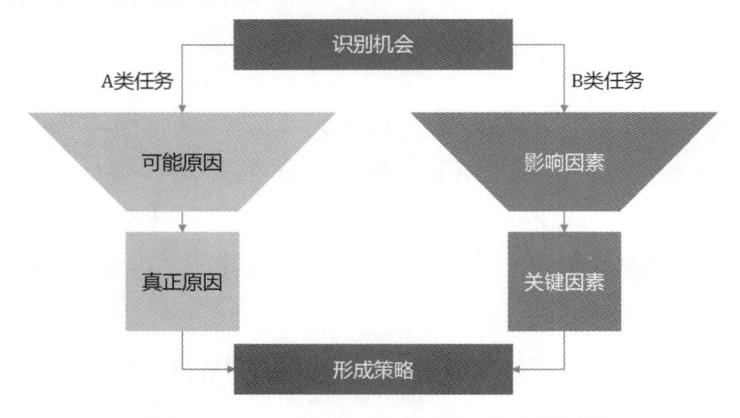

图 3-11 A、B 两类任务识别机会的本质区别

增长机会识别总体分析框架如图 3-12 所示。

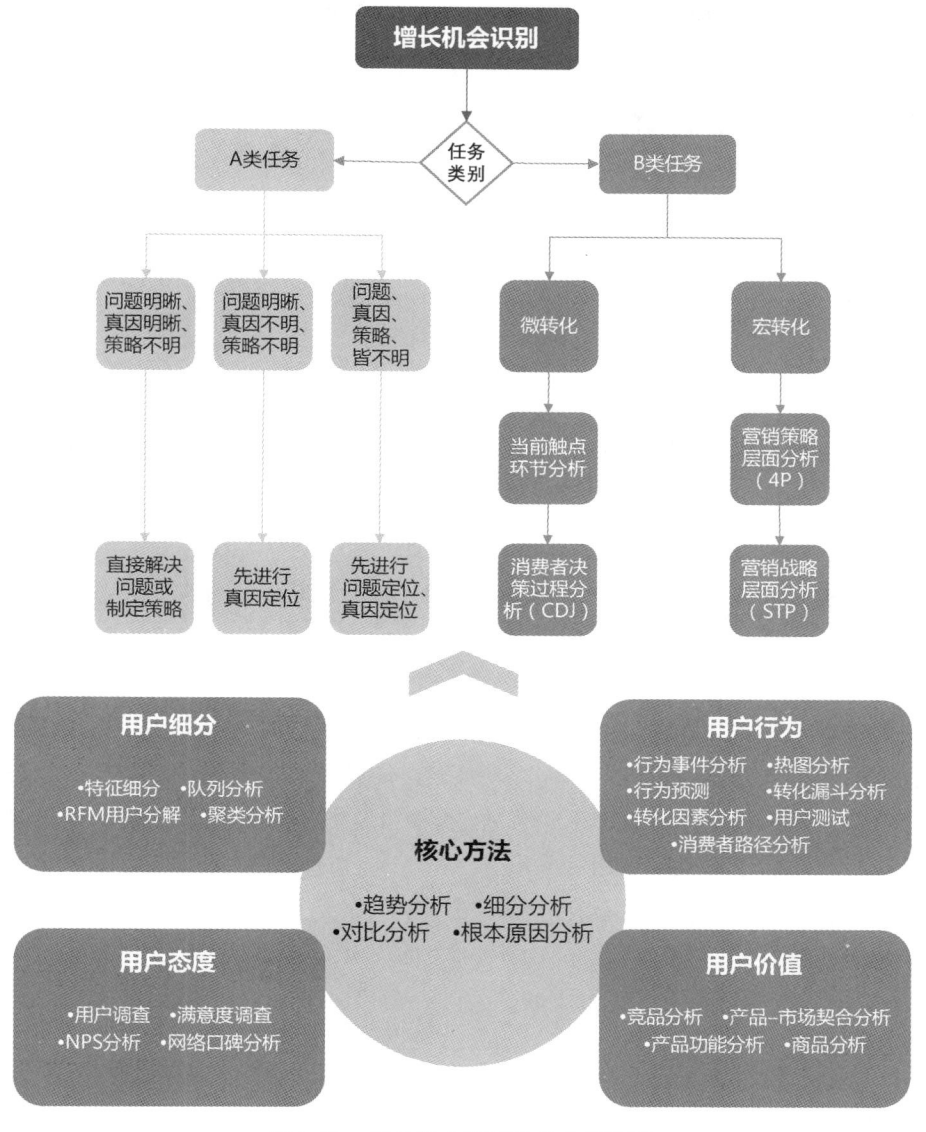

图 3-12　增长机会识别总体分析框架

3.2　策略

1. 策略的规范描述

基于上文中的机会识别过程，企业可以针对被分析并识别出的"真因"或"关键因素"分别制定策略。

上一个环节针对"真因"或"关键因素"进行假设，本环节针对策略进行假设。

增长策略可以通过一个表达式进行描述，如图 3-13 所示。

增长策略表达式

[如果……，那么……，因为……]

图 3-13　增长策略表达式

在图 3-13 中，"如果"是具体的策略，"那么"是预期的结果，"因为"是制定策略的依据。例如，如果 App 回滚到上一版本，那么用户注册量将恢复到之前的水平，因为新版本 App 的登录页面频繁出现闪退。

策略表达式中的"因为"是支持这个假设的理由，将理由也在表达式中描述出来，是为了让这个假设表达的观点更易于理解，也更易于对项目实施的优先级进行排序。一般情况下，理由的来源包含（但不限于）以下内容。

- **分析的结果**。例如，一项针对 30 多人的问卷调查显示他们从来没有发现产品的某个功能；56%的访客从某个位置离开了网站。
- **成功的实践**。成功的实践可以是本组织的做法，也可以是外部组织的做法。例如，项目组第 105 号试验表明蓝色的反白按钮点击率更高；某权威网站的引导页面是以某种式样设计的。
- **经典的理论**。例如，消费者行为学认为给用户太多的选择会让其陷入选择困难状态。

需要注意的一点是，无论是业内的成功实践，还是经典的理论，都不是放之四海而皆准的准则，在本组织的实际业务中未必有效。事实上，企业在对增长策略进行测试验证的过程中，也自然隐含了对支持理由的验证。

一个好的策略表达式，应当符合（但不限于）以下几点。

- 结果可明确预期。
- 描述可理解、可信。
- 结果可测试、可验证。

2．策略产生的方法

（1）策略可选集

策略可选集指的是业内广泛采用的或经本组织验证有效的策略的集合，它能为具体业务问题迅速形成有针对性的策略。

企业应建立并完善针对不同任务的策略可选集。

（2）策略发想

策略发想指的是通过构思或思考（必要时可借助思维方法或工具）从而产生相关策略的一种精神活动。

常用的策略发想方法包含（但不限于）以下内容。

- **专业或经验判断**。拥有深厚的专业知识或丰富的业务经验的人对策略更敏感，因此专业或经验判断是产生策略的一个重要途径。

- **转化因素分析法**。很多任务场景都与转化相关或相似，因此企业可以根据转化因素框架进行思考和分析，详见上文。
- **头脑风暴法**。该方法的优势是可以借助集体智慧，而且对提出者无限制。
- **拆解法**，即把宏大的事物拆分成细小的事物，以发现更多的策略线索，如对转化因素的逐层拆解。
- **列举法**，即对具体事物的特定对象进行穷举，在穷举过程中启发策略线索。
- **强制联想法**，即运用联想思维，充分激发大脑的想象力和联想能力，迫使思考者联想那些平常根本联想不到的事物，从而产生思维的"大跳跃"，进一步产生解决问题的创造性策略。也有人将头脑风暴法视为强制联想法的其中一种。
- **设问法**，即就某一问题进行自我追问与回答，在问题与答案的碰撞过程中激发策略线索。

3．策略的优先级

对增长策略进行测试验证，往往是一个大型或小型的项目（Project）。

如果项目多，那么企业应为测试验证进行优先级排序。业界有许多种优先级排序法，SMEI 推荐由肖恩·埃利斯提出的 ICE 优先级排序法。本书在收录时对其含义进行了细微的调整。

ICE 优先级排序法由 Impact（影响力）、Confidence（信心水平）、Ease（容易程度）三个因素构成。

- **影响力**，指的是该策略对增长目标的影响程度，影响越大评分越高。
- **信心水平**，指的是企业对实施该策略产生的效果的预估，信心越强评分越高。
- **容易程度**，指的是该策略在实际实施过程中的容易程度，包括可操作性、技术可实现性、人员、经费、相关部门的支持配合度等，难度越小评分越高。

ICE 优先级排序法通常采用估值的方式，评分级别为 1~5 分，对项目的影响力、信心水平、容易程度分别进行分值评估，满分为 15 分，分值越高的项目优先级越高。

由于 ICE 优先级排序法基于团队或个人的主观看法，因此不是精确的方法，但其优点是花费尽可能低的成本（时间、精力、费用）决定出最应优先考虑的策略。另外，优先级排序并不是必需的，如果项目少，那么企业也可以不进行优先级排序。

3.3　验证

无论是被分析并识别出的"因素"，还是制定的对应"策略"，都是一种假设。增长假设是否成立，企业需要进行测试或验证。

根据实际情况，企业可以在策略正式应用后进行验证，也可以在策略正式应用前进行小范围的测试。

测试验证的方法包含（但不限于）以下几种。
- 观察调查。
- 对比分析。
- 随机对照试验（Randomized Controlled Trial，RCT）。

常用的测试验证方法如图 3-14 所示。

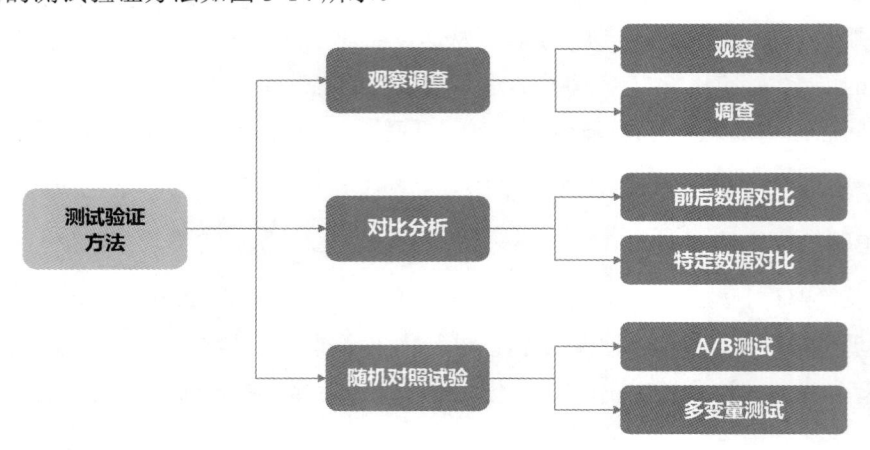

图 3-14　常用的测试验证方法

需要注意的一点是，企业在进行数据对比分析时，除了关注前后的数据和组间的数据是否有差异，还要关注这种差异是否显著，在必要时应进行显著性检验。在用户增长领域，最常见的场景是对总体的均值之差进行检验（如点击率的前后对比、转化率的前后对比、不同版本转化率之间的对比），根据中心极限定理（Central Limit Theorem），无论该总体本身是什么分布，总体的均值都趋近于正态分布。因此可以用 t 检验对两个总体的均值之差进行显著性检验，其他检验场景可根据需要选择其他的显著性检验方法。

1．观察法

观察法（Observation Method）也称为实地研究法，是研究者根据一定的研究目的、研究提纲或观察表，用自己的感官和辅助工具直接观察研究对象，从而获得资料的一种方法。常见的观察法有核对清单法、级别量表法、记叙性描述等。观察者一般利用眼睛、耳朵等感觉器官感知观察对象，由于人的感觉器官具有一定的局限性，因此观察者往往需要借助各种现代化的仪器和手段（如照相机、录音机、显微录像机等）辅助观察。

例如，企业发现用户在线数据异常，很多用户掉线，通过排查猜测是编程漏洞引起的。在程序被修复后，企业直接观察用户是否还掉线，如果用户不掉线，那么表明猜测已得到验证。

2. 调查法

调查法（Survey Method），是通过电话、邮件、问卷、访谈等方式从特定人群中收集特定数据的方法，通常用于评估调查对象的想法、意见和感受，是一种定性与定量相结合的方法。针对用户进行的调查方法也称为用户调查。

例如，企业发现用户满意度出现了下滑，在实施相关策略和措施后再次进行用户调查，发现用户满意度显著上升，表明策略的有效性得到验证。

3. 前后数据对比

前后数据对比是一种典型的对比分析方法，通过对比策略实施前后的数据评判策略的有效性及有效程度。

例如，企业对广告创意进行调整，对比调整后的广告点击率是否有变化及变化的程度。

4. 特定数据对比

特定数据对比也是一种典型的对比分析方法，通过与特定数据（如标准要求、历史最高水平、行业平均水平等）进行对比评判策略的有效性及有效程度。

5. A/B 测试

A/B 测试是一种典型的随机对照试验方法。

随机对照试验指的是在临床医学中，至少有 2 种干预方式——试验治疗和对照治疗，这是一种同时在试验的 2 个组或多个组中进行评估的临床试验方法，每一组的纳入由确保不受偏见影响的随机过程决定。几十年来，它们一直是临床试验的黄金标准。今天，除了医学领域，RCT 也广泛地应用于社会学研究领域。

A/B 测试是一种在 2 个变体（Variant）之间进行随机对照试验的方法，通常是在线进行的，其理论基础是统计学中的假设检验。

此外，A/B/n 测试是 A/B 测试的扩展方法，是在多个变体之间进行随机对照试验，如在 3 个着陆页版本之间进行对照测试。

（1）A/B 测试的流程

在用户增长领域，A/B 测试的一般流程如图 3-15 所示。

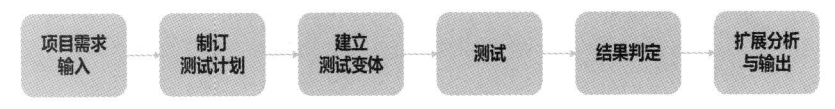

图 3-15 A/B 测试的一般流程

- **项目需求输入**。在增长机会与策略的测试验证业务场景中，项目需求就是在识别机会、制定策略这两个环节提出的假设，通常以"如果……，那么……，因为……"的规范表达式来表达。获得项目需求信息的输入，是制订测试计划的依据。
- **制订测试计划**。明确测试的启动时间、样本准备周期、测试环境、测试流量的分配、测试样本数量、测试时长、衡量指标等相关事项。
- **建立测试变体**。变体数量通常是 2 个，一个是对照组（也称控制组），另一个是试验组。例如，当前的着陆页为对照组，另一个版本的着陆页为试验组，在试验组中，行动号召为"注册即有 70%的机会成为长期会员"（在对照组中为"注册即可成为长期会员"），即基于"如果修改行动号召用语，那么注册率会明显提高"这样的假设设置对照组。变体数量是 3 个或 3 个以上的测试称为 A/B/n 测试，其测试的逻辑与 A/B 测试的逻辑完全相同。
- **测试**。正式启动测试过程。
- **结果判定**。企业对变体之间是否明确分出"胜负"做出判定。
- **扩展分析与输出**。企业对相关数据及数据背后的原因进行深入分析，而非停留于测试本身，无论变体分出"胜负"与否，企业通过测试的过程和数据都可以获得很多有益的洞察和知识，这些成果也应向后续的试验或业务进行输出。

（2）A/B 测试的关键问题

A/B 测试的关键问题包含（但不限于）以下内容。
- **流量分配**。企业应测试流量是否要细分目标人群，或者将流量分配给哪些目标人群；是将流量全部用于测试，还是只将一部分流量用于测试；如何保证流量均匀分配。
- **样本数量**。A/B 测试属于抽样统计方法，那么，为了获得具有统计学意义的结果，该测试需要一定的样本数量。测试需要的样本数量通常与转化率、最小改善幅度、统计显著性、统计功效等有关。
- **测试时间**。基于样本数量、测试流量的大小及测试变体数量的多少预估测试需要的时间。
- **结果判定**。对 A/B 测试的结果借助统计学上的 P 值进行判定。
- **其他问题**。例如，样本质量、新奇效应（Novelty Effect）、辛普森悖论及对其他指标的影响等。

（3）Epsilon 递减策略

A/B 测试存在的主要不足是，由于它是一种"先探索、后利用"的策略，即先用一部分流量选出最好的版本，再将这个版本在更大的或全部的流量中开放使用。企业在测试的时候并不知道哪个版本更好，只有在测试结束后才能判别，因此企业在测试过程中会面临业务受损的风险。例如，必须有一半的用户处于效果糟糕的试验组或对照组，而且必须等待测试结束才能终止这种局面。那些原本可能购买商品或形成转化的用户，因为看到了糟糕版本的广告、访问了糟糕版本的着陆页，所以可能放弃购买或转化，从而使企业遭受潜在的损失。

为了改进 A/B 测试的不足，企业可以引入一个可行的测试策略，即 Epsilon 递减策略（Epsilon Decreasing Strategy）。

Epsilon 递减策略的验证机制是"边探索、边利用",其基本原理是:如果在前 1000 个浏览用户中,A 版广告的点击量比 B 版广告的点击量多,那么在接下来的 1000 个浏览用户中,企业可以把 A 版广告的展现率提高到 60%,同时把 B 版广告的展现率降低到 40%。这样一来,企业就可以利用初期结果,同时继续探索 B 版广告改善表现的可能性。随着越来越多的表现倾向于支持 A 版广告,企业可以逐渐提高 A 版广告的展现率,同时降低 B 版广告的展现率,这样就可以有效降低 A/B 测试中的损失风险。随着 A 版广告的效果越来越好,Epsilon 值也在递减,从而达到一个理想的水平。Epsilon 值(ε)就是探索时间与总时间之比。

6. 多变量测试

多变量测试(Multivariate Testing,MVT)也是一种典型的随机对照试验方法。

该方法是对多个变量之间的组合效果进行测试。例如,测试一个着陆页中的不同按钮颜色、不同图片、不同产品展示位置这三个变量的各种组合方案的转化效果。其基本原理与 A/B 测试的基本原理相同。

3.4 发展

对增长假设的测试验证会有两种结果:一种是验证未通过,应反思之前的环节(识别机会环节、制定策略环节);另一种是验证通过,可以进入持续发展环节。

持续发展环节由两个具体的主题构成,一个是应用,另一个是深化。

持续发展的主题如图 3-16 所示。

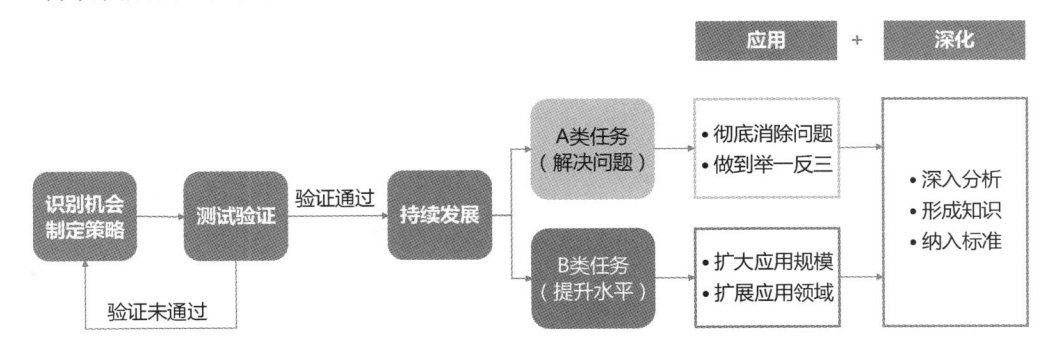

图 3-16 持续发展的主题

(1)A 类任务的应用主题

- **彻底消除问题**。企业应找到根本原因,使问题得以彻底消除并防止其再次发生。
- **做到举一反三**。企业应对同类问题进行检视,将问题及措施反馈给组织的其他领域,避免同类问题再次发生。

（2）B类任务的应用主题
- **扩大应用规模**。企业在更大的范围内应用有效成果，如新版本全量推送。
- **扩展应用领域**。企业在组织的其他适用领域内应用有效成果。

（3）深化环节
- **深入分析**。无论是成功的测试还是失败的测试，企业都应深入分析测试数据及其背后的原因、规律，分析对照组和试验组的用户行为的细节，复盘并总结在整个过程中的经验与教训，从而使测试的价值最大化，并丰富对业务及用户的洞察。
- **形成知识**。企业应有相应的机制，基于实践形成组织共用的知识成果，并对知识成果进行有效管理和利用，以提升组织整体的知识和认知水平。
- **纳入标准**。企业应有相应的机制，将成功的实践上升为组织的业务标准或规范，建立良好的行为准则和行动指南，不断提升组织的增长能力和增长效率，形成增长文化。

上文的机会、策略、验证、发展，就是"策略环模型"的四大环节。

至此，这个过程并没有结束，而是将开始下一次循环。如此往复、迭代，从而形成敏捷、精益的增长循环，推动用户和企业持续增长。

第四章

用户获取过程

4.1 理解用户获取过程及模型

1. 定义

用户获取指的是从各种获客渠道获得新用户的业务过程。

用户获取通常不是一步完成的,而是需要在多个渠道或触点上,与目标用户进行多次互动才最终得以实现的。

2. 流量获取过程

企业在渠道端进行推广或用户获取时,目标受众点击触发物(广告或内容),流量就从渠道端的流量源经过流量管道"流转"到了企业的承接端,在承接位置实现转化,或者经由此处进入企业的流量池。

这一过程如图4-1所示。

图 4-1 流量获取过程示意图

企业在这个过程中拥有以下三大增长机会领域。

- 企业开发上游的流量源,也就是拓展更多、更好的获客渠道。
- 企业让更多的流量进入流量管道,也就是做好渠道推广,增加品牌展现,并提高渠道端的点击率。
- 企业建好流量池,让更多的流量进入企业流量池并实现更多转化。

3．重要概念

（1）流量运营相关概念

流量池（Traffic Pool）指的是企业用于存蓄互联网流量的各种应用。这些应用包括网页应用（Web App）和移动应用（Mobile App）。互联网用户在与这些应用进行交互时，便产生了网络流量，流量可以在各种应用之间流动，就像各个池子里的水在池子之间流动一样。

从权属关系的角度来看，流量池主要包括两种：一种是企业拥有的流量池，如企业的网站、App 等；另一种是企业不拥有，但企业有一定管控权的流量池，如企业在新媒体、社交网络、SaaS 系统中开设的官方账号，企业对账号的粉丝可以进行触达、拉黑等操作。

流量源（Traffic Source）指的是获取流量的来源，即获客渠道，如搜索引擎、社交媒体、线下门店、会议等。

私域流量（Private Traffic）指的是在企业流量池中产生的流量。

公域流量（Public Traffic）指的是在非企业流量池中产生的流量，如在搜索引擎、广告、社交媒体中产生的流量，是被企业获取的对象。私域流量和公域流量是互相流动的，公域流量可以流入私域成为私域流量，私域流量也可以流入公域成为公域流量，所有的私域流量都来自公域，私域流量是公域流量的延伸。同时，二者也是相对的，如 Twitter 上的用户流量对于商家来说属于公域流量，但对于 Twitter 公司来说属于私域流量。

流量生态（Traffic Ecology）指的是大型流量池，或者可以实现消费者 ID 打通的多个流量池的集合，如 Meta、Twitter、微信、阿里巴巴等都属于大型的流量生态。[①]

（2）流量运营与用户运营的关系

流量是由用户产生的，因此流量运营（尤其是流量池中的私域流量运营）的本质就是用户运营。但用户运营的范围比流量运营的范围更广，除了线上的用户运营，还包括线下的用户运营，其关系可以大致表示为如下这样。

用户运营=线上用户运营（私域流量运营）+线下用户运营

在中国，微信是很常用的移动社交工具，对于 B2B 业务模式来说，常见的基于微信生态搭建流量池的策略是：企业通过互联网或 QR 码，将公域流量引入私域（如官方网站、微信公众号、其他媒体账号等），再进一步引流至微信公众号或微信个人账号，在微信生态流量池中对用户进行深耕（通常使用社会化客户关系管理系统）。

私域流量运营的策略如图 4-2 所示。

[①] "流量池营销"的概念由杨飞提出，流量池、流量源、私域流量、公域流量、流量生态等术语解释由 SMEI 给出。

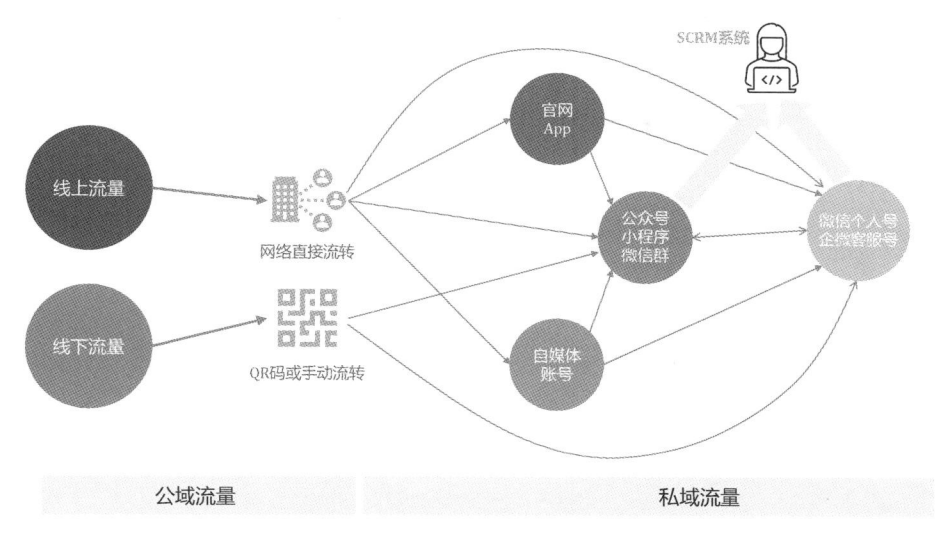

图 4-2　私域流量运营的策略

4．推广转化的 AIDA 模型

AIDA 是一套推广转化的方法，古老而经典，在用户获取、用户深耕中仍然具有深远的运用价值。在付费搜索推广、搜索引擎优化、信息流广告、应用商店推广、电商平台内推广、EDM、官方 Push 等所有推广形式中，都能发挥出色作用。

（1）注意（Attention）

- 指的是人们选择性地将精力集中在某些离散信息上的认知行为。
- 人的注意力分为有意注意、无意注意两种，增长运营时主要应吸引无意注意。
- 吸引注意的根本策略是刺激人的五种感官，并让用户产生感知。
- 具体策略是让触发物（刺激物）体现出突显性、反差性、新异性、诱惑性、相关性等。

（2）兴趣（Interest）

- 指的是想对某人或某事物进一步了解的感觉。
- 激发兴趣本质上是让用户更好地感知产品核心价值，让核心价值与他的需求产生共鸣。
- 具体策略有善用文案、善用画面、善用试用、善用证明等。

（3）欲望（Desire）

- 需要指的是人们的某种不足或短缺的感觉，欲望指的是建立在不同的社会经济、文化和个性等基础之上的需要，美国动机学家史蒂文·赖斯（Steven Reiss）将人类的基本欲望归纳为权力、地位、荣誉等 16 种。
- 刺激是人的欲望苏醒的原点，故刺激也称诱因，包括来自外部"五感"的刺激、内部肌体和器官的刺激。
- 欲望一旦苏醒后，往往就会有所行动；而动机是推动人做某事情的内部动力。

- 需求是可以被获取能力所满足的欲望,当需求指向交易途径来解决时,便产生了"产品"的需求。
- 唤起欲望的策略一是通过外部刺激(如呈现产品核心价值),二是激发用户情绪——具体可以利用追求心理、失去心理、规避心理、恐惧心理来激发用户情绪,让其产生内驱力,最终,基于外部的诱因和内部的内驱力,共同激发出用户动机。

(4)行动(Action)
- 通过激发兴趣(I)、唤起欲望(D)解决了用户的动机问题,而在促成行动(A)环节则要重点解决"阻碍"问题。
- 用户转化的阻碍是使用受挫、交易受挫、心理障碍、拖延现象等几种。
- 具体策略是说明使用、轻松支付、打消疑虑、营造稀缺等。

5. 用户获取前的基础分析

用户获取前的基础分析,指的是通过分析,清晰、准确地理解产品、目标用户、用户增长现状,它是有效地开展用户获取工作的前提。

(1)产品基础分析

产品基础分析的要点包含(但不限于)以下内容。

- 产品定位。
- 产品形态。
- 产品的核心价值。
- 产品的特色功能。
- 产品的优势与劣势(与竞品相比)。
- 产品的盈利模式。
- 产品所处的生命周期阶段。
- 产品-市场契合分析。
- 行业现状。

(2)目标用户基础分析

目标用户基础分析的要点包含(但不限于)以下内容。

- 目标用户简况(性别、年龄、地域等人口统计特征)。
- 动机与目标。
- 行为描述。
- 心理肖像。
- 本产品能解决的目标用户的问题。
- 目标用户对本产品的态度。

用户画像技术是理解用户的一种常用技术,详见第六章。

（3）用户增长现状基础分析

用户增长现状基础分析的要点包含（但不限于）以下内容。

- 现有用户统计（用户总数、活跃用户数、每用户平均收入/每付费用户平均收入、用户偏好、用户人口统计特征等）。
- 用户增长速度、用户流失速度。
- 现有的推广方式。
- 用户增长团队情况。
- 企业资源情况。
- 用户增长痛点。

4.2 主要任务

用户获取过程中的任务[①] 如表 4-1 所示。

表 4-1 用户获取过程中的任务

任务类别	任务	策略环			
^	^	机 会	策 略	验 证	发 展
典型任务	渠道运营	√	√	√	√
^	渠道端推广	√	√	√	√
^	着陆页优化	√	√	√	√
^	裂变获客	√	√	√	√
^	反流量欺诈	√	√	√	√
^	触点管理	√	√	√	√
特定任务	依据实际业务场景确定	√	√	√	√

4.3 渠道运营

4.3.1 任务描述与理解

1. 任务描述

渠道运营的任务是不断发现、测试和优化渠道，实现企业的商业诉求，如用户规模的增长、用户转化率的提升、ROI 的提升等。

[①] 《UGBOK®指南》仅对具有代表性的"典型任务"进行了识别，事实上还可能存在其他任务或某种特定任务。在具体识别时，可能还存在任务颗粒度上的差异，如可以将"渠道运营"任务进一步分解为相关的子任务，但这种情形不会影响任务运作的基本逻辑。

2. 任务目标与KPI

渠道运营子任务如表4-2所示。

表4-2　渠道运营子任务

子任务目标	KPI示例
开发优质渠道	新增渠道数
定期评价与优化渠道	优质渠道数、剔除渠道数

表4-2中的KPI只是示例，企业应依据实际情况决定采用什么样的KPI，这一点在下文中不再重复强调。

4.3.2　开发渠道

4.3.2.1　识别机会

1. 机会领域

开发渠道的机会领域包含（但不限于）以下内容。

- 分析及优化必选渠道。
- 分析及优化可选渠道中的渠道集（Channel Set）。
- 分析及优化消费者触点。

（1）渠道的概念

获客渠道（Acquisition Channel） 也称为流量获取渠道，指的是获取用户的流量渠道。获客渠道是互联网时代营销渠道的一种新形态，主要以获取流量及用户为目的。

（2）获客渠道的分类

从渠道性质的角度来看，获客渠道可以分为以下三类。

- **自有渠道（Owned Channel）**。例如，官方网站、CRM系统、社交人脉等。
- **付费渠道（Paid Channel）**。此类渠道必须通过支付费用的方式进行推广或获客，如搜索广告、信息流广告（In-feed Ad）等。
- **有机渠道（Organic Channel）**。此类渠道在推广获客时不需要向第三方付费，如SEO（Search Engine Optimization，搜索引擎优化）和某些内容平台等。

（3）获客渠道的选择原则

- **首先确定必选渠道**。必选渠道主要包括两种，一种是上文的"自有渠道"，另一种是非自有渠道（付费渠道、有机渠道）中的必选渠道，如SEO几乎是一个必选的渠道；如果企业有实体产品，那么电商平台几乎是一个必选的渠道。在美国，Meta几乎是一个必选的社交渠道；在中国，微信几乎是一个必选的社交渠道。必选渠道的数量较少，但其地位无可替代，因此企业必须选择必选渠道；对于必选渠道，企业的渠道运营策略是不断优化产出。

- **然后从可选渠道中选出优秀渠道。**除了必选渠道，还有大量的可选渠道，可选渠道的数量较多。对于可选渠道，企业的渠道运营策略是"测试+优化"，通过测试确保大方向没有问题，再优化执行的细节。

渠道选择的基本原则如图 4-3 所示。

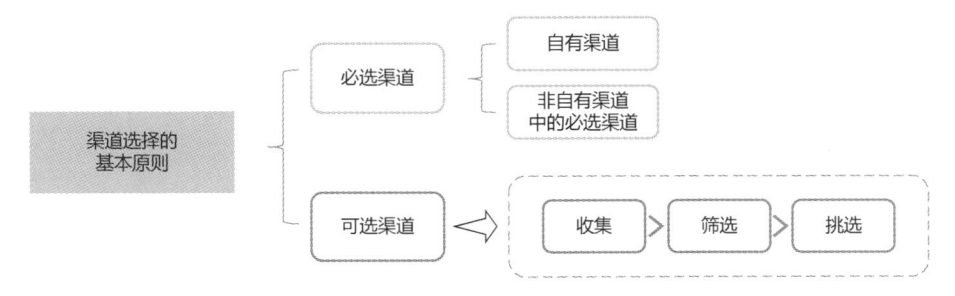

图 4-3 渠道选择的基本原则

本节中以下内容都是关于"可选渠道"的内容。

2．分析指标

开发渠道的分析指标包含（但不限于）以下内容。

- 渠道用户增长率，该指标可以评估流量增长性，有利于企业预估渠道价值，从总体上对渠道进行规划。
- 渠道融资额。
- 渠道 TA%（目标受众浓度）。
- 渠道 CPC（Cost Per Click，每点击费用）和 CPM（Cost Per Mille，每千次展现费用）等结算标准。
- 产品现有用户的渠道留存率、渠道转化率等。
- 合作的稳定性。

3．分析方法

选择渠道的步骤如下。

- 收集。
- 筛选。
- 挑选。

（1）收集时的分析方法

收集就是将渠道纳入"渠道集"的过程，分析方法包含（但不限于）以下内容。

- **趋势分析**，如分析渠道的用户增长趋势、速度等。
- **对比分析**，对比分析不同的渠道。
- **竞品分析**，分析竞品在使用哪些渠道。
- **细分分析**，企业对产品的现有用户进行细分，对特定用户群体（如转化后的用户群体、留存的用户群体）的渠道来源进行分析，为渠道开拓提供方向。
- **用户调查**，调查目标用户经常活跃在哪些渠道中。
- **网络口碑分析**，分析特定渠道的口碑、评价。

（2）筛选时的分析方法

筛选就是将明显不适用的渠道排除，形成可选渠道集，主要基于经验、主观判断或团队讨论意见排除明显不适用的渠道，包含（但不限于）以下内容。
- 明显不适用或当前明显不适用的渠道。
- 口碑和形象比较负面的渠道。
- 因法律法规限制而不适用的渠道。

（3）挑选时的分析方法

挑选就是从可选渠道集中进一步挑选需要进行推广或推广测试的渠道，分析方法包含（但不限于）以下内容。
- 专业或经验判断。
- 团队讨论或评审。
- ICE 优先级排序法。
- 上述方法的结合。

不同的企业由于资源禀赋、增长战略不同，因此在选择渠道时重点考虑的因素也是不同的。例如，一个企业的情况是获客成本不受 LTV 约束且资金充裕，那么其渠道选择的策略倾向很可能是广选渠道、快速增量、在获客过程中优化获客成本；而另一个企业的情况是获客成本受 LTV 约束，那么其渠道选择的策略倾向很可能是以收定支、精选渠道。因此，企业应结合自身情况，选择合适的渠道。

总的来看，企业在进行渠道选择时的约束条件包含（但不限于）以下内容。
- 渠道与产品或目标用户的匹配度。
- 渠道的质量及安全。
- 产品盈利模式。
- 企业获客预算。
- 企业专业人才及能力。
- 企业与渠道合作的难度。
- 法律法规。

4．数据运用

为开发渠道分析提供支持的数据主要包含（但不限于）以下内容。
- 渠道的公开信息。

- 行业研究机构的公开信息。
- 用户调查信息。
- 产品中的用户、渠道相关数据。
- 朋友或同行提供的信息。

5．技术运用

为开发渠道分析提供支持的技术主要包含（但不限于）以下内容。

- **数据收集技术**。例如，网站监测 JavaScript 代码，SDK（Software Development Kit，软件开发工具包），API（Application Programming Interface，应用程序接口）等。
- **数据整理技术**。例如，数据清洗、数据集成、数据缩减、数据转换等。
- **数据分析技术**。例如，Excel 数据分析、数理统计等。
- **数据可视化技术**。例如，直方图、气泡图等。

以上具体技术详见第七章。

6．工具箱

为开发渠道分析提供支持的工具主要包含（但不限于）以下内容。

- Excel。
- 网站及 App 分析工具。
- 广告监测工具。
- 社交媒体监测、分析工具。

4.3.2.2　制定策略

1．策略可选集

开发渠道的策略可选集包含（但不限于）以下内容。

- 对于必选渠道，企业应全部选择。这样的渠道通常包括自有渠道和非自有渠道中的必选渠道，如新媒体、社交平台、主流搜索引擎等。
- 对于可选渠道，企业应进行收集、筛选、挑选、测试、优化。
- 渠道的收集来源主要包括：基于对产品与用户的基础分析收集的渠道；基于对产品现有用户的分析洞察的渠道；基于对不同阶段的消费者触点分析收集的渠道（如意识阶段、兴趣阶段、搜索评估阶段、购买转化阶段等各个阶段有哪些渠道是消费者经常使用的）；基于目标用户的行为兴趣收集的渠道；基于朋友或同行介绍发现的渠道；市场上新出现的适宜渠道等。
- 企业对渠道的统筹运用应考虑"消费者决策过程"模型。

2．策略产生方法

在此任务环节中，可用的策略产生方法包含（但不限于）以下内容。

- 策略可选集。
- 头脑风暴法。
- 列举法。
- 专业或经验判断。

3．策略形成

经机会分析、策略分析形成策略成果，策略成果可输出为开发渠道策略表，如表 4-3 所示。

表 4-3 开发渠道策略表

渠 道 名 称	推 广 方 式	策 略 描 述	KPI	测试验证方式	优 先 级

4.3.2.3 测试验证

1．测试验证方法

对开发渠道进行测试验证的方法包含（但不限于）以下内容。

- 观察法或调查法。例如，对流量承接过程中的用户行为进行观察，辅助渠道决策。
- 对比分析。例如，在不同的渠道间进行 CAC（Customer Acquisition Cost，获客成本）或 ROI 的效果对比。
- 随机对照试验。例如，对两个渠道的效果进行 A/B 测试，必要时企业应对效果的显著性进行检验。

2．渠道评价的指标

（1）评价的总体框架

评价渠道质量或渠道上推广内容的质量，主要分析渠道在两个阶段的表现，即点击前阶段（Pre-click Stage）和点击后阶段（Post-click Stage）。

a．点击前阶段

在点击前阶段，企业可以从以下三个维度评价渠道质量或渠道上推广内容的质量，点击前阶段的评价框架如图 4-4 所示。

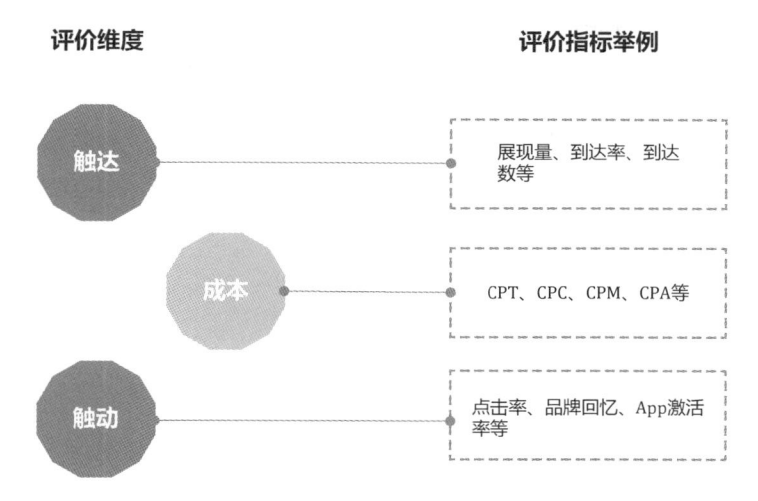

图 4-4 点击前阶段的评价框架

b．点击后阶段

在点击后阶段，企业主要基于用户行为对渠道质量或渠道上推广内容的质量进行评价。

不同的用户行为层次，评价效力（Evaluation Effectiveness）也不同，大致可以分为以下三个层次。用户行为层次越靠上，其指标的评价效力越高，点击后阶段的评价框架如图 4-5 所示。

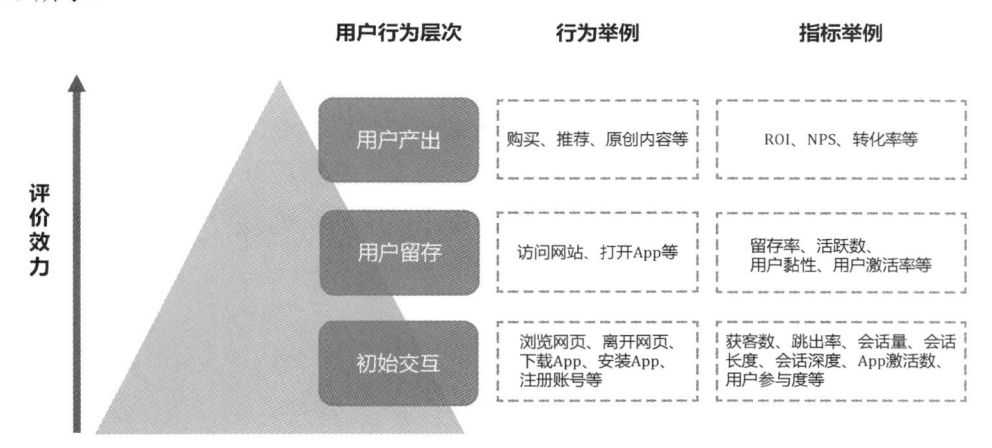

图 4-5 点击后阶段的评价框架

（2）评价指标概览

a．点击前阶段

点击前阶段的相关指标包含（但不限于）以下内容。

一、触达维度。

- 展现/可见展现。展现（Impression）是广告被展现的次数。可见展现（Viewable Impression）是对给定广告是否实际被人们看到的度量，如 PC 展示类广告，在可视区域内展现至少50%的像素、展现时长至少1秒才算作一个可见展现。

- 接触频次/有效接触频次。接触频次（Frequency）是在一定周期内每位受众接触某支广告的平均次数。有效接触频次（Effective Frequency）是目标受众若要达到广告诉求目的则需要接触该广告的最少次数，如某支广告的诉求目的是购买某产品，如果目标受众平均需要接触该广告3次才会购买某产品，那么该广告的有效接触频次为3次。接触频次是否"有效"，取决于具体的广告诉求目的，如购买、记住品牌、注册账号、留下线索等。
- 到达率/有效到达率。到达率（Reach）是在一定周期内，看到某支广告至少1次的目标受众人数占该媒体（或某一地区）总人数的百分比。在该周期内，同一受众无论看到该广告多少次，都只统计为1个"到达"。在广告业务中，企业经常会统计看到广告N次以上的人数，用"N+Reach"的形式表示，如"1+Reach"等同于"Reach"，而"2+Reach""3+Reach""5+Reach"分别代表看到广告2次以上、3次以上、5次以上的目标受众人数占总人数的百分比。有效到达率（Effective Reach）是在一定周期内，对于某支广告来说，达到"有效接触频次"的受众人数占该媒体（或某一地区）总人数的百分比。例如，某支广告的有效接触频次是4次，那么只有看到该广告4次以上的受众才属于有效到达的范围。
- 品牌搜索量。用户在搜索引擎中搜索品牌词的次数。
- 品牌网站访问量。访问品牌网站的用户数量。
- 毛评点。毛评点（Gross Rating Point，GRP）也称为总收视点，是在一定周期内广告的总到达率。例如，一个毛评点相当于某支广告到达目标受众总数的1%。两个毛评点相当于该广告两次到达1%的目标受众或一次到达2%的目标受众，依次类推。
- 送达率（Delivery Rate）。邮件送达成功数占发送总数的百分比，是EDM（E-mail Direct Marketing，电子邮件营销）渠道常用的指标。送达率=（发送总数-发送失败数-退信数-进入垃圾箱数）/发送总数×100%。

二、成本维度。

- **CPM**，即每千次展现费用。
- **CPC**，即每点击费用。
- **CPT**，即Cost Per Time，按时长付费。
- **CPA**，即Cost Per Action，每行动费用。"行动"涵盖的范围非常广泛，如下载、安装、销售等都属于"行动"。

三、触动维度。

- 点击量/点击率。点击率用于衡量推广内容引发受众兴趣的能力的大小。点击率=点击量/展现量×100%。
- 品牌回忆（**Brand Recall**）。品牌回忆是在仅对消费者进行产品类别提示时，某一品牌被消费者回忆起来的能力。该数据通常通过用户调查获得。

- 购买意向（Purchase Intention）。消费者被问及对某一产品或品牌的购买意愿时的反馈。该数据通常通过用户调查获得，通常给予消费者五个选项，如肯定会买、可能会买、购买意愿一般、可能不会买、肯定不会买。
- 打开率（Open Rate）。邮件的打开阅读数占发送成功数的百分比，是 EDM 渠道常用的指标。打开率=打开阅读数/发送成功数×100%。

b. 点击后阶段

一、初始交互层次。

- **新获客数量。在 Web 环境中**，常用的数据有 UV（Unique Visitor，独立访问者）和注册账号数等。UV 指的是访问网站的、有差异的用户个体，通常有以下两种统计方法。一种是通过 IP（Internet Protocol，网络互联协议）地址的不同判断用户个体是否有差异。在报告期（如一天、一个月或一年）内每个访问者仅被统计一次，因此如果同一 IP 地址多次访问该站点，那么也只统计为一个独立访问者。另一种是通过 Cookie 的不同判断用户个体是否有差异。注册账号数是直接统计的。**在 App 环境中**，常用的数据有 App 安装数、App 激活数、注册用户数等。App 安装数是直接统计的，App 激活数通常按启动 App 的数量统计（因此只安装但未启动的 App 不能被统计为激活数）。**在社交网络或新媒体环境中**，常用的数据有订阅数、关注数等，它们是直接统计的。**在线索获取环境中**，常用的数据是线索数，是直接统计的。需要注意的一点是，上述数据应尽力统计"真量"，即去除无效流量以后的真实数量。
- 访问或会话（Visit/Session）。用户对网站或 App 的访问或会话统计量，通常一个用户在到达网站后无论浏览了多少个页面，都被统计为一个 Visit 或一个 Session（在某些网站分析工具中，用户在 30 分钟内无操作或更换流量渠道再次访问即对"访问或会话"进行重置）。
- 页面浏览量（Page View，PV）。访问者对网站中每个页面的每次访问均被记录为一个 PV，访问者对同一页面的多次访问被记录为多个 PV。
- 平均会话长度（Average Session Duration）。会话长度是用户在一个应用（如网站、App）中停留的时间。平均会话长度=一段时间内所有会话的总会话长度/所有会话。
- 平均会话深度（Average Page Depth）。会话深度（Page Depth）是用户在会话期间访问的页面数。平均会话深度=一段时间内所有会话的总页面浏览量/所有会话。
- 平均页面停留时间（Average Time on Page）。页面停留时间是用户登录一个网页和进入下一个网页的时间差，退出页面的停留时间统计为 0。平均页面停留时间=该页面上的访问者总停留时间/（页面总浏览量-页面退出数）。
- 跳出率（Bounce Rate）。跳出是用户访问了网站的首个页面即离开网站的行为。跳出率=流量中对网站无意义的会话/流量总的会话。
- 退出率（Exit Rate）。退出是用户离开网站的行为。某一页面的退出率=从该页面离开网站的会话/进入了该页面的会话。
- **用户参与度（Engagement Rate）**。用户参与是对用户有积极意义的交互行为的统称。用户参与度=总用户参与分数/会话。

二、用户留存层次。
- **留存率**。留存率=期末用户数/期初用户数×100%。根据计算周期，留存率一般有次日留存率、3日留存率、7日留存率、30日留存率、90日留存率等。
- **活跃用户数**。活跃用户（Active User）是在观察周期内有参与行为的用户。活跃用户的统计周期一般有日、周、月等，对应的数据是日活跃用户数（Daily Active User，DAU）、周活跃用户数（Weekly Active User，WAU）、月活跃用户数（Monthly Active User，MAU）等。
- **用户黏性**。用户黏性=DAU/MAU。
- **用户激活率**。用户激活是新用户完成特定操作，详见下文。用户激活率=激活用户数/新增用户数×100%。

三、用户产出层次。
- **转化率**。转化率=转化数/基数×100%。
- **NPS**。净推荐值，详见上文。
- **原创内容数**。直接计数。
- **ROI**。ROI=投资回报/投资成本。ROI的计算有两种模式。一种是粗放型，公式为ROI=推广带来的销售收入/推广费用，电商平台、广告平台等通常采用这种模式，因此又称为广告支出回报率。另一种是精细型，公式为ROI=LTV/CAC，其中LTV的计算详见上文。CAC指的是获客成本，是获得客户或用户的人均成本，即CAC=总成本/总客户，计入"总成本"的项目应包含推广费用（支付给渠道、第三方服务机构的费用等）、直接人工费用、其他相关费用；计入"总客户"范围的一般是付费客户，但是，如果在计算LTV时包含虽未直接付费但有自定义价值的用户（如点击广告的用户、转介绍的用户或产出原创内容的用户等），那么总客户的范围也应保持相同的口径。

（3）指标选择与模型建立

企业对指标的选择，应主要基于具体的推广目标进行考虑。常见的推广目标包含（但不限于）以下内容。
- 品牌推广。
- 产生交易。
- 获得客户线索。
- 获得订阅（关注）。
- 用户注册账号。
- 用户安装并激活App。
- 召回流失用户。

企业在评价渠道时，应结合推广目标与企业的实际情况，选择一个或一组指标建立评价模型对渠道进行衡量。以下是一个建立评价模型的参考流程。

- 根据推广目标选取相关指标。
- 对各个指标赋权并建立综合评价模型。
- 计算渠道的综合评价分值。
- 分析模型的科学性并不断优化、迭代该模型。

（4）渠道质量评价与推广效果评价的关系

由于推广（如广告）是在渠道上进行的，因此推广的效果会同时受到"渠道"和"渠道上的推广"这两个变量的影响，而且两者很难完全分开。尤其是在新渠道上，企业通常是将渠道测试与广告测试同步进行的。

因此，企业在评价渠道质量或推广效果时，应遵循更加审慎的原则。必要时，应保持一个变量不变，对另一个变量进行多种或多轮测试。例如，保持渠道不变，在该渠道上测试多组不同的广告从而对渠道做出综合评价。

同时，上文中点击前阶段、点击后阶段的评价框架，也同样适用于渠道质量评价和渠道上推广内容的质量评价。

3．数据运用

为开发渠道的测试验证提供支持的数据主要包含（但不限于）以下内容。

- 测试验证前后的数据。
- 测试验证组间的数据。
- 观察验证数据。

4．技术运用

为开发渠道的测试验证提供支持的技术主要包含（但不限于）以下内容。

（1）支持数据收集、分析的技术（与识别机会环节相同）。

（2）支持策略在业务中运行的技术（策略运行是测试验证的前提），包含（但不限于）以下内容。

- 广告内容制作技术。
- 广告投放技术。
- 着陆页制作技术。

（3）支持测试验证环节运行的技术，包含（但不限于）以下内容。

- 用户测试技术。
- A/B测试技术。
- 显著性分析技术（分析数据差异的显著性，防止误判）。

5．工具箱

为开发渠道的测试验证提供支持的工具主要包含（但不限于）以下内容。

（1）支持数据收集、分析的工具（与识别机会环节相同）。

（2）支持策略在业务中运行的工具（策略运行是测试验证的前提），包含（但不限于）以下内容。

- 营销自动化（Marketing Automation，MA）工具。
- 广告内容制作工具。
- 广告投放工具。
- 着陆页制作工具。
- 社交媒体监测、分析工具。

（3）支持测试验证环节运行的工具，包含（但不限于）以下内容。

- 用户测试工具。
- A/B 测试工具。
- 显著性分析工具（分析数据差异的显著性，防止误判）。

4.3.2.4 持续发展

1．应用

在此环节中，应用的方法包含（但不限于）以下内容。

- **扩大应用规模**。企业对经过测试验证的、可行的渠道进行应用落地，扩大应用规模，并进一步监测和分析相关数据。
- **扩展应用领域**。企业将数据或经验应用于后续的渠道运营（如用户裂变）任务，帮助新的"策略环"继续循环。
- **彻底消除问题**。对于在开发渠道过程中出现的问题，企业应找到根本原因，使问题得以彻底消除并防止其再次发生。
- **做到举一反三**。企业应将问题及解决措施反馈给组织的其他领域，避免同类问题再次发生。

2．深化

在此环节中，深化的方法包含（但不限于）以下内容。

- **深入分析**。例如，深入分析不同渠道转化率不同的原因、渠道数据波动的原因、不同细分群体转化率不同的原因等。
- **形成知识**。例如，企业将开发渠道过程中的成功案例、问题解决方案、经验证有效的策略等纳入企业知识库。
- **纳入标准**。若有必要，企业可将相关策略形成标准，优化 SOP（Standard Operating Procedure，标准作业程序）或其他标准文件。

3．支持

持续发展环节的分析指标、分析方法、数据运用、技术运用、工具箱等，参照识别机会、测试验证两个环节。

4.3.3 定期评价与优化渠道

企业定期对渠道的质量和效果进行评价和分析，不断优化渠道的 ROI、CAC 或其他重要指标。

评价的过程详见上文。

4.4 渠道端推广

4.4.1 任务描述与理解

1．任务描述

渠道端推广的任务是不断测试和优化推广内容，实现企业的商业诉求，如用户规模的增长、企业收入的增加、广告点击率的提升、ROI 的提升等。

2．任务目标与 KPI

渠道端推广子任务如表 4-4 所示。

表 4-4 渠道端推广子任务

子任务目标	KPI 示例
付费搜索推广	CPC、点击率、转化率、ROI、CAC
搜索引擎优化	网站排名、索引量、访问量、参与度、转化率
广告网络推广	展现量、点击率、转化率、ROI、CAC
程序化购买	竞得率、展现量、点击率、转化率、ROI、CAC
信息流广告推广	展现量、点击率、转化率、ROI、CAC
应用商店推广	应用排名、展现量、点击率、安装激活率、转化率、ROI、CAC
电商平台内推广	展现量、点击率、转化率、ROI、CAC
社交平台推广	展现量、点击率、转化率、ROI、CAC
新媒体推广	展现量、点击率、阅读量、参与度、转化率
多频道网络推广	展现量、点击率、转化率、ROI、CAC
EDM 推广	有效发送率、打开率、点击率、转化率、ROI、CAC
官方产品内推广	有效触达率、转化率、ROI
在线会议推广	有效触达率、转化率、ROI、CAC
线下推广	有效触达率、转化率、ROI、CAC
其他	相关指标

4.4.2 识别机会[①]

4.4.2.1 付费搜索推广

1．机会领域

付费搜索推广指的是在搜索引擎中进行的关键词付费推广活动，在中国通常也称为 SEM（Search Engine Marketing，搜索引擎营销）。

付费搜索推广的机会领域包含（但不限于）以下内容。

- 分析及优化关键词展现。
- 分析及优化关键词排名。
- 分析及优化关键词质量度（Quality Score）。
- 分析及优化关键词点击率。
- 分析及优化关键词点击成本。
- 分析及优化重要关键词。
- 分析及优化整体账户。

2．分析指标

付费搜索推广的分析指标包含（但不限于）以下内容。

- 平均排名。
- 质量度。
- 展现量。
- 点击率。
- 点击转化率（Click Value Rate，CVR）。
- 每点击费用。
- 每千次展现费用（常见于品牌类推广）。
- 推广目标 KPI。

3．分析方法

- **趋势分析**，如分析关键词的点击率趋势、目标转化趋势等。
- **对比分析**，对比分析不同关键词之间的转化量、点击成本、ROI 等。
- **细分分析**，对广告的流量进行细分，如根据地域、年龄、性别、设备、浏览器、IP 地址段等信息划分用户群体，对比细分群体之间的相关指标，交叉细分并对比

[①] 由于推广渠道及形式众多，且各自的运作过程及基本逻辑差别不大，因此《UGBOK®指南》只选取其中几种具有代表性的渠道端推广子任务进行阐述。表 4-4 中的任务，企业根据需要还可以进一步分解，如可以将"付费搜索推广"任务进一步分解为账户优化、创意优化、着陆页优化等子任务，企业可视实际情况决定。

不同的关键词与创意组合带来的转化效果；对推广费用消耗、流量进行四象限分析定性等。
- **根本原因分析**，对广告效果不同的根本原因进行分析，可采用鱼骨图法、头脑风暴法、二八法则、相关分析法、回归分析法等具体方法。例如，分析关键词点击率与推广目标转化之间的相关性；基于二八法则分析在广告计划中位于推广费用消耗前20%的关键词或位于流量前20%的关键词并将其作为优先优化的机会点；采用鱼骨图法分析质量度的影响因素等。
- **转化因素分析**，如对广告创意从利益、阻碍等因素层面进行分析。
- **竞品分析**，如分析竞品的关键词、着陆页、广告创意等。
- **流量分发分析**，分析该类渠道的流量分发逻辑，如排名算法、排名的影响因素及权重、广告展现的影响因素及权重、关键词的匹配模式及对广告展现的影响等。

4. 数据运用

为付费搜索推广分析提供支持的数据主要包含（但不限于）以下内容。
- 推广账户后台数据。
- 着陆页数据。
- 财务数据。
- 公开数据（如通过搜索引擎搜索、分析竞品获得的数据）。

5. 技术运用

为付费搜索推广分析提供支持的技术主要包含（但不限于）以下内容。
- 数据收集技术。
- 数据整理技术。
- 数据分析技术。
- 数据可视化技术。
- 流量来源辨识与追踪技术（如链接标记、App 流量来源辨识与追踪等，详见第八章）。

6. 工具箱

为付费搜索推广分析提供支持的工具主要包含（但不限于）以下内容。
- Excel。
- SPSS 软件。
- 网站及 App 分析工具。
- 搜索趋势分析工具（如 Google Trends、百度指数等）。
- 搜索下拉框。
- 搜索引擎上的相关搜索内容。
- 推广账户后台。

4.4.2.2 信息流广告推广

1. 机会领域

信息流广告推广指的是在信息流中进行的展示型广告推广活动。
信息流广告推广的机会领域包含（但不限于）以下内容。
- 分析及优化广告展现。
- 分析及优化点击率。
- 分析及优化转化率。
- 分析及优化整体账户。

2. 分析指标

信息流广告推广的分析指标包含（但不限于）以下内容。
- 质量度。
- 展现量。
- 点击率。
- 点击转化率。
- 每点击费用。
- 每千次展现费用。
- 推广目标KPI。

3. 分析方法
- **趋势分析**，如分析广告的展现趋势、点击率趋势、目标转化趋势、CAC趋势等。
- **对比分析**，对比分析不同广告之间的转化量、点击成本、ROI等。
- **细分分析**，对广告的流量进行细分，如根据地域、年龄、性别、设备、浏览器、IP地址段等信息划分用户群体，对比细分群体之间的相关指标；对推广费用消耗、转化进行四象限分析定性等。
- **转化漏斗分析**，对转化过程建立漏斗分析，找到优化机会。
- **根本原因分析**，对广告效果不同的根本原因进行分析，可采用鱼骨图法、头脑风暴法、二八法则、相关分析法、回归分析法等具体方法。例如，分析广告点击率与推广目标转化之间的相关性；基于二八法则分析在广告计划中位于推广费用消耗前20%的广告或位于流量前20%的广告并将其作为优先优化的机会点；采用鱼骨图法分析质量度的影响因素等。
- **转化因素分析**，如对广告创意从利益、阻碍等因素层面进行分析。
- **竞品分析**，如分析竞品的广告创意、文案、着陆页、营销方式、推广渠道等。需要注意的一点是，由于信息流广告是根据用户行为进行投放的，因此企业通常需要在不同的信息流媒体中模拟潜在用户的行为，以便接触竞品的广告。
- **流量分发分析**，分析该类渠道的流量分发逻辑，如排名算法、排名的影响因素及权重、广告展现的影响因素及权重等。

- 广告作品测试分析，如有必要，企业可以对广告作品本身进行分析（尤其是视频类广告），具体分析的技术方法有投射法、眼动追踪（Eye Tracking）、广告调查、皮电测量法等。

4．数据运用

为信息流广告推广分析提供支持的数据主要包含（但不限于）以下内容。

- 推广账户后台数据。
- 第一方或第三方着陆页数据。
- 财务数据。
- 公开数据。

5．技术运用

为信息流广告推广分析提供支持的技术主要包含（但不限于）以下内容。

- 数据收集技术。
- 数据整理技术。
- 数据分析技术。
- 数据可视化技术。
- 流量来源辨识与追踪技术。

6．工具箱

为信息流广告推广分析提供支持的工具主要包含（但不限于）以下内容。

- Excel。
- SPSS 软件。
- 网站及 App 分析工具。
- 推广账户后台。

4.4.2.3 应用商店推广

1．机会领域

应用商店推广指的是在应用商店中进行的 App 推广活动，主要包括应用商店营销（App Store Marketing，ASM）和应用商店优化（App Store Optimization，ASO）。ASM 是在应用商店中针对 App 进行的营销推广活动，通常也指 App Store Search Marketing（应用商店搜索营销）；ASO 是在应用商店中针对 App 的排名和可发现性进行的优化活动，包含自然搜索优化。

当前主流的 App 生态有两个，一个是 Apple 生态，另一个是 Android 生态。App Store 是苹果公司经营的应用商店，Google Play 是谷歌公司经营的应用商店。

Apple 生态相对比较封闭，Android 生态则更加开放，尤其是在中国市场中催生了众多第三方应用商店，这些第三方应用商店主要分为两个阵营，一个是手机厂商的应用商店，另一个是其他公司的应用商店。

应用商店推广的机会领域包含（但不限于）以下内容。

- 分析及优化 App 自然搜索展现与排名。
- 分析及优化 App 付费搜索展现与排名。
- 分析及优化应用商店中的转化率。
- 分析及优化应用商店中的榜单排名。
- 分析及优化官方推荐。
- 分析及优化 App 的可发现性。

2. 分析指标

应用商店推广的分析指标包含（但不限于）以下内容。

- 排名（如自然搜索排名、付费搜索排名、榜单排名、推荐排名等）。
- 展现量。
- 页面浏览量。
- 点击率。
- 点击转化率。
- App 总安装量。
- App 自然安装量。
- App 激活率。
- 用户留存率。
- 每点击费用。
- 每行动费用。
- 推广目标 KPI。

3. 分析方法

- **趋势分析**，如分析关键词的排名趋势、点击率趋势、目标转化趋势等。
- **对比分析**，对比分析不同关键词之间的转化量、点击成本、ROI 等。
- **细分分析**，对安装 App 的流量进行细分，如根据地域、年龄、性别、时间、设备等信息划分用户群体，对比细分群体之间的相关指标；对推广费用消耗、转化进行四象限分析定性等。
- **根本原因分析**，对 App 推广问题的根本原因进行分析，可采用鱼骨图法、头脑风暴法、二八法则、相关分析法、回归分析法等具体方法。例如，分析推广点击率与推广目标转化之间的相关性；通过线性回归分析不同的推广与推广目标转化之间的相关性；基于二八法则分析在推广计划中位于推广费用消耗前 20%或位于流量前 20%的推广并将其作为优先优化的机会点；采用鱼骨图法分析质量度的影响因素等。

- **归因分析**，即分析转化的广告点击的顺序和路径、广告的作用。
- **转化因素分析**，如对广告创意从利益、阻碍等因素层面进行分析。
- **竞品分析**，如分析竞品的广告创意、关键词、详情页、排名等。
- **流量分发分析**，分析该类渠道的流量分发逻辑，如排名算法、排名的影响因素及权重、官方推荐的影响因素及权重、广告展现的影响因素及权重、关键词的匹配模式及对广告展现的影响等。

4．数据运用

为应用商店推广分析提供支持的数据主要包含（但不限于）以下内容。
- 推广账户后台数据。
- 应用商店数据。
- 着陆页数据。
- 财务数据。
- 公开数据。

5．技术运用

为应用商店推广分析提供支持的技术主要包含（但不限于）以下内容。
- 数据收集技术。
- 数据整理技术。
- 数据分析技术。
- 数据可视化技术。
- 流量来源辨识与追踪技术。

6．工具箱

为应用商店推广分析提供支持的工具主要包含（但不限于）以下内容。
- Excel。
- SPSS 软件。
- 广告监测工具。
- App 分析工具。
- 广告投放或 App 开发后台（如 App Store 中的 App Store Connect）。

4.4.3 制定策略

4.4.3.1 付费搜索推广

1．策略可选集

付费搜索推广的策略可选集包含（但不限于）以下内容。

- **分析及优化关键词展现**，影响因素主要有关键词出价、关键词质量度、关键词匹配模式、关键词定向、历史点击、账户有效性、搜索者所在位置等，企业应基于影响因素进行优化。例如，科学地选取并细分关键词，科学地进行关键词拓展，选择适宜的关键词匹配模式及关键词定向（人群、地域、时段）等。
- **分析及优化关键词排名**，影响因素主要有关键词出价、关键词质量度，以及竞争对手的关键词出价、关键词质量度，企业应基于影响因素进行优化。
- **分析及优化关键词质量度**，重点影响因素有点击率，账户历史表现（如历史消费、余额、账户内相关关键词质量度等），用户在着陆页上的体验等，企业应基于影响因素进行优化。例如，建立清晰的账户结构、推广单元，确保着陆页与关键词的相关性及着陆页的加载速度、内容、用户体验等。
- **分析及优化关键词点击率**，重点影响因素有广告创意的内容、类型、展现样式、文案、转化因素的考虑与呈现，创意常用策略（如 ROI 策略，Relevance、Originality、Impact，分别为相关性、原创性、冲击力），关键词和创意飘红，关键词排名等，企业应基于影响因素进行优化。
- **分析及优化关键词点击成本**，重点影响因素有关键词的选择、关键词出价、关键词匹配模式、否定关键词等，企业应基于影响因素进行优化。需要注意的一点是，企业不能孤立地优化 CPC，而应结合 CPA 转化或 ROI 综合制定优化 CPC 的策略。
- **分析及优化重要关键词**，如根据帕累托法则，重点关注位于前 20% 的高消费关键词，并采取针对性的优化策略。
- **分析及优化整体账户**，如分析账户整体趋势（整体消费、展现、点击等），环比，数据走势，TOP X 关键词消费，最大增幅关键词，最大降幅关键词，最大贡献广告计划，热点地域，账户结构等，从而进行优化。

2．策略产生方法

在此任务环节中，可用的策略产生方法包含（但不限于）以下内容。
- 策略可选集。
- 专业或经验判断。
- 转化因素分析法。
- 头脑风暴法。
- 列举法。
- 拆解法。

3．策略形成

经机会分析、策略分析形成策略成果，策略成果可输出为付费搜索推广策略表，如表 4-5 所示。

表 4-5　付费搜索推广策略表

媒　　体	推 广 活 动	策 略 描 述	KPI	测试验证方式	优　先　级

4.4.3.2　信息流广告推广

1．策略可选集

信息流广告推广的策略可选集包含（但不限于）以下内容。

- **分析及优化广告展现**，影响因素主要有出价、账户、预算、点击率、人群定向、投放时段等，企业应基于影响因素进行优化。例如，创建清晰的、适合自己的广告计划账户；对于新广告计划，企业在计划刚开始时应适当提高出价，有了展现机会后再逐步精准优化；在不同的时段应采取不同的出价策略以保证良好的展现效果；在广告计划刚开始时，人群定向不应设置得过窄；应注意广告预算与计划预算的限额，保证账户余额充足；持续观察转化效果，按 CAC、ROI 分配预算等。
- **分析及优化点击率**，影响因素主要有人群定向，广告创意的标题、内容、展现样式、图片、视频、文案、转化因素的考虑与呈现，创意常用策略（如 ROI 策略）等，企业应基于影响因素进行优化。如果有条件，那么企业可采用程序化创意或动态创意优化技术，针对细分受众展现最佳的创意组合，并通过实时的效果反馈对创意进行动态调整和优化，从而提高用户体验和点击率。
- **分析及优化转化率**，影响因素主要有转化三因素，即触发、利益、阻碍，企业应基于影响因素进行优化。具体内容详见下文"着陆页优化"部分的相关策略。
- **分析及优化整体账户**，详见上文。

2．策略产生方法

在此任务环节中，可用的策略产生方法包含（但不限于）以下内容。

- 策略可选集。
- 专业或经验判断。
- 转化因素分析法。
- 头脑风暴法。
- 列举法。
- 拆解法。

3．策略形成

经机会分析、策略分析形成策略成果，策略成果可输出为信息流广告推广策略表，如表 4-6 所示。

表 4-6　信息流广告推广策略表

媒　　体	推 广 活 动	策 略 描 述	KPI	测试验证方式	优　先　级

4.4.3.3　应用商店推广

1. 策略可选集

应用商店推广的策略可选集包含（但不限于）以下内容。

- **分析及优化 App 自然搜索展现与排名**，影响因素主要有元数据、下载量、安装/下载率（总安装/总下载）、评论量、评分、搜索相关性、覆盖度、当日使用时长、当日卸载率、可信度、用户体验等，在不同的应用商店（如 App Store 或 Google Play）中会略有不同，企业应基于影响因素进行优化。①元数据。元数据指的是关于数据的数据，包括 App 的标题、描述、页面、标签、开发者名称等，是开发者自身可以控制的数据，如在 Google Play 中，开发者名称包含关键词会影响搜索排名，App 的应用截图或预览、介绍视频、封面设计等也是排名的影响因素。②App 标题。标题中的关键词在索引中的权重相当大，是 App 能被用户搜索到的关键。需要注意的一点是，App Store 中的 App 元数据有副标题，Google Play 中的 App 元数据则没有副标题，App Store 中 App 副标题中的关键词也可以被索引，但需要注意关键词与 App 的相关性。③App 描述。App Store 中的 App 描述不会影响搜索结果，但会吸引用户的注意、激发用户的兴趣。Google Play 提供两种 App 描述，即短描述（长度为 80 个字符）和长描述（长度为 4000 个字符），在长描述中使用关键词会影响搜索结果，因此企业也应考虑关键词的优化（如重复使用高优先级的关键词，控制关键词词频及密度等）。④App 标签。添加合适的标签，可以对搜索流量产生积极影响（App Store 在 iOS 14.5 以后的版本中支持）。⑤用户体验。用户体验包括 App 崩溃、下载时长、当日使用时长、当日卸载率、用户留存率（留存安装/总安装）、可信度（在应用商店中显示的 App 介绍或承诺与 App 中的实际体验是否一致）、App 更新周期等。⑥企业应积极、正当地优化下载量、评论量、评分等因素。⑦反向链接。在 Google Play 中与 Web 网站类似，反向链接的质量和数量也会影响搜索排名（在 App Store 中不支持）。
- **分析及优化 App 付费搜索展现与排名**，不同的应用商店在每次搜索展现时提供的广告位数量不一样，因此企业在衡量付费搜索时也应衡量展现及排名。影响因素主要有关键词出价、关键词匹配模式、关键词定向、元数据等，企业应基于影响因素进行优化。优化逻辑详见"搜索引擎推广"的相关内容。

- **分析及优化应用商店中的转化率**，应用商店中的转化通常是下载 App（基于下载量、CVR 指标进行衡量），影响因素主要有元数据、下载量、评论量、评分、与用户意图的相关性（包括搜索相关性）、安装包大小等，企业应基于影响因素进行优化。①元数据。重点优化标题、描述、图标、产品特性介绍等。②下载量、评论量、评分。这些因素会对用户转化起到非常重要的作用，企业尤其应当关注前几条评论（后面的评论会被折叠），积极、正当地优化这些因素，如冲榜、与用户进行适宜的沟通等。③安装包大小。由于安装包会占用设备内存，因此很多用户比较在意安装包占用内存的大小，除了刚需性 App，通常安装包越大，用户下载的意愿越低。
- **分析及优化应用商店中的榜单排名**，影响因素主要有下载量、活跃用户数、用户评论、更新频率、品牌知名度等，企业应基于影响因素进行优化。例如，使用"积分墙"等激励性任务快速增加下载量就是一种被广泛应用的策略。
- **分析及优化官方推荐**，影响因素主要包括 App 的差异化特性、概念新颖性、UI（User Interface，用户界面）设计、惊喜感、品类热度、评论和评分、应用商店首发、重大更新发布等（游戏类 App 尤其受参与度、可玩性、游戏故事、画面性能等因素的影响），以及是否符合应用商店运营方的价值观与偏好、开发者与应用商店运营方的良好关系与积极沟通等，企业应基于影响因素进行优化。例如，做出优秀的、有特色的产品，努力优化用户体验，加强与应用商店运营方的沟通互动等。

2．策略产生方法

在此任务环节中，可用的策略产生方法包含（但不限于）以下内容。

- 策略可选集。
- 专业或经验判断。
- 转化因素分析法。
- 头脑风暴法。
- 列举法。
- 拆解法。

3．策略形成

经机会分析、策略分析形成策略成果，策略成果可输出为应用商店推广策略表，如表 4-7 所示。

表 4-7 应用商店推广策略表

媒　体	推广活动	策　略　描　述	KPI	测试验证方式	优　先　级

4.4.4 测试验证

1．测试验证方法

对渠道端推广进行测试验证的方法包含（但不限于）以下内容。
- **观察法或调查法**。例如，观察关键词排名的变化、创意展现效果等。
- **对比分析**。例如，对广告创意优化前后的点击率进行对比，对关键词投放、调整前后的转化率进行对比，对着陆页优化前后的质量度进行对比等。
- **随机对照试验**。例如，对两个不同版本的广告创意的效果进行 A/B 测试，必要时企业应对效果的显著性进行检验。

2．数据运用

为渠道端推广的测试验证提供支持的数据主要包含（但不限于）以下内容。
- 测试验证前后的数据。
- 测试验证组间的数据。
- 观察验证数据。

3．技术运用

为渠道端推广的测试验证提供支持的技术主要包含（但不限于）以下内容。
（1）支持数据收集、分析的技术（与识别机会环节相同）。
（2）支持策略在业务中运行的技术，包含（但不限于）以下内容。
- 广告内容制作技术。
- 广告投放技术。
- 着陆页制作技术。
- 程序化购买技术。
- DMP（Data Management Platform，数据管理平台）系统。
- SEM 技术。
- SEO 技术。

（3）支持测试验证环节运行的技术，包含（但不限于）以下内容。
- 用户测试技术。
- A/B 测试技术。
- 显著性分析技术。

4．工具箱

为渠道端推广的测试验证提供支持的工具主要包含（但不限于）以下内容。
（1）支持数据收集、分析的工具（与识别机会环节相同）。

（2）支持策略在业务中运行的工具，包含（但不限于）以下内容。
- 营销自动化工具。
- 广告内容制作工具。
- 广告投放工具。
- 着陆页制作工具。
- 广告创意测试工具（如 App Store 中的 Creative Sets）。
- 广告投放或 App 开发后台。
- 关键词出价模拟器（如百度模拟器）。

（3）支持测试验证环节运行的工具，包含（但不限于）以下内容。
- 用户测试工具。
- A/B 测试工具。
- 显著性分析工具。

4.4.5 持续发展

1．应用

在此环节中，应用的方法包含（但不限于）以下内容。
- **扩大应用规模**。企业对经过测试验证的、可行的渠道端推广策略进行应用落地，扩大应用规模，并进一步监测和分析相关数据。
- **扩展应用领域**。企业将数据或经验应用于后续的推广、用户裂变等任务，帮助新的"策略环"继续循环。
- 彻底消除问题。
- 做到举一反三。

2．深化

在此环节中，深化的方法包含（但不限于）以下内容。
- 深入分析。例如，深入分析不同广告创意点击率不同的原因、广告展现和点击波动的原因、不同细分群体转化率不同的原因等。
- 形成知识。
- 纳入标准。

3．支持

持续发展环节的分析指标、分析方法、数据运用、技术运用、工具箱等，参照识别机会、测试验证两个环节。

4.5 着陆页优化

4.5.1 任务描述与理解

1. 任务描述

当用户在渠道端点击触发物（如广告、推广内容）后，流量将到达企业的承接位置，承接位置通常是网站、App 或应用商店中的着陆页。着陆页通常是企业自建的，也有由第三方提供的着陆页，如由信息流平台或应用商店提供。随后，用户在着陆页上进行浏览并产生各种行为，如点击、播放音/视频、跳转、跳出、下载 App、填写表单、注册账号、购买商品、咨询客服等。

着陆页上的用户行为转化与企业的商业诉求密切相关，甚至最为相关。

着陆页优化的任务是提升着陆页上的用户行为转化效率。

2. 任务目标与 KPI

着陆页优化子任务如表 4-8 所示。

表 4-8 着陆页优化子任务

子任务目标	KPI 示例
跳出率优化	跳出率
参与度优化	用户参与度、会话长度、会话深度、PV
转化优化	订单数、线索数、下载量

4.5.2 识别机会

1. 机会领域

着陆页优化的机会领域包含（但不限于）以下内容。
- 分析及优化着陆页的相关性。
- 分析及优化着陆页的一致性。
- 分析及优化着陆页的用户体验。
- 分析及优化着陆页的转化三因素。
- 分析及优化着陆页的用户参与度。
- 分析及优化着陆页的行动号召。

2. 分析指标

着陆页优化的分析指标包含（但不限于）以下内容。
- 访问或会话量。

- 独立访问者。
- 页面浏览量。
- 平均会话长度。
- 平均会话深度。
- 跳出率。
- 退出率。
- 用户参与度。

3．分析方法

- **趋势分析**，如分析着陆页的转化率趋势。
- **对比分析**，对比分析不同版本着陆页的转化量、转化率、用户参与度等。
- **细分分析**，对着陆页的流量进行细分，如根据地域、年龄、性别、渠道、设备、浏览器、IP 地址段、广告计划等信息划分用户群体，对比细分群体之间的相关指标；对转化、用户参与度进行四象限分析定性等。
- **转化因素分析**，对着陆页上体现的触发、利益、阻碍因素进行分析。
- **转化漏斗分析**，对相关环节构建转化漏斗，查找流量流失的位置。
- **行为事件分析**，如分析用户在着陆页及网站上的会话长度、会话深度、页面浏览量、跳出率等。
- **热图分析**，根据用户的浏览、停留、注意力变化等信息，分析用户的内容体验。
- **用户路径分析**，分析用户的浏览和行为路径。
- **竞品分析**，分析竞品的着陆页，以扩大企业自身的产品竞争优势。
- **用户调查**，向用户直接了解流失或未转化的原因。

4．数据运用

为着陆页优化分析提供支持的数据主要包含（但不限于）以下内容。
- 官方网站及 App 数据。
- 第一方或第三方着陆页数据。
- 财务数据。
- 公开数据（如竞品着陆页数据）。

5．技术运用

为着陆页优化分析提供支持的技术主要包含（但不限于）以下内容。
- 数据收集技术。
- 数据整理技术。
- 数据分析技术。
- 数据可视化技术。
- 流量来源辨识与追踪技术。

6. 工具箱

为着陆页优化分析提供支持的工具主要包含（但不限于）以下内容。
- Excel。
- SPSS 软件。
- 网站及 App 分析工具。
- 热图工具。
- 推广账户后台。
- 问卷工具。

4.5.3 制定策略

1. 策略可选集

着陆页优化的策略可选集包含（但不限于）以下内容。
- **分析及优化着陆页的相关性**，着陆页上的内容应与推广内容密切相关、与用户意图密切相关，企业应针对不同类别的推广内容分别设计对应的着陆页，有条件的企业可使用智能着陆页。
- **分析及优化着陆页的一致性**，着陆页上的内容或承诺应与推广内容或承诺保持一致。
- **分析及优化着陆页的用户体验**，着陆页应为满足用户需求而设计，企业应高度关注用户体验，如快速加载、快速下载、版面或 UI 设计简洁美观、结构清晰、易于阅读，避免对用户的频繁干扰或阻断用户进程等。
- **分析及优化着陆页的转化三因素**，转化三因素即触发、利益、阻碍三大因素。企业应将与用户转化密切相关的内容放在重要位置，确保用户转化的顺利进行（如及时回复用户咨询、购买流程顺畅、表单填写简便等）；在触发物的设计上，企业可考虑 ROI 策略等。企业应从实用利益、心理利益、个人价值利益三个层次设计符合用户利益的着陆页，强化产品独特的核心价值（包括与竞品的差异化价值）。企业应尽量减少用户可能遇到的阻碍，如预算、价格、时间、精力、操作、安全、质量、信任度、售后服务、竞品干扰等方面的阻碍。
- **分析及优化着陆页的用户参与度**，提高用户在页面或网站中的参与度，以增加转化机会。
- **分析及优化着陆页的行动号召**，着陆页应有鲜明、醒目的行动号召，敦促用户立即行动，为用户的响应注入动力，必要时可强调产品的紧迫性、稀缺性等。

2. 策略产生方法

在此任务环节中，可用的策略产生方法包含（但不限于）以下内容。
- 策略可选集。

- 专业或经验判断。
- 转化因素分析法。
- 头脑风暴法。
- 列举法。
- 拆解法。

3．策略形成

经机会分析、策略分析形成策略成果，策略成果可输出为着陆页优化策略表，如表4-9所示。

表4-9　着陆页优化策略表

着陆页名称	策略描述	KPI	测试验证方式	优先级

4.5.4　测试验证

1．测试验证方法

对着陆页优化进行测试验证的方法包含（但不限于）以下内容。

- **观察法或调查法**。例如，通过热图工具观察着陆页优化前后的用户浏览行为。
- **对比分析**。例如，对着陆页优化前后的跳出率进行对比。
- **随机对照试验**。例如，对两种行动号召的效果进行A/B测试，必要时企业应对效果的显著性进行检验。

2．数据运用

为着陆页优化的测试验证提供支持的数据主要包含（但不限于）以下内容。

- 测试验证前后的数据。
- 测试验证组间的数据。

3．技术运用

为着陆页优化的测试验证提供支持的技术主要包含（但不限于）以下内容。

（1）支持数据收集、分析的技术（与识别机会环节相同）。

（2）支持策略在业务中运行的技术，包含（但不限于）以下内容。

- 营销自动化技术。
- 着陆页制作技术。

（3）支持测试验证环节运行的技术，包含（但不限于）以下内容。
- 用户测试技术。
- A/B 测试技术。
- 显著性分析技术。

4．工具箱

为着陆页优化的测试验证提供支持的工具主要包含（但不限于）以下内容。

（1）支持数据收集、分析的工具（与识别机会环节相同）。

（2）支持策略在业务中运行的工具，包含（但不限于）以下内容。
- 营销自动化工具。
- 着陆页制作工具。

（3）支持测试验证环节运行的工具，包含（但不限于）以下内容。
- 用户测试工具。
- A/B 测试工具。
- 显著性分析工具。

4.5.5　持续发展

1．应用

在此环节中，应用的方法包含（但不限于）以下内容。
- **扩大应用规模**。企业对经过测试验证的、可行的着陆页优化策略进行应用落地，扩大应用规模，并进一步监测和分析相关数据。
- **扩展应用领域**。企业将数据或经验应用于后续的着陆页优化、用户转化、裂变获客等任务，帮助新的"策略环"继续循环。
- 彻底消除问题。
- 做到举一反三。

2．深化

在此环节中，深化的方法包含（但不限于）以下内容。
- 深入分析。例如，深入分析不同内容转化率不同的原因、转化率波动的原因、用户在着陆页上的行为等。
- 形成知识。
- 纳入标准。

3．支持

持续发展环节的分析指标、分析方法、数据运用、技术运用、工具箱等，参照识别机会、测试验证两个环节。

4.6 裂变获客

4.6.1 任务描述与理解

1．任务描述

裂变获客的任务是在产品或营销活动中设计裂变机制，通过用户与用户之间的推荐使企业获得用户增长。

用户推荐通常是基于社交关系链进行的，也可以视为一种特殊的获客渠道，是非常重要的获客方式。

2．理解裂变

（1）概念

用户裂变也称为病毒性增长（Viral Growth），指的是通过用户传播或推荐使企业获得新用户或新交易的过程，每个裂变活动通常是基于社交关系链急速地完成的。

用户裂变主要有两类情形，一种是用户自发推荐，另一种是官方组织的裂变活动。一个典型的官方裂变活动模型如图 4-6 所示。

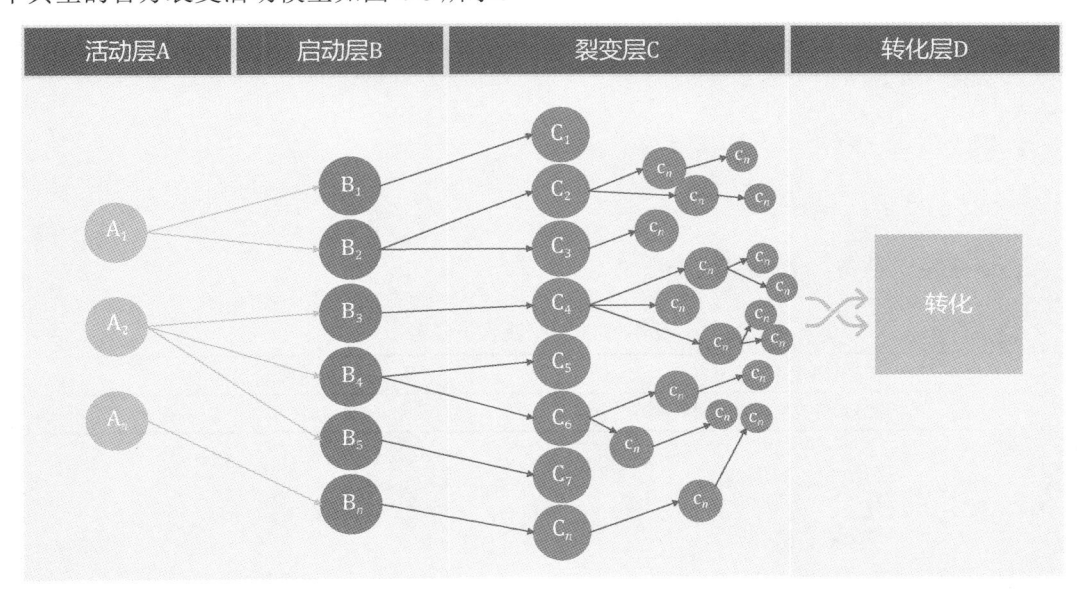

图 4-6　一个裂变模型的示意

（2）用户传播或推荐的动机

用户传播或推荐的动机通常是以下三种因素之一，或者是这些因素的叠加。

- **利益因素**。实用利益、心理利益、个人价值利益方面的激励，如用户可以获得优惠、现金奖励、实物奖励、特权奖励、积分奖励、认同感、成就感，可以表达某种想法，进行自我形象塑造等。

- **情绪因素**。产品、品牌或其他事物获得了用户的高度好感或共鸣,用户自发地分享;激起了用户某种强烈的情绪,如惊讶、惊喜、感动;激起了用户想要帮助他人的情感等。
- **人际关系影响因素**。用户由于从众心理或令其难以拒绝的人际关系而分享,如亲戚、老师、同学请求他进行分享。

(3)裂变活动的形式

常见的裂变活动形式包含(但不限于)以下几种。

- 推荐新用户。
- 砍价。
- 团购。
- 分销。
- 口碑或情绪传播。

(4)裂变传播触发物

常见的裂变传播触发物包含(但不限于)以下几种。

- H5(第5代HTML)页面。
- 可分享的小程序。
- 邮件。
- 图片海报(通常带有二维码)。
- 图文内容(通常带有超级链接)。

3. 任务目标与KPI

裂变获客子任务如表4-10所示。

表4-10 裂变获客子任务

子任务目标	KPI示例
通过裂变实现获客	转发量、转化率、K因子

4.6.2 识别机会

1. 机会领域

裂变获客的机会领域包含(但不限于)以下内容。

- 分析及优化种子用户的选择。
- 分析及优化裂变渠道的选择与测试。
- 分析及优化转化因素的设计与呈现。
- 分析及优化行动号召的设计。

2．分析指标

裂变获客的分析指标包含（但不限于）以下内容。

- **K 因子（K-factor）**，也称为病毒系数。业界没有统一的 K 因子的计算方法，本书推荐两种简便的方法：K 因子=（第 n 个周期的用户自然增长数）/（第 n-1 个周期的活跃用户数），该方法可以衡量产品整体的用户裂变能力；K 因子=裂变用户数/启动数，该方法可以衡量单次裂变活动的用户裂变能力，启动数即首批分享的用户数（如图 4-6 所示的"启动层 B"）。需要注意的一点是，这两种方法计算的都是最终转化总量，在有些计算实例中采用的是分层计算 K 因子的方式，也就是在每个裂变层级中都存在一个不同的 K 因子，但这种计算方式比较复杂，而且在某些环境下，企业难以对每个层级的数据进行追踪。
- **裂变转化的 KPI**，如成交量、注册量、新增用户数等。
- **ROI**。
- **NPS**，该数值可以衡量用户推荐的意愿，在裂变任务中不常用，只是参考性指标。

3．分析方法

- **对比分析**，对比分析不同版本的裂变方案或文案的裂变效果等。
- **细分分析**，对流量进行细分，如根据地域、年龄、性别、渠道、设备、浏览器、IP 地址段、裂变计划等信息划分用户群体，对比细分群体之间的相关指标。
- **转化因素分析**，对裂变方案中的触发、利益、阻碍因素进行分析。
- **根本原因分析**，对裂变效果不佳的方案、文案及执行过程进行根本原因分析。
- **用户调查**，向用户直接了解未推荐的原因。

4．数据运用

为裂变获客分析提供支持的数据主要包含（但不限于）以下内容。

- 官方网站及 App 数据。
- 财务数据。
- 第三方平台数据（如社交账号数据）。

5．技术运用

为裂变获客分析提供支持的技术主要包含（但不限于）以下内容。

- 数据收集技术。
- 数据整理技术。
- 数据分析技术。
- 数据可视化技术。
- 流量来源辨识与追踪技术。

- 用户辨识与追踪技术（辨识用户身份并对其行为进行追踪，如账号体系、Cookie、设备 ID 等，详见第八章）。

6．工具箱

为裂变获客分析提供支持的工具主要包含（但不限于）以下内容。
- Excel。
- SPSS 软件。
- 网站及 App 分析工具。
- 热图工具。
- 第三方软件账户后台。
- 问卷工具。

4.6.3 制定策略

1．策略可选集

裂变获客的策略可选集包含（但不限于）以下内容。
- **分析及优化种子用户的选择**，应选择产品的实际用户或目标用户人群作为裂变的启动人群。
- **分析及优化裂变渠道的选择与测试**，选择合适的渠道，如社交媒体、社群，以及社群中的 KOL（Key Opinion Leader，关键意见领袖）或 KOC（Key Opinion Consumer，关键意见消费者）等，必要时企业应进行渠道测试。
- **分析及优化转化因素的设计与呈现**，即转化公式中的利益、阻碍、触发因素。①利益因素。不同的用户群体有不同的动机、利益诉求，企业应对利益因素进行细分；必要时企业可制造紧张感、稀缺感，用限量、限时参与的方式敦促用户立即行动；企业应注重短期利益激励，突出即时性。②阻碍因素。企业应消除传播分享流程中的阻碍，特别是应实行分享者和接受者都受益的机制（而不是实行只有分享者受益的机制），避免让转发者的个人形象受损，注重质量承诺、安全承诺、信任背书等。③触发因素。企业应设计层层转发的触点、规则、触发载体，保证裂变过程的流畅，易于用户理解和操作，设计兑现操作简单的用户福利等；企业对触发物（如图片、文案、利益呈现、引导话术等）应精心设计，从而刺激用户行动。④必要时，企业应在启动大规模裂变前，小范围地测试验证和优化相关因素。
- **分析及优化行动号召的设计**，企业应在触发载体（如裂变海报）上设计鲜明的行动号召，敦促用户立即行动。

2．策略产生方法

在此任务环节中，可用的策略产生方法包含（但不限于）以下内容。

- 策略可选集。
- 专业或经验判断。
- 转化因素分析法。
- 头脑风暴法。
- 列举法。
- 拆解法。

3．策略形成

经机会分析、策略分析形成策略成果，策略成果可输出为裂变获客策略表，如表 4-11 所示。

表 4-11 裂变获客策略表

裂变活动	策略描述	KPI	测试验证方式	优先级

4.6.4 测试验证

1．测试验证方法

对裂变获客进行测试验证的方法包含（但不限于）以下内容。

- 对比分析。例如，对裂变文案优化前后的转化率进行对比。
- 随机对照试验。例如，对两种裂变方案的效果进行 A/B 测试，必要时企业应对效果的显著性进行检验。

2．数据运用

为裂变获客的测试验证提供支持的数据主要包含（但不限于）以下内容。

- 测试验证前后的数据。
- 测试验证组间的数据。

3．技术运用

为裂变获客的测试验证提供支持的技术主要包含（但不限于）以下内容。

（1）支持数据收集、分析的技术（与识别机会环节相同）。

（2）支持策略在业务中运行的技术，包含（但不限于）以下内容。

- 营销自动化技术。

- 广告内容制作技术。
- H5 制作技术。

（3）支持测试验证环节运行的技术，包含（但不限于）以下内容。

- 用户测试技术。
- A/B 测试技术。
- 显著性分析技术。

4．工具箱

为裂变获客的测试验证提供支持的工具主要包含（但不限于）以下内容。

（1）支持数据收集、分析的工具（与识别机会环节相同）。

（2）支持策略在业务中运行的工具，包含（但不限于）以下内容。

- 营销自动化工具。
- 广告内容制作工具。
- H5 制作工具。
- 社交媒体营销工具。
- 用户裂变运营工具。
- EDM 工具。
- 短信群发工具。

（3）支持测试验证环节运行的工具，包含（但不限于）以下内容。

- 用户测试工具。
- A/B 测试工具。
- 显著性分析工具。

4.6.5 持续发展

1．应用

在此环节中，应用的方法包含（但不限于）以下内容。

- 扩大应用规模。企业对经过测试验证的、可行的裂变获客策略进行应用落地，扩大应用规模，并进一步监测和分析相关数据。
- 扩展应用领域。企业将数据或经验应用于后续的裂变、着陆页优化、深耕转化等任务，帮助新的"策略环"继续循环。
- 彻底消除问题。
- 做到举一反三。

2. 深化

在此环节中，深化的方法包含（但不限于）以下内容。

- 深入分析。例如，深入分析不同裂变方案转化率不同的原因、用户流失的原因、用户在着陆页上的行为等。
- 形成知识。
- 纳入标准。

3. 支持

持续发展环节的分析指标、分析方法、数据运用、技术运用、工具箱等，参照识别机会、测试验证两个环节。

4.7 反流量欺诈

4.7.1 任务描述与理解

1. 任务描述

反流量欺诈的任务是通过人工或机器的方法识别无效流量（尤其是欺诈性流量）并采取相应措施，以便准确地评价渠道质量，衡量真实的推广效果，减少企业损失。

2. 理解流量欺诈

（1）概念

流量欺诈（Traffic Fraud） 指的是在商业中蓄意制造或使用无效流量进行获利的行为。

与流量欺诈相关的概念是"无效流量"。

无效流量（Invalid Traffic） 指的是在数字广告活动中产生的、对广告主没有价值或违反商业约定的流量。

（2）无效流量的构成

无效流量的构成包含（但不限于）以下内容。

- 机器代码制造的流量（Bot Traffic）。
- 僵尸网络（Botnet）制造的流量。
- 内容伪装（Cloaking）制造的流量。
- 流量劫持制造的流量。
- 流量诱导制造的流量。
- 激励性任务诱导制造的流量。
- 广告无效展示制造的流量。
- 虚假点击广告制造的流量。

- 恶意点击广告制造的流量。
- 虚假用户行为（访问、下载、安装、注册等）制造的流量。
- 归因作弊制造的流量。

（3）制造无效流量的主体与动机

制造无效流量的主体与动机包含（但不限于）以下内容。

- 推广渠道制造或使用无效流量获利。
- 广告代理商制造或使用无效流量获利。
- 网络服务商制造或使用无效流量获利。
- 企业内部为了完成 KPI 而作假或虚构业绩。

3．任务目标与 KPI

反流量欺诈子任务如表 4-12 所示。

表 4-12　反流量欺诈子任务

子任务目标	KPI 示例
识别无效流量	无效流量数
识别劣质渠道	劣质渠道数
反流量欺诈	策略有效数、挽回损失金额

4.7.2　识别机会

1．机会领域

反流量欺诈的机会领域包含（但不限于）以下内容。

- 分析及识别无效流量。
- 对无效流量过滤排除。
- 引入程序化直接购买。
- 引入第三方监测。
- 加强渠道管理。
- 将无效流量纳入黑名单。

2．分析指标

反流量欺诈的分析指标包含（但不限于）以下内容。

- 渠道端推广指标，如点击率、广告的 IP 访问量、广告点击的热图指标等。
- 初始交互相关指标，如跳出率、回访率、会话长度、会话深度、用户参与度等。
- 用户留存相关指标，如 N 日留存率、活跃用户数等。
- 用户产出相关指标，如交易量等。

通过对流量行为的比对和分析发现不符合逻辑的异常行为，是企业识别无效流量的重要途径之一。该途径以三个用户行为层次的行为特征为依据，用户行为层次越靠上，意味着其是真实用户的可能性越大。相反，初始交互层次的行为是无效流量的"重灾区"，如图 4-7 所示。

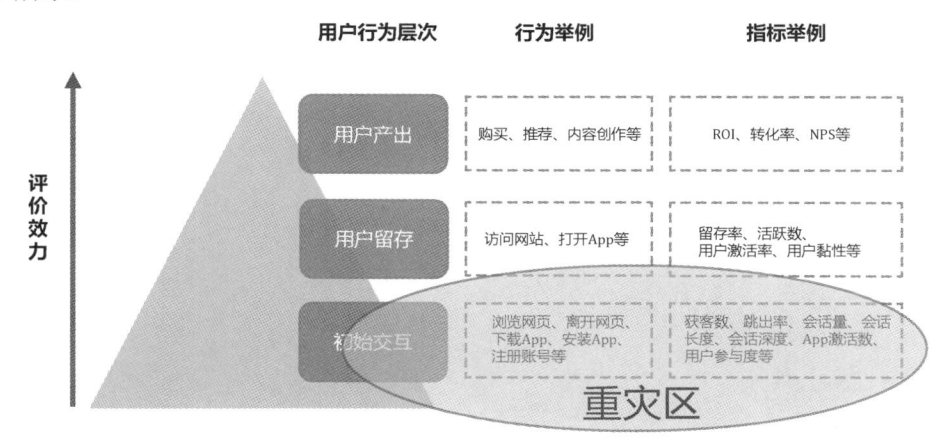

图 4-7　无效流量的"重灾区"

3．分析方法

- **名单对比**，企业依据以往建立的黑名单（如 IP 地址、设备 ID、已知的网络漫游器等）对比并识别无效流量，名单可以是企业自己建立的，也可以是第三方专业机构建立的（如广告监测机构或行业协会），还可以是企业与其他机构或企业共享的。
- **行为事件分析**，企业对流量的跳出、参与、访问、留存、交易等数据进行分析，通过识别异常行为对无效流量进行辨识。例如，渠道推广端点击率过高，广告点击的 IP 分布异常，广告点击的热图指标异常，点击发生于广告展现之前，流量参与表现非常好但转化量较少，着陆页跳出率过高，着陆页热图不符合正常逻辑等。
- **机器学习**，企业基于特征库的数据，通过机器学习算法不断训练模型，加上人工辅助训练，提高模型的精度，达到更精确的识别效果。

4．数据运用

为反流量欺诈分析提供支持的数据主要包含（但不限于）以下内容。

- 官方网站及 App 数据。
- 社交账号数据。
- 财务数据。
- 第三方平台数据（如广告监测数据）。

5．技术运用

为反流量欺诈分析提供支持的技术主要包含（但不限于）以下内容。

- 数据收集技术。

- 数据整理技术。
- 数据分析技术。
- 数据可视化技术。
- 流量来源辨识与追踪技术。
- 数据挖掘技术。

6．工具箱

为反流量欺诈分析提供支持的工具主要包含（但不限于）以下内容。

- Excel。
- SPSS 软件。
- 网站及 App 分析工具。
- 广告监测工具。
- 热图工具。
- 第三方软件账户后台。

4.7.3　制定策略

1．策略可选集

反流量欺诈的策略可选集包含（但不限于）以下内容。

- **对无效流量过滤排除**，企业通过人工或机器学习方法分析及识别无效流量，对无效流量过滤排除，如黑名单中的流量，异常 IP、异常时段、异常地域、异常语种的流量等，且不参与异常 IP 的广告竞价，企业可以自己建立黑名单，也可以借助第三方专业机构（如广告监测机构）建立黑名单。
- **引入程序化直接购买**，企业通过程序化直接购买，直接锁定媒体位置、广告价格，消除某些渠道进行流量欺诈的可能性。
- **引入第三方监测**，企业在必要时引入专业的第三方监测机构（如广告监测机构），可以对无效流量进行更全面的辨识，也可以对广告的有效性进行监测（如监测广告展现时长、展现面积），还可以对垃圾流量进行监测（如监测广告展现环境、广告与目标受众的属性契合度）。
- **加强渠道管理**，企业将无效流量提交给渠道进行申诉和结算交涉，以减少企业损失；或与渠道约定相关结算规则，对某些在行为上有较大舞弊嫌疑的流量（如频繁点击、在着陆页上的行为不符合正常逻辑等）进行过滤后再结算；必要时企业可终止合作。
- **将无效流量纳入黑名单**，企业将无效流量（如某些已知 IP 地址段、异常 IP、已知的网络漫游器等）纳入黑名单，并不断完善名单库，减少在后续推广中的无效流量；有条件的企业可与其他机构或企业共享黑名单，联合打击流量欺诈行为。

2．策略产生方法

在此任务环节中，可用的策略产生方法包含（但不限于）以下内容。

- 策略可选集。
- 专业或经验判断。
- 头脑风暴法。
- 团队会议。

3．策略形成

经机会分析、策略分析形成策略成果，策略成果可输出为反流量欺诈策略表，如表 4-13 所示。

表 4-13　反流量欺诈策略表

无效流量来源	判 断 依 据	策 略 描 述	KPI	测试验证方式	优　先　级

4.7.4　测试验证

1．测试验证方法

对反流量欺诈进行测试验证的方法包含（但不限于）以下内容。

- **观察法或调查法**。例如，对策略实施前后的流量行为进行观察。
- **对比分析**。例如，对策略实施前后的流量行为进行对比，必要时企业应对效果的显著性进行检验。

2．数据运用

为反流量欺诈的测试验证提供支持的数据主要包含（但不限于）以下内容。

- 测试验证前后的数据。
- 测试验证组间的数据。

3．技术运用

为反流量欺诈的测试验证提供支持的技术主要包含（但不限于）以下内容。
（1）支持数据收集、分析的技术（与识别机会环节相同）。
（2）支持策略在业务中运行的技术，包含（但不限于）以下内容。

- 广告投放技术。
- 程序化购买技术。

- SEM 技术。
- SEO 技术。

（3）支持测试验证环节运行的技术，包含（但不限于）以下内容。

- 用户测试技术。
- A/B 测试技术。
- 显著性分析技术。

4．工具箱

为反流量欺诈的测试验证提供支持的工具主要包含（但不限于）以下内容。

（1）支持数据收集、分析的工具（与识别机会环节相同）。

（2）支持策略在业务中运行的工具，包含（但不限于）以下内容。

- 营销自动化工具。
- 广告内容制作工具。
- 广告投放工具。
- 着陆页制作工具。
- 搜索引擎推广工具。
- 机器学习工具。
- 无效流量屏蔽或排除工具（如百度商盾、Google Analytics 中的漫游过滤器等）。

（3）支持测试验证环节运行的工具，包含（但不限于）以下内容。

- 用户测试工具。
- A/B 测试工具。
- 显著性分析工具。

4.7.5　持续发展

1．应用

在此环节中，应用的方法包含（但不限于）以下内容。

- **扩大应用规模**。企业对经过测试验证的、可行的反流量欺诈策略进行应用落地，扩大应用规模，并进一步监测和分析相关数据。
- **扩展应用领域**。企业将数据或经验应用于后续的渠道运营、裂变获客等任务，帮助新的"策略环"继续循环。
- 彻底消除问题。
- 做到举一反三。

2. 深化

在此环节中,深化的方法包含(但不限于)以下内容。
- 深入分析。例如,深入分析无效流量的产生原因、无效流量识别方法的有效性等。
- 形成知识。
- 纳入标准。

3. 支持

持续发展环节的分析指标、分析方法、数据运用、技术运用、工具箱等,参照识别机会、测试验证两个环节。

4.8 触点管理

4.8.1 任务描述与理解

1. 任务描述

触点管理的任务是通过对触点的分析、设计和管理,实现消费者决策过程的闭环,帮助企业更好地与消费者互动,提升消费者体验。

触点管理任务与渠道运营、渠道端推广、触点归因、用户研究、用户行为分析、营销预算分配、营销活动策划等活动有关。

2. 理解触点

(1) 概念

触点(Touchpoint) 指的是消费者与企业的产品或服务、品牌、内容或信息发生接触的任意位置。

触点有电话、会面、搜索引擎、官方网站、企业 App、官方邮件、短信、站内信、网站海报、企业户外广告、实体产品、实体门店等。

消费者与企业在触点上的接触方式主要有交互、看见、听见和想起。交互,如消费者与企业在 App 或邮件中进行交互;看见,如消费者在媒体、户外广告牌中看见企业的广告;听见,如消费者在广播、音频节目中听见关于企业的内容;想起,如消费者在脑海中回忆起企业的品牌、形象等。

可以从不同的角度对触点进行分类。例如,分为私域触点、半私域触点、公域触点;分为线上触点、线下触点;分为直接触点、间接触点;分为自有触点、付费触点、有机触点;分为购前触点、购中触点、购后触点;分为产品内触点、产品外触点等。

(2) 触点与渠道的关系

触点与渠道之间存在较多的交叉,但二者并不相同。一个渠道中可能会有多个触点,但也有一些触点不在渠道中，如消费者收到产品实物时、消费者使用产品时、消费者与官方沟通时、服务过程中的节点等。

企业通过触点或渠道与消费者进行接触、互动。

触点与渠道的关系如图 4-8 所示。

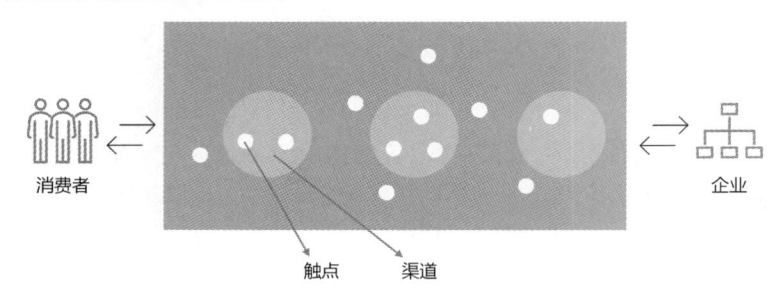

图 4-8　触点与渠道的关系

（3）触点映射

触点映射（Touchpoint Mapping）是将触点映射到消费者决策过程中的各个阶段，或者映射到某个具体的营销活动流程之中。触点映射有助于企业评估触点在消费者决策过程中的必要性、充分性，以及触点路径设计是否合理。

通常存在以下两个层次的触点映射。

a．宏观层次

企业应考虑主要用户角色的常规决策过程，在 CDJ 的相关阶段进行规划并设计合适的触点，从而形成一个基于 CDJ 的"触点矩阵"，并不断对其进行优化和迭代，在更高的水平上满足消费者的需求，实现企业与消费者的互动。

一个宏观层次上的触点矩阵如图 4-9 所示。

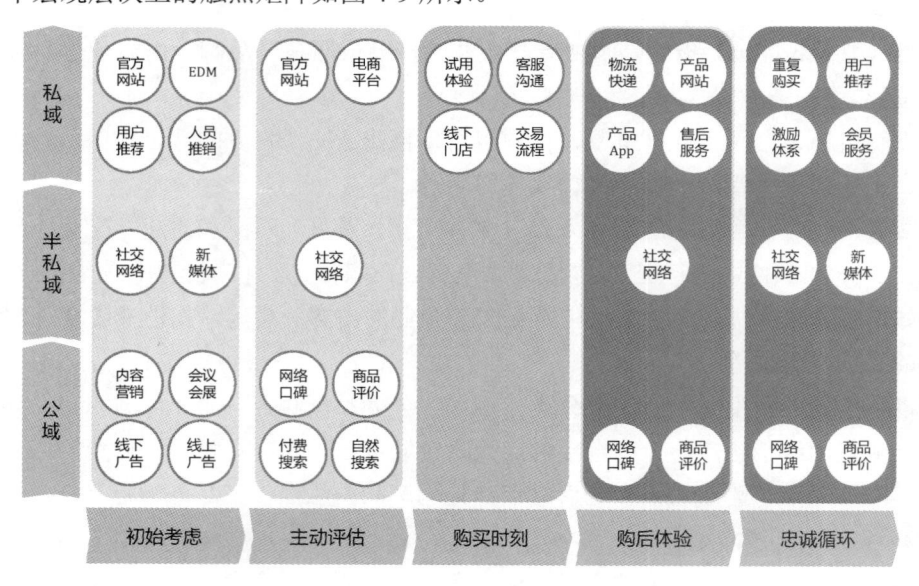

图 4-9　一个宏观层次上的触点矩阵

b．微观层次

企业通常按照每一种细分的用户角色，或者基于某一次具体的增长活动（Campaign）任务评估和映射触点。

一个裂变活动的触点规则设计如图 4-10 所示。

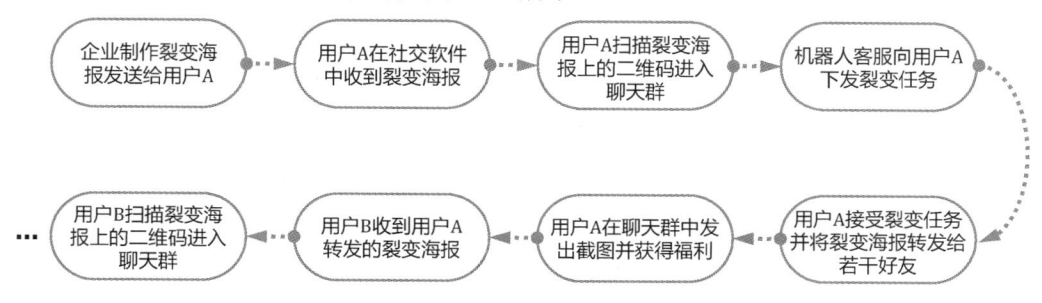

图 4-10　一个裂变活动的触点规则设计

该裂变活动的触点包括裂变海报、社交软件聊天群、机器人客服、裂变任务等。

（4）触点归因

一般情况下会有众多触点或渠道参与消费者决策过程，归因就是在参与其中的各个触点或渠道间分配转化贡献的模式及过程，也是企业更客观地认识触点或渠道价值的过程。

a．单触点归因

单触点归因（Single Touchpoint Attribution）指的是将最终转化贡献归于某一个触点。

常见的单触点归因模型包含（但不限于）以下几种。

- 首次互动归因模型，即将 100%的功劳归于产生第一次互动的触点。
- 最终互动归因模型，即将 100%的功劳归于产生最后一次互动的触点。
- 最终非直接互动归因模型，即将 100%的功劳归于产生最后一次非直接互动的触点，该模型往往会排除直接流量。

b．多触点归因

多触点归因（Multiple Touchpoints Attribution）指的是将最终转化贡献在多个触点之间进行合理归属和分配。

常见的多触点归因模型包含（但不限于）以下几种。

- 线性均衡归因模型，即均衡对待用户转化路径上的所有触点并分配相等的权重。例如，有 5 个触点参与用户转化路径，各个触点的功劳分别占所有功劳的 20%。
- 时间衰减归因模型，即越靠近最终转化事件的触点，其功劳越大；越远离最终转化事件的触点，其功劳越小。例如，在用户转化路径上有 5 个触点，按照时间顺序，各个触点的功劳分别占所有功劳的 10%、15%、20%、25%、30%。
- U 型归因模型，即初始触点和最终触点的功劳大，居于中间的过程性触点功劳小。例如，在用户转化路径上有 5 个触点，各个触点的功劳分别占所有功劳的 40%、7%、6%、7%、40%。

- 算法归因模型，即企业利用机器学习算法，基于所有可用的用户路径数据评估各个触点对转化的影响程度，借助数据驱动因素而非人为因素实现归因。具体算法包括马尔可夫链（Markov Chain）、夏普利值（Shapley Value）、生存分析（Survival Analysis）等。

3．任务目标与 KPI

触点管理子任务如表 4-14 所示。

表 4-14　触点管理子任务

子任务目标	KPI 示例
触点优化	触点流失率、顾客满意度
触点归因	流量来源辨识与追踪准确度

4.8.2　识别机会

1．机会领域

触点管理的机会领域包含（但不限于）以下内容。
- 分析消费者决策过程、消费者旅程地图、消费者体验地图。
- 分析及优化具体的营销活动。
- 基于触点归因获得消费行为洞察。

2．分析指标

触点管理的分析指标包括（但不限于）以下内容。
- **触点流失率**，消费者在该触点上的流失数占到达数的百分比。
- **顾客满意度**通常有两种计算方法：CSAT=（非常满意的顾客数+满意的顾客数）/受访人数×100%，或 CSAT=所有顾客的打分总和/（受访人数×打分上限）×100%。
- **顾客费力度评分**的计算方法通常是 CES=所有顾客的打分总和/受访人数。

3．分析方法

- **需求分析**，分析消费者的任务、目标、需求等。
- **决策过程分析**，分析消费者的理想决策过程、实际决策过程，寻找优化的机会。
- **体验分析**，分析消费者在决策过程中和触点上的痛点、体验、情绪、态度等。
- **行为事件分析**，分析产品中的消费者行为、路径、评价、反馈意见等。
- **用户调查**，企业通过问卷、访谈、观察等方法向用户直接了解产品使用体验、满意度、费力度等信息。
- **竞品分析**，分析竞品的触点设计和运行情况。
- **网络口碑分析**，分析社交网络、社区、论坛中的相关信息。

- **归因分析**，分析消费者过去使用触点和渠道的情况以获得洞察。
- **价值分析**，分析相关触点在消费者决策过程中的作用和价值。

4．数据运用

为触点管理分析提供支持的数据主要包含（但不限于）以下内容。
- 官方网站及 App 数据。
- 渠道及渠道端推广数据。
- 用户调查数据。
- 网络口碑数据。
- 竞品数据。
- 产品内外的触点数据。

5．技术运用

为触点管理分析提供支持的技术主要包含（但不限于）以下内容。
- 数据收集技术。
- 数据整理技术。
- 数据分析技术。
- 数据可视化技术。
- 流量来源辨识与追踪技术。
- 用户辨识与追踪技术。

6．工具箱

为触点管理分析提供支持的工具主要包含（但不限于）以下内容。
- Excel。
- SPSS 软件。
- 网站及 App 分析工具。
- 社交媒体监测、分析工具。
- 问卷工具。

4.8.3 制定策略

1．策略可选集

触点管理的策略可选集包含（但不限于）以下内容。
- **分析消费者决策过程、消费者旅程地图、消费者体验地图**，触点的设计目标应该是在更高水平上满足消费者的需求、提升消费者的体验、与消费者保持互动，因此企业应定期评估触点在消费者决策过程中的消费者满意程度，通过消费者体验地图等

105

工具分析触点优化的机会，开展"以用户为中心的设计（User Centered Design，UCD）"等。
- **分析及优化具体的营销活动**，针对某一个具体的营销活动（如裂变获客），企业应将触点设计作为一项重要的工作，将优秀的触发（触发场景、触点、触发物、触发过程）作为重要的转化因素之一，提升转化的效率；必要时企业应对整个触发过程及触发体验进行测试并不断优化。
- **基于触点归因获得消费行为洞察**，企业应树立触点归因意识并建立技术支持体系（如流量来源与用户身份的辨识与追踪技术），完善触点管理机制，通过深化的归因过程，形成对触点或渠道价值更加客观的认识，指引后续的渠道开发、触点设计等任务。

2．策略产生方法

在此任务环节中，可用的策略产生方法包含（但不限于）以下内容。
- 策略可选集。
- 专业或经验判断。
- 头脑风暴法。
- 列举法。
- 强制联想法。

3．策略形成

经机会分析、策略分析形成策略成果，策略成果可输出为触点管理策略表，如表 4-15 所示。

表 4-15　触点管理策略表

触点及位置	策略描述	KPI	测试验证方式	优　先　级

4.8.4　测试验证

1．测试验证方法

对触点管理进行测试验证的方法包含（但不限于）以下内容。
- **观察法或调查法**。例如，调查触点策略实施前后的用户体验。
- **对比分析**。例如，对触点优化前后的流失率进行对比。
- **随机对照试验**。例如，对两种触点设计的效果进行 A/B 测试，必要时企业应对效果的显著性进行检验。

2．数据运用

为触点管理的测试验证提供支持的数据主要包含（但不限于）以下内容。

- 测试验证前后的数据。
- 测试验证组间的数据。
- 观察验证数据。
- 调查验证数据。

3．技术运用

为触点管理的测试验证提供支持的技术主要包含（但不限于）以下内容。

（1）支持数据收集、分析的技术（与识别机会环节相同）。

（2）支持测试验证环节运行的技术，包含（但不限于）以下内容。

- 用户测试技术。
- A/B 测试技术。
- 显著性分析技术。

4．工具箱

为触点管理的测试验证提供支持的工具主要包含（但不限于）以下内容。

（1）支持数据收集、分析的工具（与识别机会环节相同）。

（2）支持策略在业务中运行的工具，包含（但不限于）以下内容。

- 营销自动化工具。
- DMP 系统。

（3）支持测试验证环节运行的工具，包含（但不限于）以下内容。

- 用户测试工具。
- A/B 测试工具。
- 显著性分析工具。

4.8.5 持续发展

1．应用

在此环节中，应用的方法包含（但不限于）以下内容。

- **扩大应用规模**。企业对经过测试验证的、可行的触点管理策略进行应用落地，扩大应用规模，并进一步监测和分析相关数据。
- **扩展应用领域**。企业将数据或经验应用于后续的触点规划和设计、渠道运营、渠道端推广等任务，帮助新的"策略环"继续循环。

- 彻底消除问题。
- 做到举一反三。

2．深化

在此环节中，深化的方法包含（但不限于）以下内容。

- 深入分析。例如，深入分析用户体验不佳的原因、用户流失的原因、用户在触点上的行为等。
- 形成知识。
- 纳入标准。

3．支持

持续发展环节的分析指标、分析方法、数据运用、技术运用、工具箱等，参照识别机会、测试验证两个环节。

第五章

用户深耕过程

5.1 理解用户深耕过程及模型

1. 定义

用户深耕指的是通过精细化运营提升用户生命周期价值的业务过程。

用户生命周期价值取决于用户生命周期时长和用户价值：用户生命周期时长由用户留存和用户活跃度决定，用户价值由用户转化率决定。

2. 模型

用户深耕的核心是做好用户的留存、活跃和转化，这一过程可通过用户深耕模型表示，如图 5-1 所示。

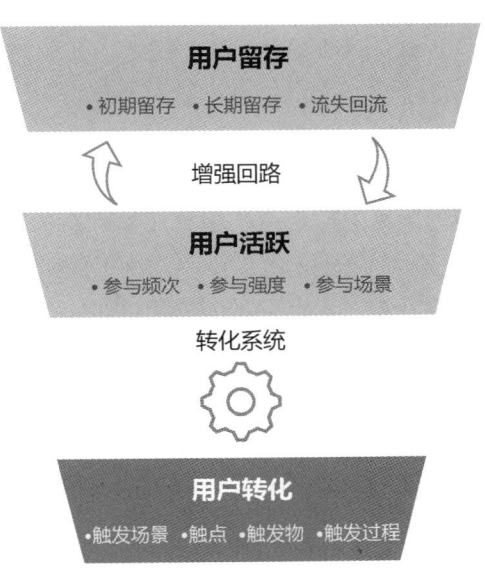

图 5-1 用户深耕模型

用户活跃是用户留存的高级形态。用户留存是用户活跃的基础，反过来，用户活跃也会增强用户留存（用户活跃度越高的产品，其用户留存率往往也越高），从而构成一条互相正增强的增强回路。[①]

3．重要概念

（1）留存用户和活跃用户

留存用户（Retained User）和活跃用户指的是在观察周期内有参与行为的用户。

对于"参与行为"的认定，有的产品采用"宽口径"，如将打开、返回产品视为参与行为；有的产品则采用标准口径，即参与行为必须是更有价值的关键行为。

"观察周期"通常是每日、每周、每月等。如果以一日为观察周期进行观察，那么观察到的活跃用户被称为日活跃用户，照此类推，还有周活跃用户（每周至少有过1次活跃行为的用户）、月活跃用户（每月至少有过1次活跃行为的用户）等。

活跃用户的组成包括三部分：一是新增用户中的活跃用户，二是老用户中的活跃用户，三是休眠或流失用户中重新活跃的用户（重活用户，Reactivated User）。对活跃用户进行细分观察有利于企业更有针对性地进行分析，或者制定更有针对性的营销与运营策略。例如，通过新增用户的活跃程度评估某个获客渠道的流量质量。

从字面上看，留存用户与活跃用户的含义相似，但在使用时，二者存在以下微小的差别。

- **观察角度上的差别**。对于留存用户，企业通常观察的是在某个事件后的用户留存情况，如某个新增用户队列、使用了某个功能的用户群体、参加了某个营销活动的用户群体等，即先有事件发生，再观察留存情况；对于活跃用户，企业通常观察的是在某个事件后或某个周期内的用户活跃情况，未必有事件发生。
- **状态程度上的差别**。留存是一种状态，对于某个用户来说，只有留存、流失两种状态；而活跃既可以是状态，又可以是程度，对于一个活跃用户，企业还可进一步评估其活跃程度，如高度活跃、中度活跃、一般活跃。
- **时效上的差别**。用户活跃度是一个即时性指标，如一个推广活动过后，推广效果可以从用户活跃指标中立即获得反馈；而用户留存率是一个延时性指标，其观察、评估的是在事件后一段时间内的用户留存情况，如可以观察某个活动后次日、7日、30日内的用户留存情况，而统计该活动后1个小时内的"留存"，是没有意义的。
- **语境不同**。活跃与不活跃相对，留存与流失相对。

（2）留存曲线

如图5-2所示，用户留存曲线通常包括三种基本形态，即下降型、平坦型、微笑型。[②]

[①] "增强回路"的理论基础是系统动力学（System Dynamics）。系统动力学是一种研究社会经济系统动态行为的计算机仿真方法，于20世纪50年代由美国麻省理工学院教授杰伊·赖特·福瑞斯特（Jay Wright Forrester）开创。在系统动力学方法中，问题或系统可以表示为因果关系图，它揭示了系统的结构。通常有两种回路：一种是正增强回路（记为R），如在餐馆中就餐的人越多，越容易形成口碑传播，反过来又会增加就餐的客流量；另一种是负增强回路（记为B）。

[②] 引自红杉资本官方网站。

改善用户留存，意味着留存曲线变为平坦甚至"微笑"的形态。

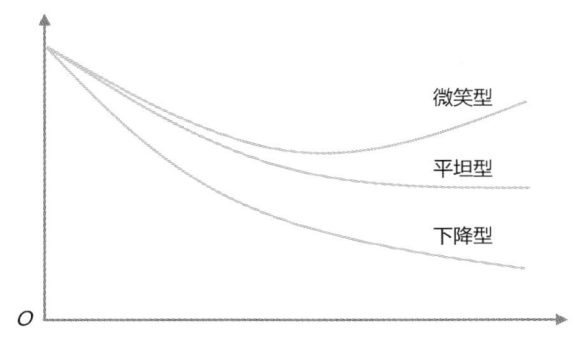

图 5-2　用户留存曲线的三种基本形态

5.2　主要任务

用户深耕过程中的任务如表 5-1 所示。

表 5-1　用户深耕过程中的任务

任务类别	任务	识别机会	制定策略	测试验证	深化应用
典型任务	新用户留存	√	√	√	√
	老用户留存	√	√	√	√
	用户流失干预	√	√	√	√
	用户持续转化	√	√	√	√
特定任务	依据实际业务场景确定	√	√	√	√

表头"策略环模型（精益增长循环）"

5.3　新用户留存

5.3.1　任务描述与理解

1. 任务描述

新用户留存的任务是针对新用户的特点进行针对性运营，提升新用户在初期阶段（通常是首周内）的留存率，从而提升整体的用户留存率。

用户使用产品或服务的初期阶段，属于用户生命周期中的一个特殊时期。由于用户对产品比较陌生，可能尚未体验到产品核心价值，与产品或品牌的关系比较脆弱，更无忠实度可言，因此比较容易流失。一个用户队列初始几日内的留存曲线往往呈现大幅下降的趋势，也正是这个原因。

根据研究，在初期阶段留存下来的用户，对长期的用户留存非常有利，尤其是首周内的用户留存率，对长期的用户留存率有显著的影响。

2．任务目标与 KPI

新用户留存子任务如表 5-2 所示。

表 5-2　新用户留存子任务

子任务目标	KPI 示例
用户激活	用户激活率
新手引导	引导完成率

5.3.2　识别机会

1．机会领域

新用户留存的机会领域包含（但不限于）以下内容。
- 分析及优化用户激活。
- 分析及优化新手引导。
- 与用户建立信任。
- 其他互动。

2．分析指标

新用户留存的分析指标包含（但不限于）以下内容。
- **用户留存率**，如某个活动后次日、3 日、7 日内的用户留存率。
- **用户参与度**，如访问/会话数、PV、平均会话长度、平均会话深度等。
- **用户激活率**，用户激活率=激活用户数/新增用户数×100%。

3．分析方法

- **对比分析**，对比分析不同渠道、不同用户队列的新用户留存率。
- **细分分析**，对新用户的特征进行细分，如根据地域、年龄、性别、渠道、设备、浏览器、IP 地址段等信息划分用户群体，对比细分群体之间的相关指标。
- **行为事件分析**，分析用户在网站或 App 中的行为。
- **路径分析**，分析用户在网站或 App 中的路径。
- **根本原因分析**，对用户流失的根本原因进行分析。
- **用户调查**，向用户直接了解流失的原因。

4．数据运用

为新用户留存分析提供支持的数据主要包含（但不限于）以下内容。
- 官方网站及 App 数据。

- 财务数据。
- 社交账号数据。
- 用户调查数据。
- 用户态度数据（如抱怨、投诉等）。
- 竞品数据。

5．技术运用

为新用户留存分析提供支持的技术主要包含（但不限于）以下内容。

- 数据收集技术。
- 数据整理技术。
- 数据分析技术。
- 数据可视化技术。
- 流量来源辨识与追踪技术。
- 用户辨识与追踪技术。

6．工具箱

为新用户留存分析提供支持的工具主要包含（但不限于）以下内容。

- Excel。
- SPSS 软件。
- 网站及 App 分析工具。
- 热图工具。
- 问卷工具。

5.3.3 制定策略

1．策略可选集及重点项目

（1）策略可选集

新用户留存的策略可选集包含（但不限于）以下内容。

- **分析及优化用户激活**，详见下文。
- **分析及优化新手引导**，新手引导（Onboarding）是主动引导新用户熟悉产品的功能或操作，让新用户尽快发现产品核心价值的过程。新手引导的时机通常是在用户首次打开产品时、用户在任务场景中时、用户在主动探索的过程中时、向用户推送时等。引导用户的方式主要有气泡提示、弹窗提示、蒙层引导、步骤式引导、教学式引导、互动式引导、空状态（Empty Status）引导、建立引导页、面包屑导航（Breadcrumb Navigation）、视频动画引导、预加载任务引导等。

- **与用户建立信任**，企业应积极与新用户建立好感、信任，让新用户有被重视的感觉。例如，产品效果与之前对用户的承诺保持一致，保证内容和视觉效果的一致性；减少产品的不确定性和错误，确保用户体验流畅；增加必要的用户评价、权威证言；坚决保护用户数据与隐私；建立帮助中心和 FAQ（Frequently Asked Questions，常见问题问答）；在恰当的时候与用户联系或推送用户感兴趣的内容；及时响应用户的咨询或求助等。
- **其他互动**，如企业为新用户制订特殊的权益计划，鼓励新用户留存下来；在用户使用或体验进程中的关键时刻对用户进行助推（如在用户的操作遇到阻碍时，推送操作说明或客服沟通）；在用户放弃支付时，推送优惠券或折扣活动；在用户超过特定周期仍未使用权益时，对用户进行提醒或利益吸引等。

（2）进一步理解用户激活

a．定义

激活操作（Activation Action）指的是一个或一组特定操作，新用户通过这类操作体验到了产品核心价值，并对用户留存产生了显著影响。

用户激活（User Activation）指的是新用户完成特定操作。

用户激活的具体过程是用户完成了一个特定操作，在该操作点上，用户体验到了产品核心价值，而且只要发生了这样的操作，用户就会有更大的概率留存下来。这个特定的用户激活操作如图 5-3 所示。[1]

图 5-3 特定的用户激活操作

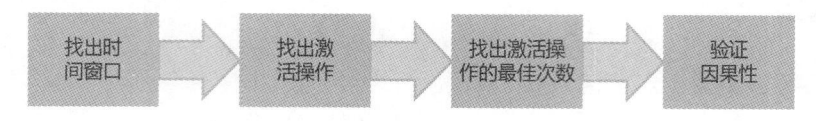

b．确定激活操作的流程

确定激活操作的流程如图 5-4 所示。

图 5-4 确定激活操作的流程

"时间窗口"通常可以等同于产品天然使用周期（Natural Usage Period），但即使产品天然使用周期较长，用户激活产品的时间也不应超过 7 天。

"找出激活操作"可以分为两步，企业先筛选出用户最有可能进行的几个操作，再通过对比分析找出最合适的那一个操作。最关键的是通过留存率数据分析找出这样的操作：进行过该操作的用户，与未进行过该操作的用户，在用户留存率上存在显著的差异。

"激活操作的最佳次数"也称为"魔法数字（Magic Number）"，找出魔法数字的常用方法有两种，一种是边际效用最大法，另一种是韦恩图法（Venn Diagram）。

---

[1] 该定义的贡献者为曲卉。

企业在通过上述步骤找出激活操作后，需要验证该激活操作与用户留存率之间是否存在因果关系，验证的方法通常是 A/B 测试。如果被验证的双方存在因果关系，就表明企业找到了合适的激活操作。

企业应设计合理的引导策略，引导用户进行该激活操作，从而实现对用户的激活。

2．策略产生方法

在此任务环节中，可用的策略产生方法包含（但不限于）以下内容。

- 策略可选集。
- 专业或经验判断。
- 头脑风暴法。
- 设问法。

3．策略形成

经机会分析、策略分析形成策略成果，策略成果可输出为新用户留存策略表，如表 5-3 所示。

表 5-3　新用户留存策略表

名　　称	策　略　描　述	KPI	测试验证方式	优　先　级

5.3.4　测试验证

1．测试验证方法

对新用户留存进行测试验证的方法包含（但不限于）以下内容。

- 对比分析。例如，对用户激活前后的用户留存率进行对比。
- 随机对照试验。例如，对进行和没进行激活操作的用户留存的效果进行 A/B 测试，必要时企业应对效果的显著性进行检验。

2．数据运用

为新用户留存的测试验证提供支持的数据主要包含（但不限于）以下内容。

- 测试验证前后的数据。
- 测试验证组间的数据。

3．技术运用

为新用户留存的测试验证提供支持的技术主要包含（但不限于）以下内容。

（1）支持数据收集、分析的技术（与识别机会环节相同）。

（2）支持测试验证环节运行的技术，包含（但不限于）以下内容。
- 用户测试技术。
- A/B 测试技术。
- 显著性分析技术。

4．工具箱

为新用户留存的测试验证提供支持的工具主要包含（但不限于）以下内容。
（1）支持数据收集、分析的工具（与识别机会环节相同）。
（2）支持策略在业务中运行的工具，包含（但不限于）以下内容。
- 营销自动化工具。
- CRM/SCRM（Social Customer Relationship Management，社会化客户关系管理）系统。
- CDP（Customer Data Platform，客户数据平台）系统。
- EDM 工具。
- 短信群发工具。

（3）支持测试验证环节运行的工具，包含（但不限于）以下内容。
- 用户测试工具。
- A/B 测试工具。
- 显著性分析工具。

5.3.5 持续发展

1．应用

在此环节中，应用的方法包含（但不限于）以下内容。
- **扩大应用规模**。企业对经过测试验证的、可行的新用户留存策略进行应用落地，扩大应用规模，并进一步监测和分析相关数据。
- **扩展应用领域**。企业将数据或经验应用于后续的用户长期留存、转化等任务，帮助新的"策略环"继续循环。
- 彻底消除问题。
- 做到举一反三。

2．深化

在此环节中，深化的方法包含（但不限于）以下内容。
- 深入分析。例如，深入分析用户流失的原因、用户在网站或 App 中的行为等。
- 形成知识。
- 纳入标准。

3. 支持

持续发展环节的分析指标、分析方法、数据运用、技术运用、工具箱等，参照识别机会、测试验证两个环节。

5.4 老用户留存

5.4.1 任务描述与理解

1. 任务描述

新用户在顺利度过使用产品的初期阶段这一特殊时期后，将与产品形成比较稳定的关系，有很大概率会在产品中稳定地留存下来，成为老用户。

老用户留存的任务是针对老用户的特点和流失的原因进行针对性运营，提升老用户的长期留存率，从而提升整体的用户生命周期价值。

老用户流失的原因与新用户流失的原因很不相同，包含（但不限于）以下内容。

- **需求消亡**。例如，某婚恋平台对于已经找到了人生伴侣的用户来说，或者某考研网站对于已经考上研究生的用户来说，由于用户需求已不复存在，因此流失是必然的。
- **兴趣降低甚至消失**。用户与产品之间缺乏互动或互动的触点太少，用户的热情逐渐消退，便会远离产品或将产品遗忘。
- **被动流失**。例如，信用卡用户期满后未能成功续约。
- **体验差**。例如，新版本升级后出现了较大的程序漏洞，或者用户在与客服沟通时发生了不愉快的事情。
- **被竞品吸引**。例如，同类产品大幅度降价等。
- **资源消耗**。例如，产品占用过多的存储空间、内存消耗或耗电问题严重等。
- **成本高昂**。产品令用户在金钱、时间、精力等方面耗费了高昂的成本。
- **权益被侵犯**。例如，用户的个人信息被泄露、用户频繁受到官方电话或广告的骚扰等。

2. 任务目标与 KPI

老用户留存子任务如表 5-4 所示。

表 5-4 老用户留存子任务

子任务目标	KPI 示例
老用户留存	用户留存率
用户活跃	用户参与度、用户黏性

5.4.2 识别机会

1. 机会领域

老用户留存的机会领域包含（但不限于）以下内容。
- 深化产品价值与用户体验。
- 建设用户激励体系（User Incentive System）。
- 提高用户活跃度，包括提高参与频次、增强参与强度、拓宽参与场景。
- 培养用户的行为习惯。
- 提高用户离开产品的心理成本。

2. 分析指标

老用户留存的分析指标包含（但不限于）以下内容。
- 用户留存率。
- 用户流失率。
- DAU、WAU、MAU。
- 用户活跃度。
- 用户黏性。
- 顾客满意度。
- 顾客费力度评分。
- NPS。
- 用户参与度，如 PV、平均会话长度、平均会话深度等。

3. 分析方法

- **趋势分析**，如分析用户流失的趋势。
- **对比分析**，对比分析不同用户队列（如使用某功能和未使用某功能的用户队列）的留存率。
- **细分分析**，对老用户的特征进行细分，如根据地域、年龄、性别、行为、设备、浏览器等信息划分用户群体，对比细分群体之间的相关指标。
- **行为事件分析**，分析用户在网站或 App 中的行为。
- **热图分析**，分析用户的页面行为。
- **路径分析**，分析用户在网站或 App 中的路径。
- **产品功能分析**，分析用户的使用偏好、功能的使用状况、功能的使用路径、功能的用户留存率等。如图 5-5 所示，"功能-留存"矩阵是一种具体的产品功能分析工具，企业在功能使用率、用户留存率两个维度上建立起四象限矩阵，聚焦于第一象限的"高功能使用率-高用户留存率"功能，放大其功能价值，提高用户留存率；同时，企业对异常的区域（如第二、第四象限）应高度关注，进一步分析并发现改进的机会。
- **根本原因分析**，对用户流失的根本原因进行分析，具体方法包括五问法、变更分析法、相关分析法、回归分析法、帕累托法则等。
- **用户调查**，向用户直接了解满意度、费力度、意见建议、流失原因等。
- **网络口碑分析**，如在社交媒体上分析用户对产品或品牌的意见、评论等。

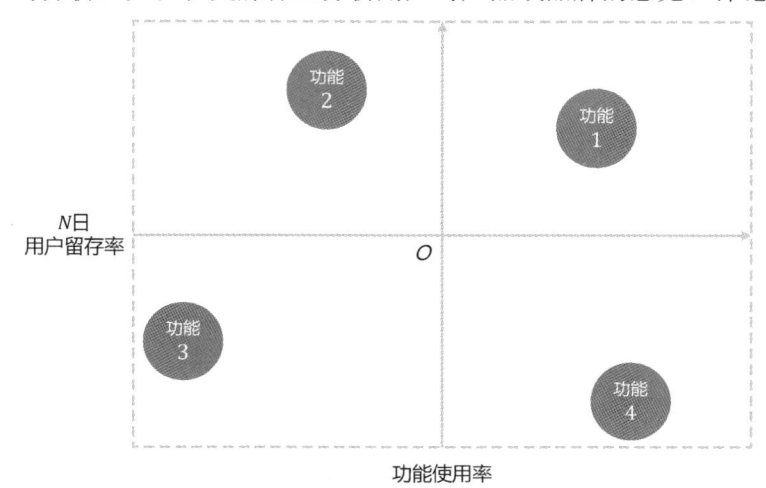

图 5-5 "功能-留存"矩阵

4．数据运用

为老用户留存分析提供支持的数据主要包含（但不限于）以下内容。
- 官方网站及 App 数据。
- 财务数据。
- 第三方平台数据（如社交账号数据）。
- 用户调查数据。
- 用户态度数据。

5．技术运用

为老用户留存分析提供支持的技术主要包含（但不限于）以下内容。
- 数据收集技术。
- 数据整理技术。
- 数据分析技术。
- 数据可视化技术。
- 流量来源辨识与追踪技术。
- 用户辨识与追踪技术。
- 数据挖掘技术。

6. 工具箱

为老用户留存分析提供支持的工具主要包含（但不限于）以下内容。

- Excel。
- SPSS 软件。
- 网站及 App 分析工具。
- 社交媒体监测、分析工具。
- 问卷工具。

5.4.3 制定策略

1. 策略可选集及重点项目

（1）策略可选集

如图 5-6 所示，老用户留存的策略可选集包含（但不限于）以下内容。

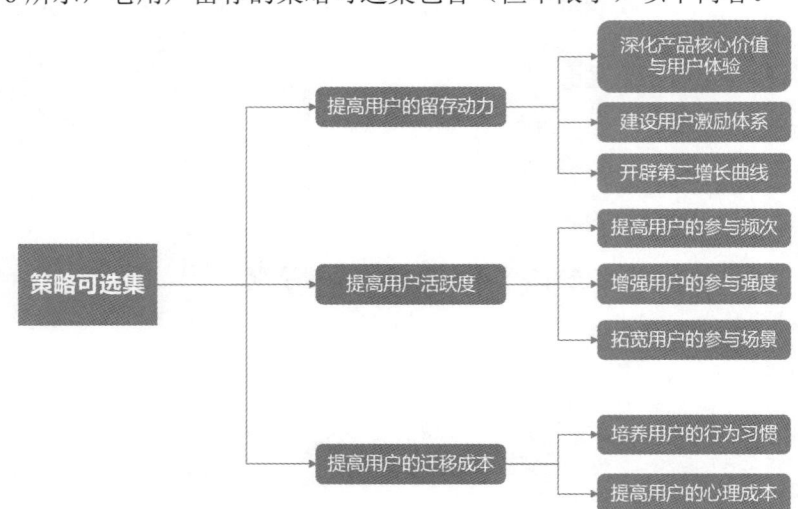

图 5-6　老用户留存的策略可选集

- **深化产品价值与用户体验**，企业围绕产品核心价值与用户体验进行创新，不断在更高水平上满足用户的需求。例如，企业对产品的功能不断进行更新迭代、升级换代，强化产品核心价值，在功能开发工作中遵循"策略环"的精益思想与过程。在产品设计中，企业应推行"以用户为中心的设计"理念，打造有鲜明特性的品牌，强化定位，占据用户心智。在运营中，企业应注重服务、售后、响应、互动、信任、尊重、成本、精力、个性化、个人隐私保护、数据安全等要素，识别影响用户体验的关键时刻（Moments of Truth，MOT），并着力进行改善与优化。
- **建设用户激励体系**，主要包括等级体系、积分体系、会员体系、成就体系等，企业可根据需要进行选择和设计。

- **开辟第二增长曲线**，企业增长的曲线是一条 S 形的曲线，在增长曲线还未到达 S 曲线的顶点时，开辟第二增长曲线。新领域的成功开拓不仅可以让企业维持长期增长的局面，而且也是对原老用户进行承接的重要途径，让原来的老用户变成新领域的新用户，从而在总体上留存了用户。
- **提高用户活跃度**，详见下文。
- **培养用户的行为习惯**，详见下文。
- **提高用户离开产品的心理成本**，心理成本（Psychological Cost）是随着时间推移出现的社会关系和用户未使用品牌的不确定性或风险所产生的成本。用户在离开产品时产生的心理成本包括风险成本（担心因决策失误导致损失）、学习成本（用户从旧产品迁移至新产品过程中的学习成本、时间成本、精力成本等）、舍弃成本（用户在旧产品或生态中积累的、难以迁移的资产或利益，如积分、荣誉、熟悉感、认同感、归属感、原创内容、社交关系、会员等级、身份象征、个性化体验等）。因此，企业可以考虑的策略包括预付费制，权益及时补给，用户生成内容，社区与社交化，激励体系建设（等级体系、积分体系、会员体系、成就体系等），个性化体验与服务等。

（2）进一步理解提高活跃度

a. 提高参与频次

产品的用户参与频次有高有低，企业对高、低频产品进行促活的基本策略包含（但不限于）以下内容。

- **高频产品促活策略**：提高用户对高价值的功能或活动的使用或参与频次，并让用户养成行为习惯。
- **低频产品促活策略**：扩充高频功能、策划运营比较高频的活动，或在其他触点上（如社交媒体或产品社区）开发与产品相关的高互动性内容等。

提高参与频次的过程参考"策略环模型"。例如，通过"参与-留存"相关分析或鱼骨图法，发现对用户长期留存具有显著提升效果的重要功能或重要运营活动（识别机会）；提出"参与-留存"相关假设，如优化入口路径、增加功能入口、引导用户参与、增加运营活动等（制定策略）；测试或验证相关假设（测试验证）；引导其他用户使用具有促进留存效果的产品功能或参与特定的运营活动，从而提高总的用户参与频次（持续发展）。

b. 增强参与强度

增强参与强度也就是提高用户单次使用产品的时长、单次浏览页面的数量、单次消费的金额等，增强参与强度可以增加用户每次使用产品体验到的价值，从而促进用户留存。具体策略包含（但不限于）以下内容。

- 个性化内容推荐，让用户看到更多喜欢的内容。
- 关联商品推荐，如增设"购买了此商品的用户还购买了××"的推荐。

- 商品组合，如在用户购买机票时推荐往返机票、酒店或接送站服务等组合。
- 超值换购。
- 商品满减。
- 在产品中增加社区功能。
- 在产品中增加娱乐或视频等功能，或让用户使用及用户体验游戏化。

c．拓宽参与场景

具体策略包含（但不限于）以下内容。

- 支持多个终端。
- 产品功能拓展，如整合机票、酒店、景点门票、短程交通、保险的查询与购买功能等。
- 适用多个场景，如上班途中、入睡前、运动时。

（3）进一步理解和培养用户的行为习惯

用户在产品中养成行为习惯后会形成"路径依赖（Path Dependence）"，用户的行为习惯会不断自我强化，使其更易留存。

业内实践表明，基于如图 5-7 所示的上瘾模型（Hooked Model）的运营策略，可以有效促进用户养成行为习惯。[2]

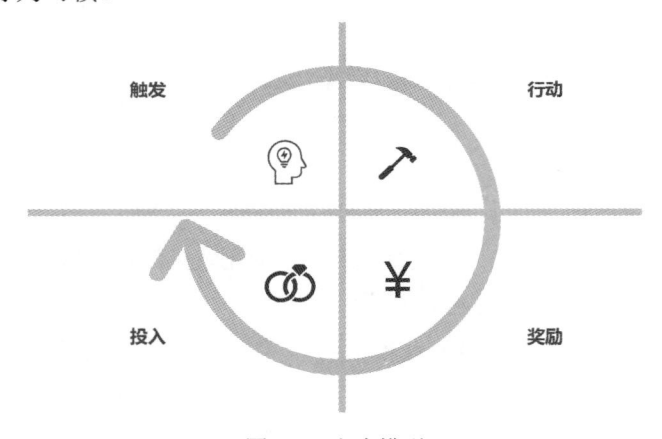

图 5-7　上瘾模型

- **触发（Trigger）**是用户被触发。用户可以被自己从内部触发，也可以被企业从外部触发。内部触发是由用户的情绪、习惯、记忆、潜意识引发的，外部触发一般是用户收到营销信息、收到信息提示、看到广告、接收到他人的推荐等。
- **行动**是用户经触发后产生的行为。
- **奖励（Reward）**是企业在用户完成行动后及时给予其多样化的奖励，从而保持用户的兴趣，主要包括社交奖励、猎物奖励、自我奖励三类。
- **投入（Investment）**是由于用户采取了行动并获得了奖励，因此用户往往会在产品中投入更多的时间、金钱和精力。

2. 策略产生方法

在此任务环节中，可用的策略产生方法包含（但不限于）以下内容。
- 策略可选集。
- 专业或经验判断。
- 头脑风暴法。
- 设问法。

3. 策略形成

经机会分析、策略分析形成策略成果，策略成果可输出为老用户留存策略表，如表 5-5 所示。

表 5-5　老用户留存策略表

名　　称	策 略 描 述	KPI	测试验证方式	优　先　级

5.4.4　测试验证

1. 测试验证方法

对老用户留存进行测试验证的方法包含（但不限于）以下内容。
- **观察法或调查法**。例如，调查用户在某策略实施前后的满意度。
- **对比分析**。例如，对调整会员制度前后的用户留存率进行对比。
- **随机对照试验**。例如，对发生过和没发生过高频行为的用户留存的效果进行 A/B 测试，必要时企业应对效果的显著性进行检验。

2. 数据运用

为老用户留存的测试验证提供支持的数据主要包含（但不限于）以下内容。
- 测试验证前后的数据。
- 测试验证组间的数据。
- 调查验证数据。

3. 技术运用

为老用户留存的测试验证提供支持的技术主要包含（但不限于）以下内容。
（1）支持数据收集、分析的技术（与识别机会环节相同）。
（2）支持测试验证环节运行的技术，包含（但不限于）以下内容。
- 用户测试技术。

- A/B 测试技术。
- 显著性分析技术。

4. 工具箱

为老用户留存的测试验证提供支持的工具主要包含（但不限于）以下内容。

（1）支持数据收集、分析的工具（与识别机会环节相同）。

（2）支持策略在业务中运行的工具，包含（但不限于）以下内容。

- 营销自动化工具。
- CRM/SCRM 系统。
- CDP 系统。
- H5 制作工具。
- EDM 工具。
- 短信群发工具。
- 社交媒体营销工具。
- 直播工具。
- 活动管理工具。

（3）支持测试验证环节运行的工具，包含（但不限于）以下内容。

- 用户测试工具。
- A/B 测试工具。
- 显著性分析工具。

5.4.5 持续发展

1. 应用

在此环节中，应用的方法包含（但不限于）以下内容。

- **扩大应用规模**。企业对经过测试验证的、可行的老用户留存策略进行应用落地，扩大应用规模，并进一步监测和分析相关数据。
- **扩展应用领域**。企业将数据或经验应用于后续的用户长期留存、转化等任务，帮助新的"策略环"继续循环。
- 彻底消除问题。
- 做到举一反三。

2. 深化

在此环节中，深化的方法包含（但不限于）以下内容。

- 深入分析。例如，深入分析用户流失的原因、用户在网站或 App 中的行为等。

- 形成知识。
- 纳入标准。

3．支持

持续发展环节的分析指标、分析方法、数据运用、技术运用、工具箱等，参照识别机会、测试验证两个环节。

5.5 用户流失干预

5.5.1 任务描述与理解

1．任务描述

用户流失干预的任务是通过对预流失用户进行分析预测并采取干预策略，以及对流失用户采取唤醒或召回策略，减少用户流失。

2．理解用户流失

（1）定义

流失用户（Churn User）指的是在特定周期内无参与行为的用户。

流失的反面是留存，也就是说，用户没有留存就必然流失了。

用户生命周期通常包括五个阶段，分别是导入期、成长期、成熟期、休眠期、流失期。处于前四个阶段的用户都称为"留存用户"，处于流失期的用户才称为"流失用户"。用户在产品中一般会经历这五个阶段，但也有一部分用户不会经历整个周期，可能在前四个阶段中的任一阶段直接成为流失用户。

从更为严谨的意义上理解，流失其实是主观认定的，并非客观事实。理论上，只要产品和用户都未消亡，那么用户即使很久没有使用过该产品，也有可能在任何时间再次返回产品。同理，休眠期也是主观认定的。

在增长实践中，企业之所以要将休眠期、流失期人为地划分出来，是因为处于不同阶段的用户往往具有某些明确的特征，如果企业基于这些用户特征采取相应的、得当的策略，就有机会改变用户的状态。

（2）天然使用周期的确定

我们可以人为地视上文定义中的"特定周期"为"天然使用周期"的倍数，表示为以下关系。

$$特定周期 = 天然使用周期 \times n$$

天然使用周期是用户使用某款产品的平均时间间隔，也称为正常活跃周期。虽然用户的使用周期不完全相同，但是当用户的数量足够多时，便可以分析并找到一个基本的规律。

在实际计算中,天然使用周期的取值可以是大多数用户的使用周期。不同的产品,用户的天然使用周期往往差别较大。例如,对于社交类产品,大部分用户每天都会使用,而用户使用打车类产品的时间间隔更长一些,用户使用看病预约类产品的时间间隔会更长。

天然使用周期的数据可以通过以下方法获得。

- 观察或经验。
- 统计分析。例如,企业统计分析用户使用产品的时间间隔,取大多数用户使用产品的最短时间间隔作为产品天然使用周期。

(3)特定周期的确定

特定周期的确定主要有以下两种方式。

a. 人为判定

假定天然使用周期为 7 天,则企业可以参考以下内容判定特定周期。

- **休眠期**。取天然使用周期的 2 倍值,即 14 天,如果用户连续 14 天不活跃,就可以被视为休眠用户。
- **流失期**。取天然使用周期的 3 倍值,即 21 天,如果用户连续 21 天不活跃,就可以被视为流失用户。

b. 概率判定

以天然使用周期为间隔,企业可按照以下公式统计每个间隔周期的用户重新活跃率。

$$用户重活率 = 重活用户数 \div 天然使用周期内非活跃用户数 \times 100\%$$

重活用户指的是在休眠期或流失期重新在产品中活跃起来的用户,也称为回流用户。

用户重活率与用户不活跃的时间成反比,其反映了随着周期数的增加,用户重新活跃率的收敛速度减慢。当到达一个拐点时,用户重活率曲线将趋于平稳。也就是说,随着用户不活跃的时间的增加,用户重新活跃的概率不会再大幅下降,而是维持在一个稳定的较低水平(通常在 5%~10%之间),表明进入该时段的非活跃用户重新活跃的概率已经很小,即可视为真正流失。

那么,以这个拐点为界,左边的周期为休眠期,右边的周期为流失期。

休眠期与流失期如图 5-8 所示。

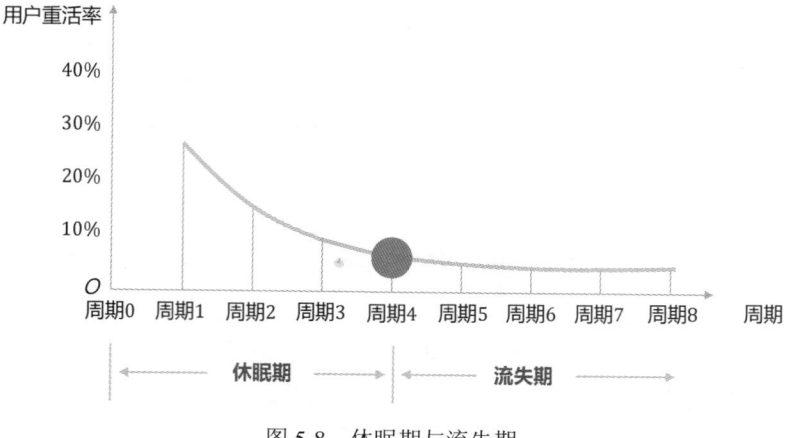

图 5-8 休眠期与流失期

活跃用户、流失用户、休眠用户等用户状态处于不断的变迁和运动之中，如图 5-9 所示。

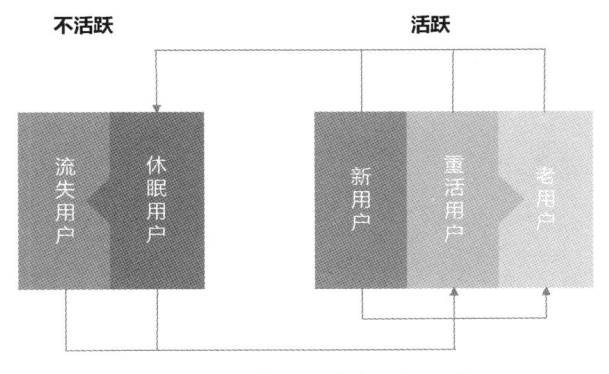

图 5-9　用户状态的变迁和运动

3．任务目标与 KPI

用户流失干预子任务如表 5-6 所示。

表 5-6　用户流失干预子任务

子任务目标	KPI 示例
流失预防	预防成功率
休眠唤醒	唤醒率、CAC
流失召回	召回率、CAC

5.5.2　识别机会

1．机会领域

用户流失干预的机会领域包含（但不限于）以下内容。
- 对用户流失进行预测。
- 流失预防。
- 休眠唤醒。
- 流失召回。

2．分析指标

用户流失干预的分析指标包含（但不限于）以下内容。
- 用户流失率。
- 用户未活跃天数。
- 特定的用户行为指标，可依据流失预测模型设定。

3．分析方法
- 对比分析，对比分析流失用户与留存用户的相关特征。

- **细分分析**，对流失用户的特征进行细分，如根据地域、年龄、性别、设备、浏览器、特定行为等信息划分用户群体，对比细分群体之间的相关指标。
- **行为事件分析**，如分析流失用户的前期行为。
- **预测分析**，通过机器学习和人工分析相结合的模式，建立流失预测模型对用户的流失进行预测，如哪些用户正在离开，用户为什么离开，哪些用户会很快离开，怎样才能防止用户流失情况的发生等。具体的建模方法包括决策树、逻辑回归、随机森林、神经网络、支持向量机、贝叶斯网络等。

4．数据运用

为用户流失干预分析提供支持的数据主要包含（但不限于）以下内容。
- 官方网站及 App 数据。
- 财务数据。
- 用户态度数据。
- 用户调查数据。
- CDP 系统数据。
- CRM/SCRM 系统数据。
- 竞品数据。

5．技术运用

为用户流失干预分析提供支持的技术主要包含（但不限于）以下内容。
- 数据收集技术。
- 数据整理技术。
- 数据分析技术。
- 数据可视化技术。
- 流量来源辨识与追踪技术。
- 用户辨识与追踪技术。
- 数据挖掘技术。

6．工具箱

为用户流失干预分析提供支持的工具主要包含（但不限于）以下内容。
- Excel。
- SPSS 软件。
- 网站及 App 分析工具。
- 问卷工具。

5.5.3 制定策略

1. 策略可选集

用户流失干预的策略可选集包含（但不限于）以下内容。

- **流失预防**，如企业按照特征对预流失用户进行细分并采取针对性的预防策略；在必要时可与用户进行一对一沟通；针对具有特定特征的用户进行特别的优惠或福利激励；按照转化因素框架思考、设计相关的预防策略等。
- **休眠唤醒**，企业对在特定周期内不活跃的用户进行唤醒触达、激励，让用户重新活跃。
- **流失召回**，如企业按照特征对流失用户进行细分并进行针对性的召回触达、激励；优先召回曾产出过价值的用户；对于因为产品体验不佳而流失的用户，在产品优化后再召回并做好使用引导；按照转化因素框架思考、设计相关的召回策略；对特定用户采取分次召回的策略等。

2. 策略产生方法

在此任务环节中，可用的策略产生方法包含（但不限于）以下内容。

- 策略可选集。
- 专业或经验判断。
- 转化因素分析法。
- 头脑风暴法。
- 列举法。

3. 策略形成

经机会分析、策略分析形成策略成果，策略成果可输出为用户流失干预策略表，如表 5-7 所示。

表 5-7 用户流失干预策略表

用户类别	策略描述	KPI	测试验证方式	优先级

5.5.4 测试验证

1. 测试验证方法

对用户流失干预进行测试验证的方法包含（但不限于）以下内容。

- **对比分析**。例如，对比分析对预流失用户采取预防措施前后的流失率。

- **随机对照试验**。例如，对两种召回措施的效果进行 A/B 测试，必要时企业应对效果的显著性进行检验。

2．数据运用

为用户流失干预的测试验证提供支持的数据主要包含（但不限于）以下内容。
- 测试验证前后的数据。
- 测试验证组间的数据。

3．技术运用

为用户流失干预的测试验证提供支持的技术主要包含（但不限于）以下内容。
（1）支持数据收集、分析的技术（与识别机会环节相同）。
（2）支持策略在业务中运行的技术，包含（但不限于）以下内容。
- 广告内容制作技术。
- 广告投放技术。
- 着陆页制作技术。
- 程序化购买技术。
- 数据建模技术。

（3）支持测试验证环节运行的技术，包含（但不限于）以下内容。
- 用户测试技术。
- A/B 测试技术。
- 显著性分析技术。

4．工具箱

为用户流失干预的测试验证提供支持的工具主要包含（但不限于）以下内容。
（1）支持数据收集、分析的工具（与识别机会环节相同）。
（2）支持策略在业务中运行的工具，包含（但不限于）以下内容。
- 营销自动化工具。
- 广告内容制作工具。
- 着陆页制作工具。
- CRM/SCRM 系统。
- CDP 系统。
- DMP 系统。
- H5 制作工具。
- EDM 工具。
- 短信群发工具。
- 社交媒体营销工具。

- 活动管理工具。
- 机器学习平台。

（3）支持测试验证环节运行的工具，包含（但不限于）以下内容。

- 用户测试工具。
- A/B 测试工具.
- 显著性分析工具.

5.5.5 持续发展

1. 应用

在此环节中，应用的方法包含（但不限于）以下内容。

- **扩大应用规模**。企业对经过测试验证的、可行的用户流失干预策略进行应用落地，扩大应用规模，并进一步监测和分析相关数据。
- **扩展应用领域**。企业将数据或经验应用于后续的流失干预、用户留存等任务，帮助新的"策略环"继续循环。
- 彻底消除问题。
- 做到举一反三。

2. 深化

在此环节中，深化的方法包含（但不限于）以下内容。

- 深入分析。例如，深入分析用户流失的原因、用户流失前的行为等。
- 形成知识。
- 纳入标准。

3. 支持

持续发展环节的分析指标、分析方法、数据运用、技术运用、工具箱等，参照识别机会、测试验证两个环节。

5.6 用户持续转化

5.6.1 任务描述与理解

1. 任务描述

企业通过产品实现与用户的连接，企业的商业诉求只有依托用户的转化才能达成。用户的持续转化是产品健康和繁荣的标志，也是用户和企业共赢的标志。

用户深耕的基础是留存和活跃，其根本目的是推动用户持续转化的进程。

2. 理解持续转化

根据"刺激-反应原理"(S-R Theory),人的行为(包括消费行为)是人受到刺激而做出的反应。[①]

可以说,转化源于触发(刺激),触发唤起了用户的消费需求。

但是,转化的达成并不是一件容易的事情,需要具备诸多条件,这些条件构成了一个转化系统,如图 5-10 所示。

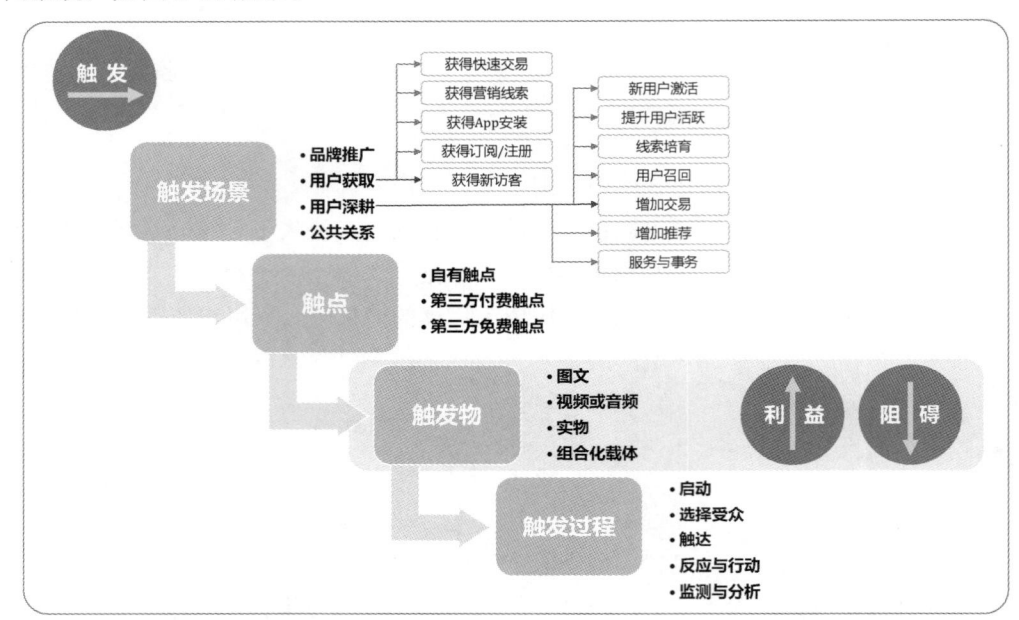

图 5-10 转化系统

转化系统提供了一个持续推进转化的设计和运营框架。

企业需要进一步理解以下内容。

- 对利益、阻碍因素的充分考虑,通常需要体现在触发物上或触发后的沟通之中。
- 转化不但是一个运营目标,而且是一个运营过程,组成这个过程的要素包括触发场景、触点、触发物、触发过程。其中关于"触点管理"的内容详见第四章。
- 转化公式,即"转化=触发×(利益-阻碍)",是转化系统的简化表达。图 5-10 体现了对"触发"因素的分解,对"利益""阻碍"因素的分解详见第三章。

3. 任务目标与 KPI

用户持续转化子任务如表 5-8 所示。

[①] "刺激-反应原理"也称为"行为学习理论",是行为心理学的开创者约翰·B.沃森(John B.Watson)在俄罗斯科学家伊万·彼德罗维奇·巴甫洛夫(Ivan Petrovich Pavlov)的条件反射实验的基础上提出来的。该理论认为人的行为(包括消费行为)是人受到刺激而做出的反应。

表 5-8 用户持续转化子任务

子任务目标	KPI 示例
持续消费	复购率、消费频率
持续参与	用户参与度

5.6.2 识别机会

1. 机会领域

用户持续转化的机会领域包含（但不限于）以下内容。

- 建立激励体系。
- 精细化深度运营。
- 个性化运营。
- 用户数据利用。

2．分析指标

用户持续转化的分析指标包含（但不限于）以下内容。

- 成交总额（Gross Merchandise Volume，GMV）。
- 销售毛利（Gross Profit on Sales），销售毛利=销售金额-销售成本。
- 毛利率（Gross Profit Margin），销售毛利率=(销售收入-营业成本)/销售收入×100%，成本毛利率=(销售收入-营业成本)/营业成本×100%。
- 客单价（Per Customer Transaction，PCT），客单价=成交总金额/成交总人数。
- 复购率（Repurchase Rate），复购率=复购的用户数/有购买行为的用户总数×100%，或复购率=用户购买行为次数/有购买行为的用户总数×100%。
- 投资回报率。
- 用户生命周期价值。
- 广告收入，如 eCPM（effective Cost Per Mille，每千次展现收入）。
- 转化率（Conversion Rate，CR）。
- 用户参与度。

3．分析方法

- **趋势分析**，如分析产品的复购率趋势。
- **对比分析**，对比分析不同消费频率人群的特征。
- **细分分析**，对付费用户的特征进行细分，如根据地域、年龄、性别、设备、浏览器、特定行为等信息划分用户群体，对比细分群体之间的相关指标。

- **转化因素分析**，即分析持续转化的触发、利益、阻碍因素。
- **漏斗分析**，构建转化漏斗，分析转化过程中的机会。
- **商品分析**，从商品角度进行分析，如交易、定价、销量、评价等。
- **根本原因分析**，分析相关问题的根本原因。
- **满意度调查**，调查用户抱怨、用户言论、用户满意度等。

4．数据运用

为用户持续转化分析提供支持的数据主要包含（但不限于）以下内容。

- 官方网站及 App 数据。
- 线下门店数据。
- 财务数据。
- 用户调查数据。
- CDP 系统数据。
- CRM/SCRM 系统数据。
- 竞品数据。

5．技术运用

为用户持续转化分析提供支持的技术主要包含（但不限于）以下内容。

- 数据收集技术。
- 数据整理技术。
- 数据分析技术。
- 数据可视化技术。
- 流量来源辨识与追踪技术。
- 用户辨识与追踪技术。
- 数据挖掘技术。

6．工具箱

为用户持续转化分析提供支持的工具主要包含（但不限于）以下内容。

- Excel。
- SPSS 软件。
- 网站及 App 分析工具。
- 问卷工具。

5.6.3 制定策略

1. 策略可选集

用户持续转化的策略可选集包含（但不限于）以下内容。

- **建立激励体系**，即建立适宜的等级体系、积分体系、会员体系、成就体系，激励用户多消费、多参与，如常见的复购优惠、会员优惠、购买返券、购买积分、储值卡绑定用户、积分抵扣消费金额、定期进行消费者关怀等。
- **精细化深度运营**，其本质是细分用户群体，对不同的用户群体甚至个体分别采取相应的策略，这是整个用户增长领域极其重要的策略。例如，企业通过 RFM 模型（最近一次消费时间、消费频率、消费金额）将用户分为重要价值、重要发展、重要保持、重要挽留、一般价值、一般发展、一般保持、一般挽留八类，分别制定运营策略；企业通过 MQL（Marketing Qualified Lead，营销认可线索）和 SQL（Sales Qualified Lead，销售认可线索）对线索进行分层培育和评分，在最适宜的时机促进用户转化以取得更佳的转化效果；企业将用户流失细分为自然流失、受挫流失、体验流失、竞争流失等类型，采取不同的策略对用户进行召回；企业在触达用户时，对未看过广告、看过 1~3 次广告、看过 3 次以上广告的用户，分别采取广告频次控制、自动创意优化等策略，实现转化效果与用户体验的平衡。
- **个性化运营**，企业建立用户画像，尽力实现个性化运营，如推荐用户可能感兴趣的产品或内容（基于拥有相似用户画像的人群的偏好）、对用户需求进行预判并及时行动、为用户提供精准的个性化服务等。
- **用户数据利用**，企业在深耕过程中积累了大量的用户行为数据，可以直接利用这些数据驱动增长，如 Look Alike（相似人群扩展）、RTA（Real Time API，实时接口）广告投放等。

2. 策略产生方法

在此任务环节中，可用的策略产生方法包含（但不限于）以下内容。

- 策略可选集。
- 专业或经验判断。
- 转化因素分析法。
- 头脑风暴法。
- 列举法。
- 设问法。

3. 策略形成

经机会分析、策略分析形成策略成果，策略成果可输出为用户持续转化策略表，如表 5-9 所示。

表 5-9　用户持续转化策略表

转 化 目 标	策 略 描 述	KPI	测试验证方式	优 先 级

5.6.4　测试验证

1．测试验证方法

对用户持续转化进行测试验证的方法包含（但不限于）以下内容。

- 观察法或调查法。例如，调查用户的 NPS、满意度等。
- 对比分析。例如，对触发策略优化前后的转化率进行对比。
- 随机对照试验。例如，对商品详情页设计前后的转化效果进行 A/B 测试，必要时企业应对效果的显著性进行检验。

2．数据运用

为用户持续转化的测试验证提供支持的数据主要包含（但不限于）以下内容。

- 测试验证前后的数据。
- 测试验证组间的数据。
- 观察验证数据。
- 调查验证数据。

3．技术运用

为用户持续转化的测试验证提供支持的技术主要包含（但不限于）以下内容。

（1）支持数据收集、分析的技术（与识别机会环节相同）。

（2）支持策略在业务中运行的技术，包含（但不限于）以下内容。

- 广告内容制作技术。
- H5 制作技术。
- 广告投放技术。
- 着陆页制作技术。
- 程序化购买技术。
- SEM 技术。
- SEO 技术。
- 数据建模技术。

（3）支持测试验证环节运行的技术，包含（但不限于）以下内容。

- 用户测试技术。

- A/B 测试技术。
- 显著性分析技术。

4. 工具箱

为用户持续转化的测试验证提供支持的工具主要包含（但不限于）以下内容。

（1）支持数据收集、分析的工具（与识别机会环节相同）。

（2）支持策略在业务中运行的工具，包含（但不限于）以下内容。

- 营销自动化工具。
- 广告内容制作工具。
- 着陆页制作工具。
- CRM/SCRM 系统。
- CDP 系统。
- DMP 系统。
- H5 制作工具。
- EDM 工具。
- 搜索推广工具。
- 短信群发工具。
- 社交媒体营销工具。
- 活动管理工具。
- 机器学习平台。

（3）支持测试验证环节运行的工具，包含（但不限于）以下内容。

- 用户测试工具。
- A/B 测试工具。
- 显著性分析工具。

5.6.5 持续发展

1. 应用

在此环节中，应用的方法包含（但不限于）以下内容。

- **扩大应用规模**。企业对经过测试验证的、可行的用户持续转化策略进行应用落地，扩大应用规模，并进一步监测和分析相关数据。
- **扩展应用领域**。企业将数据或经验应用于后续的用户转化、用户留存、用户召回等任务，帮助新的"策略环"继续循环。
- 彻底消除问题。
- 做到举一反三。

2. 深化

在此环节中，深化的方法包含（但不限于）以下内容。

- 深入分析。例如，深入分析复购率低的原因、不同复购率的用户行为等。
- 形成知识。
- 纳入标准。

3. 支持

持续发展环节的分析指标、分析方法、数据运用、技术运用、工具箱等，参照识别机会、测试验证两个环节。

第六章

营销管理

6.1 用户画像

6.1.1 目的

对消费者行为模型、用户研究和用户画像等基础概念的理解,有助于企业丰富对用户的认知、理解用户增长的逻辑,以及在增长任务中制定更有效的策略。

6.1.2 任务映射

用户画像相关知识点与典型增长任务的映射关系,如表 6-1 所示。

表 6-1 用户画像相关知识点与典型增长任务的映射关系

知识点	用户获取过程					用户深耕过程			
	渠道运营	渠道端推广	着陆页优化	裂变获客	反流量欺诈	触点管理	新用户留存	老用户留存	用户流失干预	用户持续转化
与用户相关的概念	●	●	●	●	●	●	●	●	●	●
消费者行为模型	●	●	●	●	●	●	●	●	●	●
用户生命周期	○	○	●	●	○	●	●	●	●	●
用户研究	●	●	●	●	●	●	●	●	●	●
用户画像	●	●	●	○	○	●	●	●	●	●

注:● 表示高度相关;○ 表示一般相关。

6.1.3 知识点描述

1. 与用户相关的概念

用户、消费者、顾客、客户的概念详见第二章,这里补充以下概念。

- **目标用户**(Target User)指的是认可产品价值且有能力使用产品的人。判定目标用户需要满足两个条件,一个是有意愿,另一个是有能力。
- **目标受众**(Target Audience)指的是产品或营销信息针对的目标市场中的特定群体。一般情况下,目标受众的范围比目标用户更加宽泛,除了目标用户,目标受众还包括需要企业施加影响的其他群体,如购买决策者或对购买决策有影响的群体,以及其他众多利益相关者。
- **目标人群**(Target Crowd),可以等同于目标受众,但二者在使用场景方面有一些差异:"目标受众"一词通常在特定的广告、公关等营销活动场景中使用,即"目标受众"是接受内容或信息的"受体";而"目标人群"一词的使用不局限于特定的活动场景。

2. 消费者行为模型

一种广受认可的消费者行为模型如图 6-1 所示。[3]

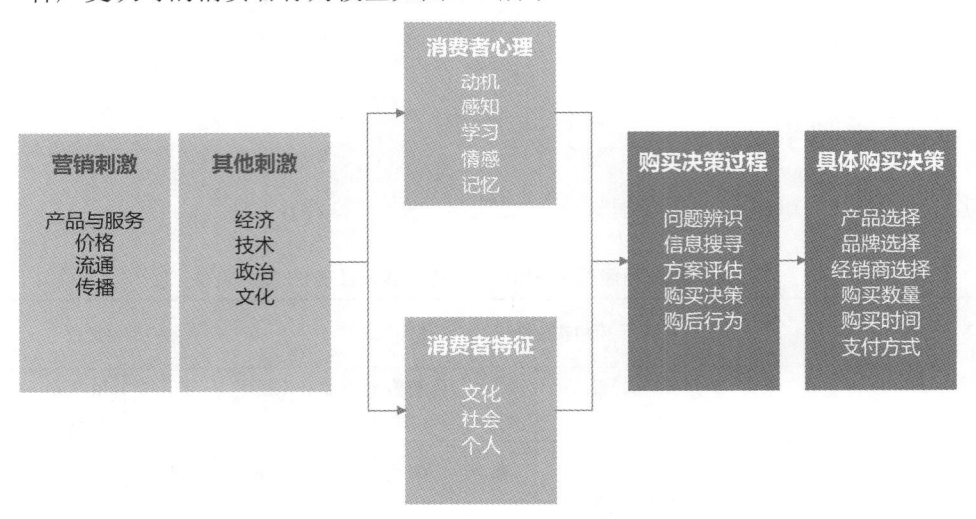

图 6-1 一种广受认可的消费者行为模型

消费者之所以会产生使用或购买某种产品的想法,往往是受了某种"刺激"而在心智中产生了"反应",即刺激-反应原理,如图 6-2 所示。

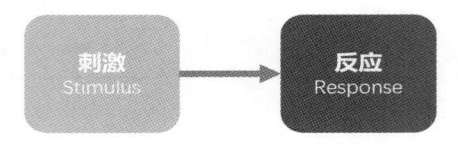

图 6-2 刺激-反应原理

(1) 刺激
- **外部刺激**，如广告刺激、推广刺激、促销刺激、活动刺激、产品或服务刺激、公关等。
- **内部刺激**，如消费者心里突然想到、意识到。

(2) 五个心理过程

影响消费者行为的五个主要心理过程是动机、感知、学习、情感和记忆。一个有动机的人随时准备行动，而如何行动则受其对环境感知的影响。在消费者心智中，"感知"即"事实"，甚至有时候感知大于事实，感知极大地影响了消费者的实际行动。同一个事实，在不同的消费者心智中会出现不同的感知。学习、情感和记忆会共同参与到消费者的心理活动中，从而影响消费者的决策。

(3) 购买决策过程

图 6-1 中的"购买决策过程"分为五个阶段，即问题辨识、信息搜寻、方案评估、购买决策、购后行为，它与麦肯锡提出的"消费者决策过程"没有本质差异，只是在具体描述上略有不同。

- **问题辨识**。消费者在受到触发刺激后，会形成对问题的感知和辨识，可能会进一步产生需求。
- **信息搜寻**。在意识到有需求后，消费者会通过各种方式搜寻相关的信息，如能满足需求的目标物，并进一步了解产品或服务，了解竞品或替代品等。
- **方案评估**。消费者在信息搜寻的基础上，基于众多的可选项进行筛选，在众多的可选项之间进行比对，或与自己的心智（包括消费偏好、信念、态度等）进行适配。
- **购买决策**。消费者在对方案进行评估的基础上，完成对产品的最终选择，并同步完成其他的相关选择，如在哪里购买、通过什么方式购买、购买时间、购买数量、物流方式等。
- **购后行为**。在购买产品后，消费者的行为可能包括对产品或购买过程进行评价，使用产品，退、换产品，转让或闲置转让产品，再次购买产品等。

(4) 影响消费者选择的重要因素

影响消费者选择的因素包含（但不限于）以下内容。

- **产品核心价值**。详见第二章。
- **顾客感知价值**（Customer Perceived Value）。该因素指的是顾客实际感知的产品或服务的价值，等于其感知的该产品或服务的全部利益与全部成本的差值。需要注意的一点是，这里的"利益""成本"是顾客的主观感知，并非产品或服务客观上的利益或成本，因此即使产品或服务完全相同，不同的顾客对其价值也会有不同的感知。利益包括实用利益、心理利益、个人价值利益；成本包括货币成本、时间成本、精力成本、心理成本、交易成本等。无论是利益还是成本，都是顾客心智中的一种主观"感知"，不能以真实的货币价值衡量。
- **文化与社会因素**。该类因素包括文化与亚文化、人口特征与社会分层、参照群体等。

- **消费者自身因素**。一是消费能力与观念；二是消费者特性（Consumer Characteristic），即异质性、情景性、可塑性、自利性、有限理性[①]；三是消费者人格，一种广受认可的人格模型"大五人格模型（Big 5）"认为，大多数个体存在着五个相对显著、独立且稳定的个性因素，即外向性、亲和性、责任心、神经质、开放性[②]；四是生活方式与价值观；五是动机，动机是行为的原因，比较著名的动机理论有弗洛伊德动机理论（Freudian Motivation Theory）、马斯洛需求层次理论（Maslow's Hierarchy of Needs）、赫茨伯格双因素理论（Two Factor Theory）；六是学习和记忆；七是情感。

3．用户生命周期

用户生命周期是用户从开始接触产品到弃用产品的整个过程，分为导入期、成长期、成熟期、休眠期、流失期五个阶段。

用户生命周期如图 6-3 所示。

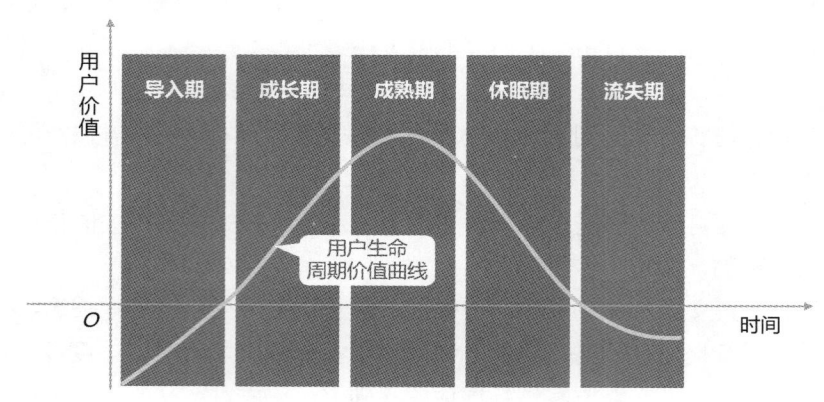

图 6-3　用户生命周期

4．用户研究

用户研究指的是通过观察技术、任务分析和其他反馈方法理解用户的行为、需求和动机的行为。

用户研究的分类方式有很多种，其中一种比较重要的分类方式是将其分为生成性研究（Generative Research）和评估性研究（Evaluative Research）。

- **生成性研究**是为了生成关于用户及其操作方式的信息的研究。例如，用户是谁，用户要做什么，用户怎么做，用户为什么要这样做，用户会承受多高的成本，用户为什么高兴、为什么沮丧等。研究的具体方法通常有用户角色（User Persona）画像、用户调查、用户访谈、焦点小组、用户观察、田野研究、用户体验地图分析法等，通常使用定性的方法与技术。

[①] 俞军在赫伯特·A. 西蒙（Herbert A. Simon）和罗素·W. 贝尔克（Russell W. Belk）等学者的研究基础上，总结并提出了消费者的五大特性。
[②] 人格五因素模型（Five Factor Model，FFM）也称为"大五人格模型（Big 5）"，是业界普遍认可的一种人格测试模型。

- **评估性研究**是评估一个特定问题的研究。该研究通常是对已经存在的、真实的用户行为进行研究。例如，用户在网站中如何浏览，操作路径是什么，经常操作哪些功能，遇到过什么阻碍，是否完成了任务等。研究的具体方法通常有用户档案（User Profile）画像、网站及App数据分析、用户测试、用户会话重播、A/B测试、热图分析、鼠标追踪、眼动追踪等，通常使用定量的方法与技术。

生成性研究的本质是定义问题（用户痛点、用户需求、增长机会、解决方案、产品开发方向等），评估性研究的本质是检验策略（用户体验、产品可用性、需求满足性等）。对照"策略环"，识别机会、制定策略主要是生成性研究，测试验证、持续发展主要是评估性研究。

5. 用户画像

用户画像（User Portrait） 指的是在用户研究中的一种对用户进行角色化或标签化描述的方法。通过它，企业可以更高效地理解用户，并制定针对性的增长策略。

业内广泛运用的用户画像技术有两种，即用户档案和用户角色。

（1）用户档案

用户档案是对真实用户个体的描绘，是根据用户属性、用户行为等数据，提取、计算出来的标签化的用户特征集合，因此又俗称"打标签"。标签是人工定义的、高度精确的用户特征标识。标签比具体的信息更抽象、更具有概括性，也更容易理解。

基于用户信息，可以产生各种用户标签（User Label）。从数据产生过程的角度来看，标签可以分为事实标签、规则标签和预测标签。

- **事实标签**是对客观事实的描述，是基于原始数据直接提取或产生的，如用户的性别、年龄、积分、首单时间等。
- **规则标签**是满足一定规则的单个行为或多个行为的组合形成的标签，无法直接从原始数据中产生，需要定义规则并基于该规则计算得到，如RFM、忠实度等。
- **预测标签**是基于事实标签、规则标签计算产生的有关用户未来行为与态度的标签，如基于用户流失预测模型，并根据某用户的行为预测其是否是一个即将流失的用户，若是即将流失的用户，则为其打上"预流失"的标签。

（2）用户角色

用户角色是一个虚构的人物角色，代表可能以类似方式使用网站、品牌或产品的用户类型。

在不同的产品阶段，用户角色的创建技术不同。

- **在产品开发期和产品引入期**，企业主要通过定性研究技术创建用户角色。
- **在产品成熟期之后**，基于产品中的真实数据，企业通过定量与定性研究相结合的技术创建用户角色。

一个有价值的用户角色应包含（但不限于）以下内容。

- **人物简况**，如姓名、年龄、性别、照片等。

- **动机与目标**，如角色的动机、痛点、需求、期望实现的任务或达成的目标等。
- **行为描述**，如该角色为了达成目标是怎么做的，与产品有什么样的互动，是如何使用产品的等。
- **心象（Mental Imagery）**，是一个群体的心智共性，也就是这群人共同的感知、认知、情感、欲求、价值观等。对心象的挖掘有助于运营者透过形象的表象，洞察个人或群体内心的真实想法和需求，与其外部的身份共性相比，这种本质性的洞察对增长运营更有价值。

（3）用户档案与用户角色的联系

用户档案的建立，可以直接为用户角色的创建提供数据支持。同时，用户角色对用户的动机、目标、心象等的研究与洞察，也可以为用户档案的建立提供更好的指引。

因此，用户档案与用户角色并不是割裂的，只有二者相互配合才能产出更为精确且可被应用的成果。

（4）用户档案与用户角色的应用场景

用户档案的应用场景包含（但不限于）以下几种。

- 新用户获取。
- 用户精细化运营，深耕用户价值。
- 产品或内容精准推荐。
- 产品优化。
- 用户体验优化。
- 用户行为预测。
- 风险控制。

用户角色的应用场景包含（但不限于）以下几种。

- 产品开发与优化，尤其是新产品开发。
- 产品获客，尤其是在初期获客时企业对渠道、目标用户、推广形式的选择。
- 企业通过统一的用户描述统一团队的思想，包括产品、运营、设计、开发、市场等团队。

6.2 产品与品牌

6.2.1 目的

企业与用户之间的关系在本质上是一种交易关系，产品与品牌充当了这种交易关系的媒介，是双方利益存续和发展的基础。在今天的最终用户时代，企业应当树立以用户为中心的产品设计与运营理念。从某种意义上讲，产品优化是最好的增长。

产品与品牌的知识体系十分庞大，本部分仅收录了增长运营人员需要重点掌握的知识点范围。

6.2.2 任务映射

产品与品牌相关知识点与典型增长任务的映射关系，如表 6-2 所示。

表 6-2　产品与品牌相关知识点与典型增长任务的映射关系

知识点	用户获取过程						用户深耕过程			
	渠道运营	渠道端推广	着陆页优化	裂变获客	反流量欺诈	触点管理	新用户留存	老用户留存	用户流失干预	用户持续转化
理解产品	●	●	●	●	○	●	●	●	●	●
理解品牌	●	●	●	●	○	●	●	●		●

6.2.3 知识点描述

1. 理解产品

（1）产品的定义

当消费者因某种问题的刺激产生反应时，本能驱使其要解决该问题，解决问题的途径主要有非商业途径和商业途径：非商业途径解决的情形，如饿了自己摘果子充饥，病了自己在家休养；上述问题也可以通过商业途径解决，如饿了买饭吃，病了买药吃。消费者在通过商业途径解决问题的时候，往往需要他人为其提供某种产品。

产品指的是任何一种能被企业提供以满足市场需求的事物，包括有形的物品及无形的服务、体验、事件、地点、财产、组织、信息和想法等。

（2）品类方格

当消费者需要某种产品来解决问题时，通常会将其心理过程关联到品类。换句话说，消费者需要解决哪一类问题，相当于其需要哪一类产品。品类是消费者在购买决策中涉及的最后一级产品分类，由该分类可以关联到具体的产品或品牌，并且消费者在该分类上可以完成相应的消费选择。如同生物进化一样，品类也会不断分化。

消费者会在心智中对同一品类的产品进行归类管理，如同在其心智中建立了一个个"品类方格（Category Square）"。在消费者决策过程中，消费者往往会下意识地将需求或目标物与其心智中的"品类方格"建立关联，思考这是一个什么品类，这个品类自己需不需要，有没有替代品类等。如果确定了品类，那么消费者会进一步在该品类下寻找合适的产品或品牌并最终选定,即消费者的习惯是"品类化思考,品牌化表达"。

当同一件产品处于不同的"品类方格"中时,消费者会对其产生不同的价值感知甚至价格判断。例如,一款深海鱼油产品,如果在消费者的"品类方格"中被归类为食品,消费者可能愿意花 10 元购买;如果被归类为保健品,消费者可能愿意花 100 元购买;如果被归类为礼品,消费者可能愿意花 500 元购买;如果被归类为奢侈品,消费者可能愿意花 1000 元购买。

(3)企业、产品与用户

企业与用户之间的关系在本质上是一种交易关系,产品充当了这种交易关系的媒介,企业与用户的交易系统如图 6-4 所示。

例如,一款搜索产品,通过交易,企业与用户都从对方那里交换到了自己想要的价值。对于用户来说,他的信息搜寻需求得到了满足;对于企业来说,它的商业需求(如广告展示、影响力、其他交易等)得到了满足。

企业与用户进行的交易,并不一定是金钱交易,也可以是无金钱的交易。企业除了与用户交易,还要与其他相关方进行广泛的交易,如供应链、广告商、合作机构,甚至内部的员工等。一个企业的商业模式设计的核心就是交易结构(Deal Structure)的设计。[①]

图 6-4 企业与用户的交易系统

(4)互联网产品的分类

- 按用户需求分类,互联网产品可以分为交易类、社交类、内容类、工具类、游戏及娱乐类产品。
- 按用户类型分类,互联网产品可以分为面向企业用户的产品、面向个人用户的产品。
- 按运行平台分类,互联网产品可以分为 PC 端产品、移动端产品。

(5)产品生命周期

如图 6-5 所示,产品生命周期(Product Life Cycle,PLC)分为四个阶段,即引入期、发展期、成熟期、衰退期。[②]

[①] "交易结构设计"的概念及"一个企业的商业模式就是利益相关者的交易结构"的观点,由魏炜、朱武祥在《发现商业模式》一书中提出。

[②] "产品生命周期"概念由哈佛大学教授雷蒙德·弗农(Raymond Vernon)提出。

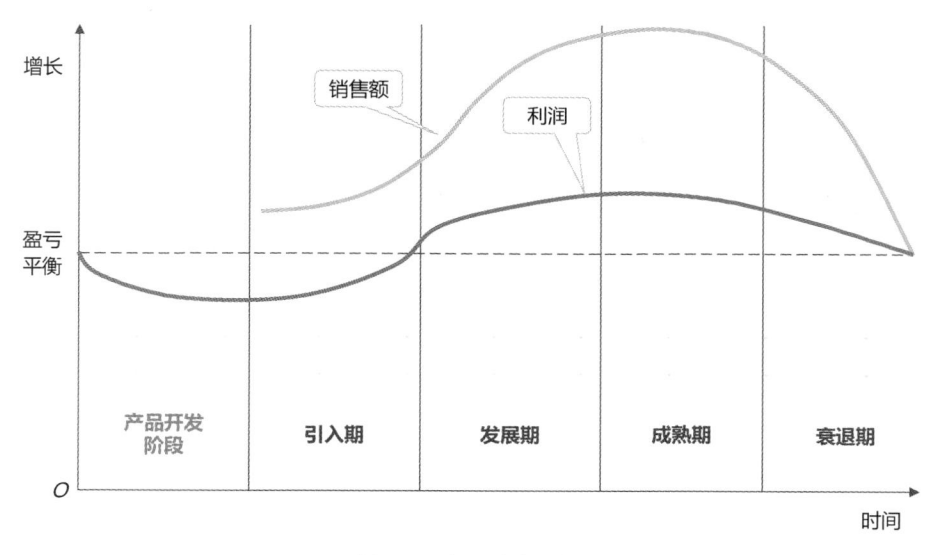

图 6-5　产品生命周期

（6）产品-市场契合

产品-市场契合是基于证据表明产品符合市场需求、市场满意度高且进入了可以规模化增长的阶段的状态。PMF 的衡量方法详见第三章。

2．理解品牌

（1）产品与品牌

产品与品牌的关系如下。

- 品牌源于产品。
- 产品可以没有品牌。
- 有品牌的产品往往更容易赢得竞争。

产品可以通过品牌化获得一系列强化，包含（但不限于）以下内容。

- 强化产品的价值。
- 强化产品的定位。
- 强化产品的触发。
- 强化产品的利益保证。
- 强化用户留存。

（2）品牌定位

品牌定位指的是设计公司的产品和形象从而在消费者心智中占据一个独特位置的行动。

品牌定位的关键任务包含（但不限于）以下内容。

- 将产品和形象植入消费者心智中的"品类方格"。如果在消费者心智中还没有对应的品类方格，就为其新建一个品类方格，这被称为"品类开创"。

- 将产品和形象放在某一个品类方格中尽可能核心的位置。比较成功的做法是使其成为该品类方格中的代表。

（3）品牌资产

品牌资产（Brand Equity）是凝结在消费者心智中对品牌的认知和情感。由于这样的认知和情感可以创造价值，因此被视为一种重要的无形资产。品牌资产通常不会因为有形资产的消亡而灭失，如一把大火烧掉了可口可乐的有形资产，但由于其品牌的影响力，重新生产出来的可口可乐仍会被大量的消费者消费。

品牌化的过程，就是赋予品牌以资产价值的过程。

6.3 程序化广告

6.3.1 目的

程序化广告是当今广告的基本存在形态，在未来几乎也是大部分广告的演进方向。运用好程序化广告，是实现用户增长的重要途径。

6.3.2 任务映射

程序化广告相关知识点与典型增长任务的映射关系，如表 6-3 所示。

表 6-3 程序化广告相关知识点与典型增长任务的映射关系

知识点	用户获取过程						用户深耕过程			
	渠道运营	渠道端推广	着陆页优化	裂变获客	反流量欺诈	触点管理	新用户留存	老用户留存	用户流失干预	用户持续转化
广告交换平台与RTB机制	●	●	●	○	●	●	○	○	●	●
程序化广告的相关方	●	●	●	○	●	●	○	○	●	●
程序化广告的相关平台	●	●	●	●	●	●	●	●	●	●
程序化广告的交易模式	●	●	●	○	●	●	○	●	●	●
oCPM 与 oCPC	○	●	●	○	●	●	○	○	●	●

6.3.3 知识点描述

程序化广告（Programmatic Advertising）指的是通过计算机技术和数据驱动进行交易、运作、管理的广告类型。

1. 广告交换平台与 RTB 机制

广告交换平台（Ad Exchange，AdX）是一种通过程序化技术驱动的、实时竞价的广告交易平台，其主要特性包含（但不限于）以下内容。

- 竞价机制，即 RTB（Real Time Bidding，实时竞价）机制。
- 基于目标受众精准投放，实现按需购买。
- 交易过程实现程序化。

一般情况下，广告交换平台的结算价遵循"第二高价+0.01 元"的规则，如 1 美分或 1 分钱人民币。

2．程序化广告的相关方

- 供应方（Supply Side），即流量拥有方和广告位提供方，通常是各类网络媒体，或网络媒体的联合性组织即广告网络（Ad Network）。
- 需求方（Demand Side），即流量采买方和广告投放方，通常是广告主或广告代理机构。
- 服务方（Service Side），即为程序化广告交易提供服务的利益相关方，如广告代理平台、数据管理平台、程序化创意平台、第三方监测平台、广告验证平台等。

3．程序化广告的相关平台

程序化广告的相关平台如图 6-6 所示。

图 6-6　程序化广告的相关平台

（1）通用性平台

- 广告交换平台，主要功能是提供实现相关方广告展现及交易的平台。
- 数据管理平台，主要功能是为相关方提供数据驱动的资源。

（2）需求方使用的平台

- 需求方平台（Demand Side Platform，DSP），主要功能是为需求方投放广告，与广告交换平台对接执行程序化广告交易。
- 第三方监测平台，主要功能是为广告投放提供第三方监测服务。
- 广告验证平台，主要功能是为广告投放提供反作弊、品牌安全、广告可见度测量等服务。
- 投放操作平台，主要功能是帮助需求方对接合适的广告交换平台、需求方平台及程序化广告资源，并进行广告的投放与优化操作。

（3）供应方使用的平台

- 媒体平台，主要功能是流量运营，提供广告展现、广告数据统计等服务。
- 供应方平台（Supply Side Platform，SSP），主要功能是为供应方管理广告资源，与广告交换平台对接执行程序化广告交易。
- 程序化创意平台，主要功能是为广告投放提供自动化的创意优化服务。

4．程序化广告的交易模式

程序化广告的交易模式主要包括如表 6-4 所示的四种模式。[①]

表 6-4　程序化广告的四种交易模式

模　　式	是否保证广告库存	价 格 机 制	资源拥有者
程序化直接购买（Programmatic Direct Buy，PDB）	是	合约价	广告主私有
优先交易（Preferred Deal，PD）	否	合约价	广告主私有
私有竞价（Private Auction，PA）	否	竞价	少量广告主
公开竞价（Real Time Bidding，RTB）	否	竞价	所有广告主

- **程序化直接购买**指的是在指定时间或指定位置按程序化方式投放定量的广告，即投放价格和广告库存都通过合约确定。这种交易模式又被称为"程序化合约"（Programmatic Guaranteed），一种是按照双方约定的流量100%进行采购，另一种是按照双方约定的"退量比"进行采购。
- **优先交易**指的是在指定时间或指定位置按程序化方式投放非定量的广告，即投放价格可以固定，但广告库存不能保证。这种交易模式又被称为"保价不保量"。

[①] 程序化广告的交易模式的分类源自美国互动广告局（Interactive Advertising Bureau，IAB）。

- **私有竞价**指的是在媒体选定的少量广告主之间进行实时竞价投放。
- **公开竞价**指的是在所有广告主之间进行公开的实时竞价投放。

从媒体售卖广告资源的角度来看，上述四种交易模式的优先级通常是 PDB>PA>PD>RTB。

5. oCPM 与 oCPC

oCPM（optimized CPM）是优化的 CPM，oCPC（optimized CPC）是优化的 CPC，二者是通过机器算法智能优化的广告投放模式。投放过程一般分为两个阶段：第一阶段为人工投放和出价；第二阶段基于机器学习算法由系统自动出价和寻找目标人群，目标是提高广告投放的 ROI。

6.4 搜索引擎优化

6.4.1 目的

主动搜索与评估，是数字时代的消费者在消费者决策过程中的关键环节，这个环节的信息内容将在很大程度上影响消费者的决策。今天，关于搜索的入口和渠道已经日益分散，但基于传统搜索引擎的搜索优化逻辑，仍然广泛适用于其他渠道的搜索优化。

6.4.2 任务映射

搜索引擎优化相关知识点与典型增长任务的映射关系，如表 6-5 所示。

表 6-5 搜索引擎优化相关知识与典型增长任务的映射关系

知识点	用户获取过程						用户深耕过程			
	渠道运营	渠道端推广	着陆页优化	裂变获客	反流量欺诈	触点管理	新用户留存	老用户留存	用户流失干预	用户持续转化
搜索引擎工作原理	○	○	○	○	○	○	○	○	○	○
关键词优化	○	○	●	○	○	●	○	○	○	○
网站页面优化	○	○	●	○	○	●	●	●	○	●
链接优化	●	●	●	○	○	○	○	○	○	○
多渠道引流	●	●	●	●	●	●	○	○	○	○

6.4.3 知识点描述

搜索引擎推广的方式主要包括自然搜索（Organic Search）和付费搜索（Paid Search），

以及其他的精准广告、付费收录等形式。搜索引擎优化属于典型的自然搜索推广场景，关键词竞价属于典型的付费搜索推广场景。

1．搜索引擎工作原理

搜索引擎的基本工作原理如图6-7所示。

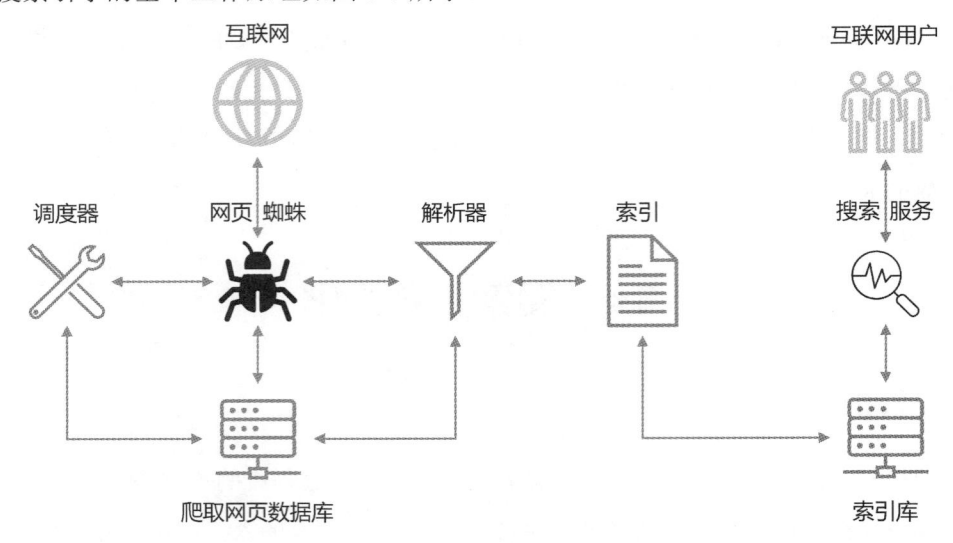

图6-7 搜索引擎的基本工作原理

2．关键词优化

（1）核心关键词

核心关键词通常是网站首页的目标关键词，主要的策略包含（但不限于）以下内容。

- 应先确定网站首页的核心关键词，再确定二级栏目、具体内容或产品页面的关键词。
- 选择核心关键词应综合考虑与商业目标的相关性、搜索次数、竞争强度、优化难度等因素。
- 网站首页的核心关键词一般应选择3~5个。
- 关键词应与页面内容相关。
- 可以通过查询搜索次数、搜索趋势、竞品分析、专业人士建议等方法，为关键词的选择和布局提供支持。

（2）关键词布局

网站的关键词布局应进行良好的设计，主要的策略包含（但不限于）以下内容。

- 关键词拓展的常用方法或工具包括搜索引擎的关键词工具、关键词竞价投放后台、搜索下拉框、相关搜索及专业SEO机构的相关工作。

- 关键词应科学地在首页、分类栏目页、具体内容或产品页面由少至多地进行布局。
- 每个页面一般只安排 2~3 个关键词，应合理考虑页面中关键词的词频和密度。
- 应基于关键词的布局安排进行内容筹划，体现关键词与内容的相关性。
- 应研究并使用长尾关键词。

3．网站页面优化

网站页面是 SEO 的重要基础，不仅关系到搜索，也关系到用户体验和转化。关于网站页面优化，主要的策略包含（但不限于）以下内容。

- 网站页面内容应服从关键词的布局安排，体现与关键词的相关性。
- 网站页面内容应立足原创且富有价值、结构清晰、排版美观、易于阅读和理解、用户体验良好。
- 应科学地撰写网站页面的 TDK，即标题（Title）、描述（Description）、关键词（Keyword）。
- 应合理考虑页面中关键词的词频和密度。
- 应合理使用内链及锚文字，锚文字应包含关键词。
- 应及时更新相关内容。

4．链接优化

（1）内链优化

关于内链优化，主要的策略包含（但不限于）以下内容。

- 应保证内链 URL（Uniform Resource Locator，统一资源定位系统）的逻辑结构清晰并考虑用户体验。
- 应避免 URL 过长或参数过多。
- 英文网站的关键词应出现在 URL 中。
- URL 的字母应全部小写。
- 应正确使用 301 重定向（也称为永久重定向）、302 重定向（也称为临时重定向）。
- 应合理设计 404 页面（File Not Found，URL 失效的原始页面）并考虑用户体验。

（2）外链优化

关于外链优化，主要的策略包含（但不限于）以下内容。

- 外链的质量重于数量。
- 在选择外链时应重点考虑其权重、流量、与本网站的相关性等因素。
- 应优先考虑获得对方在正文位置的、单向的外链。

- 应重点考虑在外链的锚文字中体现目标关键词。
- 应充分考虑在网站的首页、内页中安放外链。

5. 多渠道引流

应通过博客、微博、百科、问答、论坛、新媒体、社交媒体等互联网媒体渠道进行广泛引流，通过品牌词等媒介将流量引流至网站。

第七章 数据分析

7.1 数据分析流程

7.1.1 目的

在《UGBOK®指南》中,数据与技术被视为推动用户增长的两种非常重要的手段,所有用户增长的从业人员和利益相关者,都应建立数据驱动的思维、掌握数据分析的核心技能。上文已详细描述了数据如何在用户获取过程、用户深耕过程中进行应用,本节将展示数据分析的整个流程。

数据分析的知识体系十分庞大,本部分仅收录了增长运营人员需要重点掌握的知识点范围。

7.1.2 任务映射

数据分析流程相关知识点与典型增长任务的映射关系,如表 7-1 所示。

表 7-1 数据分析流程相关知识点与典型增长任务的映射关系

知识点	用户获取过程					用户深耕过程			
	渠道运营	渠道端推广	着陆页优化	裂变获客	反流量欺诈	触点管理	新用户留存	老用户留存	用户流失干预	用户持续转化
DIKW 信息层次模型	○	○	○	○	○	○	○	○	○	○
数据分类	○	○	○	○	○	○	○	○	○	○
数据分析的一般流程	●	●	●	●	●	●	●	●	●	●
数据收集	●	●	●	●	●	●	●	●	●	●
数据整理	●	●	●	●	●	●	●	●	●	●
数据分析	●	●	●	●	●	●	●	●	●	●
数据洞察	●	●	●	●	●	●	●	●	●	●

知识点	用户获取过程						用户深耕过程			
	渠道运营	渠道端推广	着陆页优化	裂变获客	反流量欺诈	触点管理	新用户留存	老用户留存	用户流失干预	用户持续转化
数据可视化	●		●	●		●	●	●	●	●
分析结果的传达	●	●	●	●	●	●	●	●	●	●

7.1.3 知识点描述

1. DIKW 信息层次模型

如图 7-1 所示，在广受认可的 DIKW 信息层次模型中，从数据（Data）、信息（Information）、知识（Knowledge）到智慧（Wisdom），形成了一个四级结构的金字塔。[①]

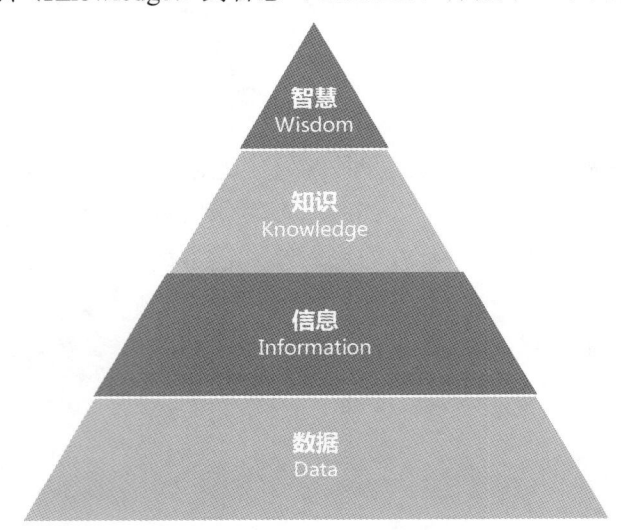

图 7-1 DIKW 信息层次模型

- **数据**。数据是未经组织、未经加工的原始资料，是可用于推理、讨论或计算的事实。如果不进一步处理和分析，数据就难以被理解和产生价值。
- **信息**。信息是经过了处理、组织、结构化，或因为显示在给定上下文中所以产生了价值的数据。也就是说，如果对某个数据（或与其他数据联合起来）进行分析并从中获取其含义和为其提供语境，就能形成信息。
- **知识**。知识是通过学习、感知或发现，对一个人、一个地方、一个事件、一个想法、

---

① 一般认为，DIKW 信息层次模型中"信息、知识、智慧"三个层次的概念源自英国诗人托马斯·斯特尔那斯·艾略特（T. S. Eliot），他于 20 世纪 30 年代在一首名为 The Rock《岩石》的诗中说道："Where is the wisdom we have lost in knowledge? Where is the knowledge we have lost in information?"（我们在知识中失去的智慧去了哪里？我们在信息中丢失的知识去了哪里？）20 世纪 80 年代，美国华裔地理学家段义孚将"数据"加入到这个思辨模型中，最终形成了 DIKW 信息层次模型。

一个问题、做事的方法或其他任何事物的熟悉和认知。它是通过对概念的理解、学习和对经验的认知而认识事物的一种状态。简言之，知识意味着对一个实体有自信的理论或实践上的理解，以及将其用于实现特定目的的能力。信息、经验和直觉的结合形成知识，这种知识有可能根据人的经验得出推论和形成见解，因此它可以帮助人们做出决定和采取行动。知识可以传授。

- **智慧**。智慧是运用经验和知识做出明智决定或正确判断的能力。它是基于知识、经验、感知、记忆、联想、理解、情感、分析、归纳、演绎等形成的一种综合能力系统，表现为对事物的深刻认识、远见，体现为一种卓越的判断力。基于同样的数据、信息、知识，不同的人会产生不同的智慧。智慧是内生的，智慧可以启迪，但难以传授。

2．数据分类

（1）按数据量分类

- 大数据。
- 小数据。

（2）按结构形态分类

- 结构化数据。
- 非结构化数据。
- 半结构化数据。

（3）按数据来源分类

- 第一方数据。
- 第二方数据。
- 第三方数据。

（4）按数据性质分类

- 定量数据。
- 定性数据。

定量数据又常称为数值数据或数值变量，定性数据又常称为分类数据或分类变量。

（5）按用户特征分类

- 属性数据。
- 行为数据。
- 心理数据。

（6）按数据主体分类

- 个体数据。
- 人群数据。

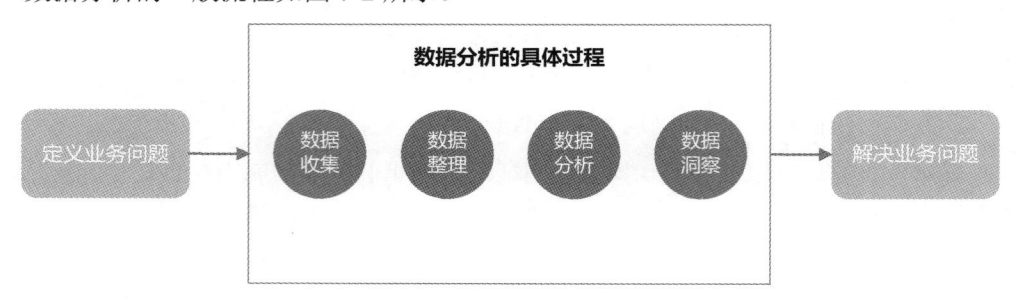

3. 数据分析的一般流程

数据分析的一般流程如图 7-2 所示。

图 7-2 数据分析的一般流程

- **定义业务问题**指的是数据分析作为驱动增长的手段，必须基于特定的业务场景，因此在数据分析之前应当定义业务问题（如 A、B 两类增长任务）。定义了什么样的业务问题，决定了企业收集什么样的数据、如何对其进行分析、需要从中产出哪些业务洞察等。
- **数据分析的具体过程**指的是获取数据并对其进行处理与分析，从中产生业务洞察的过程，主要分为数据收集、数据整理、数据分析、数据洞察四个阶段。
- **解决业务问题**指的是基于数据分析，形成解决业务问题的策略，基于对策略的测试验证，最终通过有效的策略解决相关业务问题，形成闭环。

4. 数据收集

（1）数据收集范围

数据收集的范围包含（但不限于）以下内容。

- 企业的信息管理系统（CRM、CDP、DMP 等）。
- 企业网站。
- 企业 App。
- 企业客服中心。
- 官方社交账号。
- 官方业务平台。
- 官方自媒体账号。
- 线上推广活动。
- 可以与线上关联的线下推广活动。

（2）CRM、CDP、DMP 等信息管理系统

如果需要整合相关平台数据，那么企业可通过离线导入方式或 API 实现平台间数据的集成和并表。

（3）企业网站

企业一般使用专门的网站分析工具收集数据，收集方式是在网站中添加分析工具的基础监测代码和事件监测代码（通常是一段 JavaScript 程序）。基础监测代码可以监测页面的跳转，事件监测代码可以监测页面内的具体交互事件。

（4）企业 App

对于原生 App（Native App），企业添加基础监测代码和事件监测代码。与网站监测不同的是，原生 App 添加的监测代码不是 JavaScript 程序，而是 SDK。

对于网页 App（Web App），企业在 App 中可以嵌入网页（HTML5 页面），这种技术称为 WebView（网页视图），按照网站监测的模式添加 JavaScript 基础监测代码和事件监测代码。但由于 App 本身的监测是通过 SDK 完成的，因此仍然需要 WebView 中的脚本调用 SDK 的对应接口完成监测数据的报送。

（5）企业投放的广告

对于广告端数据（展现、点击等），企业通常也是部署代码进行收集的，针对网站部署 JavaScript 代码，针对 App 部署 SDK 代码。

如果广告素材是图片，则无法使用监测代码。在这种情况下，企业可以使用 URL 跳转的方式。其主要原理是，在图片的 URL 尾部附加一段特殊的标识参数，当用户在终端上打开网页时，这个触发物（广告物料）并不是从其真实地址下载并加载于用户终端上的，而是先访问分析工具服务器（如第三方广告监测工具），该广告的相关信息会随着这个 URL 附加的尾部参数一并传递至分析工具服务器，再从分析工具服务器跳转到广告图片服务器，并将图片下载和加载，从而在用户面前呈现该图片广告。图片广告信息跳转示意如图 7-3 所示。

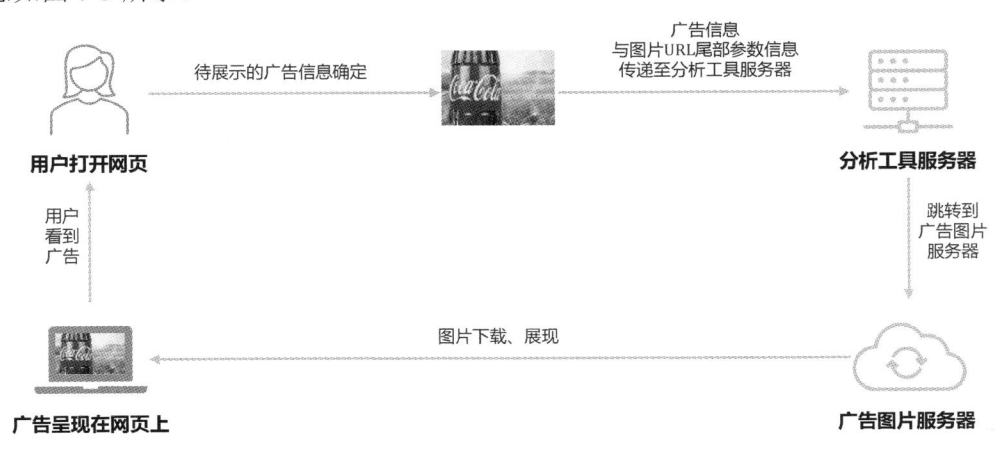

图 7-3　图片广告信息跳转示意

（6）其他数据收集方式与技术

- DPI（Deep Packet Inspection，深度包检测）。

- 网络爬虫（Web Crawler），又称为网页蜘蛛、网络机器人等。
- WiFi 探针。
- 收集公开的政府、行业或专业研究机构的数据。

5. 数据整理

数据整理也称为数据预处理或数据准备，是将"原始数据（Raw Data）"处理为更适合分析且更有价值的、有格式的"就绪数据（Ready Data）"的过程。

在数据收集过程中，通常会因为三个方面的主要因素影响数据质量，即数据的准确性、完整性、一致性（其他影响因素还包括数据的及时性、可信度、均匀性、可解释性等），数据整理的任务就是尽可能地消除这些影响因素，将"脏数据"变为"干净数据"，主要有四项任务，即数据清洗、数据集成、数据缩减、数据转换。

（1）数据清洗

数据清洗是消除数据中的异常值和缺失值、平滑噪声数据（Noisy Data）及纠正不一致的数据的过程。其中，"噪声"的定义为测量变量中的随机方差，具体可以通过分箱（Binning）、回归、离群值分析、聚类等技术进行识别和处理。

a．唯一性清洗的方法

- 去重：去除重复的数据。
- 统一规格：统一数据统计的名称、规格、口径、度量。例如，对不同的支付货币金额在折算后进行统一计算。
- 整合：将同一对象的不同称呼进行整合。例如，对 SMEI 名下的数据与 Sales & Marketing Executives International 进行归并。

b．缺失值清洗的方法

- 填充：具体方法包括通过业务知识或经验推测填充，根据数据的分布情况采用均值、众数、中位数等填充。
- 去除：当缺失数据占比较小时，或对于不太重要而缺失率较高的数据，可以删除。

c．逻辑异常值清洗的方法

- 奇异值：与数据集特性异常不符的数据。例如，年龄 300 岁、月收入 90000 万元等，可对其进行校正或用合理值替代；如果该数据不影响样本的最终统计分析，那么也可删除。
- 依赖冲突：某些数据字段之间存在依赖关系。例如，城市与邮政编码应该满足对应关系，中国大陆的手机号是 11 位数等，必要时应对数据进行逻辑校验。
- 数据矛盾：数据之间存在矛盾的地方，应查找原因并处理。
- 有效性验证：如对手机空号、停机等的验证，对拼写错误的验证等。

d．格式异常值清洗的方法

- 格式不一致：如时间、日期、性别、年龄、出生年月、计量单位、小数位数、计数方法、全角与半角符号等不一致，应按统一的格式进行规范性调整。
- 空格、换行问题：应对其进行处理或删除。

（2）数据集成

数据集成是对多个来源的数据进行整合，将具有不同表示形式的数据放在一起并解决数据中的冲突。其具体方式包括并表、用户 ID 打通、线上和线下数据打通、统一数据视图等，其中"用户 ID 打通"主要包括以下两类场景。

一类场景是打通各业务系统（或活动）中的相同用户 ID，不同系统中的用户数据和业务数据可以并表处理。例如，将网站、CRM 系统、线下活动中的信息通过多场景数据匹配方式形成表与表之间的关联，从而实现用户的识别和用户信息的整合。

另一类场景是打通各业务系统（或活动）中的不同用户 ID，将不同的用户 ID 进行映射或关联。例如，将 Cookie 与手机号、Cookie 与设备 ID 进行关联，将手机号与设备 ID 进行关联，将 MAC（Media Access Control）地址与设备 ID 进行关联等。

（3）数据缩减

数据缩减是在保持原始数据完整性的同时，对数据集进行精简化表示的过程。其具体技术包含（但不限于）以下内容。
- 维度约简，通过特征提取或特征选择的方法，将原空间的维度降低，以便进行特征分析及存储，通常借助机器学习技术。
- 通过相关分析，手动消除多余属性，使参与计算的维度减少。
- 使用主成分分析、因子分析等进行维度聚合。
- 通过低方差过滤器、高相关性过滤器等进行过滤。

（4）数据转换

数据转换是将数据转换为适合分析或建模的形式的过程。其具体技术包含（但不限于）以下内容。
- 变量类型转换：例如，将男性用户、女性用户的分类变量转换为数值变量 1、2；或将用户的满意、不满意、中性的社交言论的分类变量，转换为数值变量 1、2、3。
- 数据粒度转换：业务系统一般存储的是明细数据甚至是基于时间戳的数据，必要时可将细粒度的数据进行聚合。
- 数据泛化：例如，使用概念分层，将用户按年龄段划分为儿童用户、少年用户、青年用户、中年用户、老年用户。
- 脱敏转换：将用户的敏感信息进行删除、代替、标签化，或采取加密的方法处理后，再提供给相关分析机构或工具。
- 属性构造：由给定的属性构造新的属性，帮助提高数据的准确率和对高维数据结构的理解程度；或将多个单一字段提炼为新的复合字段。例如，将非正态数据取倒数从而使转换后的数据更服从正态分布，将方差数据转换为标准差数据。

6．数据分析

数据分析的过程，主要涉及以下两个层面。
- 对数据本身特征的分析，通常采用数理统计方法（详见下文）。
- 对数据代表的业务的分析，通常采用"以用户为中心"的有关分析方法（详见第三章）。

7．数据洞察

数据洞察是基于数据分析或数据挖掘，获得有价值的信息、知识、智慧的过程，如发现规律、趋势、差异、问题、机会、现象等。

8．数据可视化

数据可视化是将信息和数据用图表、图形或动图等可视化元素进行表示，以提高对数据识读和理解的效率的过程。

数据可视化常用的图表包括饼图、热图、散点图、柱形图、瀑布图、折线图、箱线图、气泡图、桑基图、漏斗图、词云图、雷达图、堆积面积图、交叉列联表、频数分布表、频率分布表等。

9．分析结果的传达

分析结果的传达（Communicate Results）是对数据分析的结果进行报告、沟通。传达应基于目标受众的特性组织相关内容，应有理有据、条理清晰、重点突出，可以参考"金字塔原理"的方法[①]，其要点有：结论先行、以上统下、归类分组、逻辑递进；自上而下表达，自下而上思考；MECE法则（Mutually Exclusive, Colletively Exhaustive）即"相互独立，完全穷尽"；与目标受众的意图、需求、利益、兴趣结合等。

7.2　概率论与数理统计

7.2.1　目的

现代经济的统计分析是建立在两个基本公理之上的：一个是经济系统可视为服从一定概率法则的随机系统；另一个是经济现象通常以数据的形式呈现或可用数据描述，这些经济观测数据可视为上述随机数据生成过程的实现。

概率论是描述社会经济系统不确定性现象的重要数学分析工具，数理统计则为不确定性现象的建模与推断提供了科学的方法论基础。

本节将展示与用户增长密切相关的概率论与数理统计的基础知识。

[①] 该方法由 The Minto Pyramid Principle《金字塔原理》一书的作者芭芭拉·明托（Barbara Minto）提出。

7.2.2 任务映射

概率论与数理统计相关知识点与典型增长任务的映射关系,如表 7-2 所示。

表 7-2 概率论与数理统计相关知识点与典型增长任务的映射关系

知识点	用户获取过程						用户深耕过程			
	渠道运营	渠道端推广	着陆页优化	裂变获客	反流量欺诈	触点管理	新用户留存	老用户留存	用户流失干预	用户持续转化
随机变量	●	●	●	●	●	●	●	●	●	●
假设检验	●	●	●	●	●	●	●	●	●	●

7.2.3 知识点描述

1. 随机变量

(1) 随机事件

在随机试验中,可能出现也可能不出现的事件,称为随机事件。例如,掷一枚骰子,可能出现 1~6 点中的任意一点,这个事件是随机出现的。

在一个样本空间中的事件与事件之间往往存在一定的关系,这些关系包含(但不限于)以下几种。

- 事件的包含与相等。
- 事件的和(并)。
- 事件的积(交)。
- 事件的差。
- 互不相容事件。
- 对立事件。
- 完备事件组。

(2) 概率

对于一个随机事件 A,用一个恰当的数 $P(A)$ 表示该随机事件出现的可能性的大小,那么,$P(A)$ 就是随机事件 A 的概率。概率度量了随机事件出现的可能性的大小。

(3) 几种重要的概率分布

- 二项分布。
- 泊松分布。
- 指数分布。
- 正态分布。

(4) 随机变量的数字特征

- 数学期望(均值)。

- 方差、标准差。
- 众数、中位数、分位数。

（5）大数定律

在随机试验中，每次出现的结果不同，但大量重复试验出现的结果的均值几乎总是接近于某个确定的值。

（6）中心极限定理

如果样本量足够大，那么变量均值的采样分布将近似于正态分布，而与该变量在总体中的分布无关。

2．假设检验

（1）假设检验原理

概率很小的随机事件在一次试验中几乎不会发生，这就是小概率原理。

在假设检验中，先提出一个原假设（H_0）和与之对立的假设——备择假设（H_1），从原假设出发，在一定的显著性水平下，随机抽取总体中的一个样本进行试验，如果在试验中出现了小概率事件，那么就与小概率原理矛盾，此时拒绝原假设而接受备择假设，这就是假设检验的反证法思想。

（2）假设检验步骤

假设检验的一般步骤如下。

- 构造原假设和备择假设。
- 确定显著性水平，通常选择α=0.05。
- 计算检验统计量和 P 值。统计量只是工具，P 值才是目的，它可以客观地衡量样本对假设总体的偏离程度，该检验统计量应服从某种已知的概率分布，从而可以计算出 P 值。
- 根据检验统计量或 P 值对检验结果进行判定。

（3）原假设和备择假设

构造原假设和备择假设的要点包含（但不限于）以下内容。

- 原假设和备择假设一般是一个完备事件组，两者相互对立。
- 如果原假设是 $\mu=\mu_0$，那么备择假设一定是 $\mu\neq\mu_0$；如果原假设是 $\mu\geq\mu_0$，那么备择假设一定是 $\mu<\mu_0$。
- 在一项试验中，原假设和备择假设有且只有一个成立，其中一个成立，另一个一定不成立。
- "="一般放在原假设中，如=、≤、≥。

在构造假设时，可以先构造备择假设，再构造原假设。

（4）单侧检验与双侧检验

在假设检验中，通常有两种情形，一种为双侧检验，另一种为单侧检验（具体分为左侧检验、右侧检验）。

（5）几种均值检验的情形
- 检验单样本，当样本（容量大于 30）服从 Z 分布（正态分布）时，使用 Z 检验；当样本（容量小于 30）服从 t 分布时，使用 t 检验。
- 检验两个独立样本，当检验服从正态分布的两个独立样本的方差是否相等时，使用 F 检验（方差齐性检验）；当检验服从正态分布的两个独立样本的均值是否相等时，使用 t 检验。
- 检验配对样本，当样本自身作为对照者检验其"前后"均值的差异是否显著时，使用 t 检验。

（6）两类错误

在假设检验中，容易犯以下两类错误。

- **第一类错误**，指的是在原假设为真时拒绝了原假设，因此也称为弃真错误。第一类错误记为 α，即显著性水平。
- **第二类错误**，指的是在原假设为假时未能拒绝原假设，因此也称为取伪错误。第二类错误记为 β。

（7）统计功效

统计功效指的是没有犯第二类错误的概率，即统计功效 $=1-\beta$。

7.3　Excel 数据分析

7.3.1　目的

作为一款卓越的数据处理工具，Excel 可以完成用户增长领域的大部分数据处理任务，是用户增长从业人员应当精通的首选数据处理工具。

7.3.2　任务映射

Excel 数据分析相关知识点与典型增长任务的映射关系，如表 7-3 所示。

表 7-3　Excel 数据分析相关知识点与典型增长任务的映射关系

知　识　点	用户获取过程						用户深耕过程			
	渠道运营	渠道端推广	着陆页优化	裂变获客	反流量欺诈	触点管理	新用户留存	老用户留存	用户流失干预	用户持续转化
Excel 描述统计	●	●	●	●	●	●	●	●	●	●
Excel 预测分析	●	●	●	●	●	●	●	●	●	●
Excel 聚类分析	●	●	●	●	●	●	●	●	●	●

7.3.3 知识点描述

1. Excel 描述统计

（1）对比分析
- 横向对比。
- 纵向对比。

（2）交叉分析
- 创建数据透视表。
- 创建数据透视图。

（3）矩阵分析
- 制作散点图。

（4）漏斗分析
- 制作漏斗图。

（5）数据频数统计
- 定性数据频数统计。
- 定量数据频数统计。
- 自定义组距的频数分布。
- 制作直方图。

（6）描述性指标统合分析
- 平均值，函数是 AVERAGE。
- 中位数，函数是 MEDIAN。
- 众数，函数是 MODE。
- 样本方差，函数是 VAR。
- 样本标准差，函数是 STDEV。
- 偏态，函数是 SKEW。
- 峰态，函数是 KURT。

（7）其他基础技能
- 单元格引用（绝对引用、混合引用和相对引用）。
- 条件格式。
- 分列。
- 快速定位和快速填充。
- 常用函数：IF、SUMIF、INT、COUNTIF、RANK、HLOOKUP、VLOOKUP、INDEX、MATCH、TREND、FORECAST、FORECAST.ETS、MIN、MAX。

2. Excel 预测分析

（1）相关分析

相关分析是判断变量之间关系强弱的分析方法，包括直线相关、曲线相关、多重相关等。最常用的相关分析就是线性相关。线性相关的指标是相关系数 r。

- 当 $|r| \geq 0.8$ 时，为高度相关。
- 当 $0.8 > |r| \geq 0.5$ 时，为中度相关。
- 当 $0.5 > |r| \geq 0.3$ 时，为低度相关。
- 当 $|r| < 0.3$ 时，为弱相关，可视为不相关。

在 Excel 中进行相关分析，需要掌握的要点包含（但不限于）以下内容。

- 计算相关系数。
- 判断相关程度。

（2）简单回归分析

回归分析是一种预测性的建模技术，它研究的是因变量与自变量之间的关系，包括简单线性回归分析、多重线性回归分析、多元线性回归分析、非线性回归分析等。最基本的回归分析就是简单线性回归分析。简单线性回归分析用一元线性方程表示，因变量和自变量都只有一个。一元线性方程如下。

$$Y = a + bX + \varepsilon$$

式中，Y——因变量，由于自变量发生变化而引起的变化；

X——自变量，本身发生变化；

a——常数项，截距；

b——回归系数，斜率；

ε——随机误差，随机因素对因变量 Y 产生的影响。

（3）多重回归分析

多重回归模型指的是包含一个因变量和多个自变量的回归模型。多重回归模型公式如下。

$$Y = a + b_1 X_1 + b_2 X_2 + \cdots + b_n X_n + \varepsilon$$

式中，Y——因变量，由于自变量发生变化而引起的变化；

X_n——第 n 个自变量，本身发生变化；

a——常数项，截距；

b_n——第 n 个回归系数，斜率；

ε——随机误差，随机因素对因变量 Y 产生的影响。

在 Excel 中进行回归分析，需要掌握的要点包含（但不限于）以下内容。

- 绘制散点图。
- 添加趋势线。
- 添加预测公式。

- 用回归功能进行分析。
- 读懂回归分析报告，评估回归模型的优劣。

（4）时间序列的移动平均预测

时间序列是一个变量在一段时间内不同时间点上所有观测值的集合。这些时间点的间隔是相等的，可以是年、季度、月、周、天等。时间序列预测包括移动平均法、指数平滑法等。

移动平均法是根据时间序列逐期推移，依次计算包含一定期数的平均值，形成平均值的时间序列，以反映事物发展趋势的一种预测方法。

- 移动平均跨度也称为移动期数，用 N 表示，移动平均跨度参数的选择要使均方误差（Mean Square Error，MSE）尽可能地缩小。
- 均方误差是时间序列中每个时刻预测误差的平方的均值。MSE 越小，模型越准确，可以通过规划求解、图表法、公式法找出 MSE 的极小值。

在 Excel 中进行时间序列的移动平均预测，需要掌握的要点包含（但不限于）以下内容。

- 通过散点图和趋势线判断时间序列的类型。
- 用公式建立移动平均预测模型。
- 绘制移动平均值图表。
- 进行移动平均分析。

3. Excel 聚类分析

在 Excel 中进行聚类分析的主要步骤如下。

- 假设聚类的个数 k。
- 属性标准化。
- 计算每个对象与 k 个聚类的中心各自的距离，按照最小距离原则将每个对象分配到最邻近的聚类。
- 使用规划求解计算聚类中心。
- 得到 k 个聚类及每个对象属于的聚类。

在 Excel 中进行聚类分析，需要掌握的要点包含（但不限于）以下内容。

- 属性标准化。
- 计算属性的平均值和标准差。
- 标准化，函数是 STANDARDIZE。
- 建立聚类模型。
- 使用规划求解计算聚类中心。
- 聚类结果判断与分析。

第八章 信息技术

8.1 计算机网络基础

8.1.1 目的

当今的用户增长依赖数据与技术驱动。作为非计算机专业人士,增长运营人员不需要掌握全面的信息技术知识,本部分仅收录了增长运营人员需要重点掌握的知识点范围。

8.1.2 任务映射

计算机网络基础相关知识点与典型增长任务的映射关系,如表 8-1 所示。

表 8-1 计算机网络基础相关知识点与典型增长任务的映射关系

知识点	用户获取过程					用户深耕过程			
	渠道运营	渠道端推广	着陆页优化	裂变获客	反流量欺诈	触点管理	新用户留存	老用户留存	用户流失干预	用户持续转化
计算机网络基础知识	●	●	●	●	●	●	●	●	●	●
人工智能与机器学习	○	○	○	○	●	○	○	●	●	●

8.1.3 知识点描述

1. 计算机网络基础知识

(1)计算机网络分类

计算机网络按照覆盖范围分类,可分为个域网、局域网、城域网、广域网。

广域计算机网络(Wide Area Network,WAN)的覆盖范围十分宽广,而且可以进行互联。世界上第一个广域网是 ARPANET(阿帕网),Internet(因特网)是目前世界上最大的广域计算机网络。

计算机网络的组成，包含（但不限于）以下内容。
- 计算机系统，如服务器、客户端计算机等。
- 通信线路与通信设备，如网络连接设备、互联设备、传输介质等。
- 网络协议，如 TCP/IP（Transmission Control Protocol/Internet Protocol，传输控制/网络互联协议）。
- 网络软件，如网络操作系统、网络协议软件、网络应用软件等。

（2）会话

会话是一个终端用户与交互系统进行通信的时间间隔，通常指终端用户从进入系统到退出系统所经过的时间。

网站统计分析的尺度，通常是以下三个层级。
- **用户**：在一个用户生命周期中所有会话和命中的集合。
- **会话/访问**：用户在一次会话/访问中所有命中的集合。
- **命中（Hit）**：每一次用户行为的上报。页面浏览和点击等都属于命中。

三者的关系如图 8-1 所示。

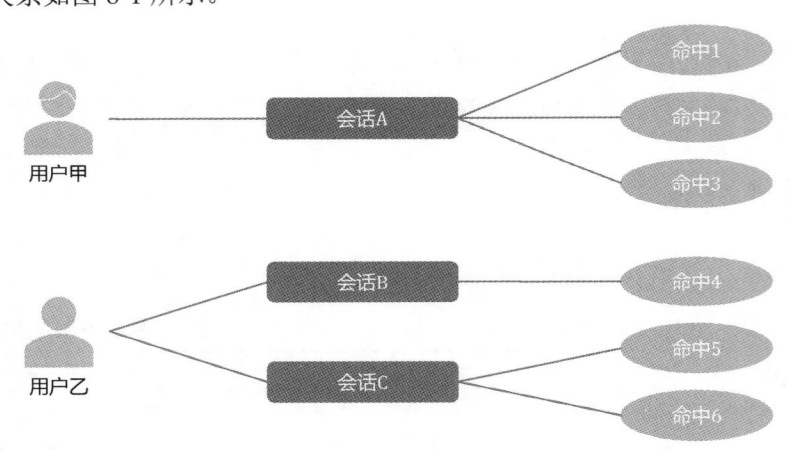

图 8-1 用户、会话、命中的关系

（3）MAC 地址与 IP 地址

MAC 地址也称为局域网（Local Area Network，LAN）地址，用于确认网络设备的位置。MAC 地址的作用是在网络中唯一标示一个网卡，一台设备若有一个或多个网卡，则每个网卡都需要并有唯一的 MAC 地址。

IP（Internet Protocol）地址是互联网协议地址，是由 IP 协议提供的一种统一的地址格式，它为互联网中的每一个网络和每一台主机分配一个逻辑地址，以此来辨别物理地址的差异。

MAC 地址与 IP 地址的区别包含（但不限于）以下内容。
- 可变性不同。在计算机上改动 IP 地址是很容易的（但必须唯一），而 MAC 地址是制造商烧录好的，一般不能改动。
- 长度不同。IP 地址为 32 位的二进制数，而 MAC 地址为 48 位的二进制数。例如，点分十进制的 IP 地址 100.4.5.6，实际上是 32 位的二进制数（01100100.00000100.00000101.00000110）。
- 分配依据不同。IP 地址的分配基于网络拓扑，而 MAC 地址的分配基于制造商。
- 寻址协议层不同。IP 地址应用于 OSI 第三层（网络层），而 MAC 地址应用于 OSI 第二层（数据链路层）。

（4）域名系统

域名系统（Domain Name System，DNS）是将域名与 IP 地址相互映射的一个分布式数据库。

域名在互联网实际运行时由专用的服务器转换为 IP 地址，这样就完成了域名与 IP 地址的映射。

（5）TCP/IP 协议

TCP/IP 协议是传输控制/网络互联协议，又称为网络通信协议，是一组用于实现网络互联的通信协议，是 Internet 最基本的协议和 Internet 国际互联网络的基础。

TCP/IP 协议数据的传输基于 TCP/IP 协议的四层结构，即应用层、传输层、网络层、网络接口层。

（6）万维网

万维网（World Wide Web，WWW）是目前应用最广泛的 Internet 服务之一。WWW 不是独立的物理网络，而是一个基于超文本的、方便用户在 Internet 中搜索和浏览信息的分布式超媒体信息服务系统。

WWW 有几个关键的组成部分，分别是 URL、超文本传输协议、超文本标记语言、浏览器、Cookie。

a. URL

统一资源定位系统是 Internet 的 WWW 服务程序中用于指定信息位置的表示方法。URL 为资源的位置提供了一种抽象的识别方法，各种资源的地址可以用 URL 进行表示及定位。这里的"资源"可以是 WWW 服务器中可以被访问的任何对象，包括网页、文件、文档、图像、声音、视频等，也可以是 Internet 中的 WWW 站点地址。

b. 超文本传输协议

WWW 服务器采用客户/服务器的工作模式，浏览器（客户端）与服务器之间的请求和响应报文必须按照规定的格式并遵循一定的规则，这些格式和规则就是超文本传输协议（Hypertext Transfer Protocol，HTTP）。

由于 HTTP 传输数据的方式是明文传输，因此在安全方面存在很大隐患。HTTPS（Hypertext Transfer Protocol over Secure Socket Layer，超文本传输安全协议）则是由 HTTP 加上 TLS/SSL（Transport Layer Security/Secure Sockets Layer，安全传输层/安全套接层）协议构建的可进行加密传输、身份认证的网络协议，主要通过数字证书、加密算法、非对称密钥等技术完成互联网数据传输加密，实现互联网数据传输安全保护。

  c．超文本标记语言

超文本标记语言（Hypertext Markup Language，HTML）是标准通用标记语言下的一个应用，也是一种规范、一种标准，它通过标记符号标记需要显示的网页中的各个部分。

从 1993 年发布至今，HTML 已经经历了多个版本，当前最新的版本为 HTML 5（简称 H5）。

  d．浏览器

浏览器是用于检索、展示及传递 Web 信息资源的应用程序。

  e．Cookie

Cookie 是浏览器存储于客户端设备中的小文件（通常情况下为 TXT 文件），用于辨识网站中的用户身份和状态。

2．人工智能与机器学习

机器学习是一门人工智能的科学，它通过数据或以往的经验优化计算机程序或具体算法的性能。

基于学习方式，机器学习可以分为监督学习、无监督学习和强化学习。

机器学习常见的算法包括深度学习、随机森林算法、朴素贝叶斯算法、支持向量机算法、人工神经网络算法等。

8.2 辨识与追踪技术

8.2.1 目的

对流量来源与用户身份进行辨识与追踪，是用户增长领域非常重要的基础性技能。本节将描述常用的互联网辨识与追踪技术原理。

8.2.2 任务映射

辨识与追踪技术相关知识点与典型增长任务的映射关系，如表 8-2 所示。

表 8-2 辨识与追踪技术相关知识点与典型增长任务的映射关系

知识点	用户获取过程					用户深耕过程			
	渠道运营	渠道端推广	着陆页优化	裂变获客	反流量欺诈	触点管理	新用户留存	老用户留存	用户流失干预	用户持续转化
Link Tag	○	●	●	●	●	●	●	●	●	●
App 流量来源辨识与追踪	○	●	●	●	●	●	●	●	●	●
用户身份辨识与追踪	○	●	●	●	●	●	●	●	●	●

8.2.3 知识点描述

1. Link Tag

Link Tag（链接标记）是当前文档和外部资源之间的链接，最常见的用途是链接样式表。例如，在一个链接网址上打上标记，从而方便分析工具通过识读这些标记辨识流量来源，广泛适应于网站、网页、App 的流量来源追踪。

Google Analytics 的 UTM（Urchin Tracking Module，谷歌追踪模块）参数是目前被广泛接受的行业标准，主要包括以下 5 个参数。

- utm_source 代表广告来源，标识推广来自哪个渠道。
- utm_medium 代表广告媒介，标识推广来自何种媒介，如 CPC 广告、图文、视频等。
- utm_term 代表广告关键词，标识推广所使用的关键词，常用于搜索引擎竞价推广。
- utm_campaign 代表广告名称，标识推广的主题，如圣诞节大促销。
- utm_content 代表广告内容，标识同一推广主题下的不同版本或不同内容，如版本 A、版本 B。

2. App 流量来源辨识与追踪

（1）Android 类 App

a. Google Play 参数追踪

Android 类 App 的追踪沿用 Web 的逻辑（用 Link Tag 参数标记），与 UTM 参数不同的是，Google Analytics 在 App 的 UTM 参数中加入了一个独特的 Referral 参数。当用户点击被该 UTM 参数标记的链接后，跳转到 Google Play 下载 App，这时 Google Play 会保存附带的参数，当用户下载、安装 App 时，Google Play 会向 App 广播参数，并在用户首次打开 App 时将参数发送至 Google Analytics 服务器，从而使 Google Analytics 确定安装该 App 的用户点击的是哪个广告。Google Play 参数追踪原理如图 8-2 所示。

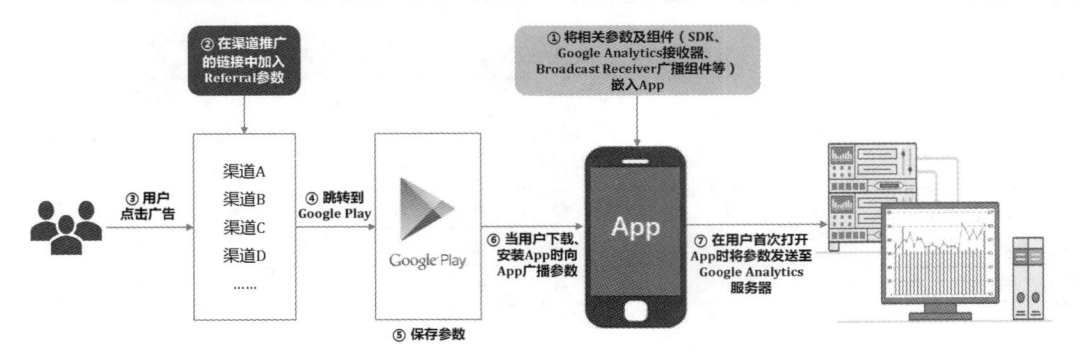

图 8-2　Google Play 参数追踪原理

b．渠道包追踪

渠道包（Channel Package）追踪是为每个渠道生成一个专门的渠道安装包并分配一个独立的渠道 ID，通过不同的渠道 ID 实现流量来源的追踪。渠道包追踪原理如图 8-3 所示。

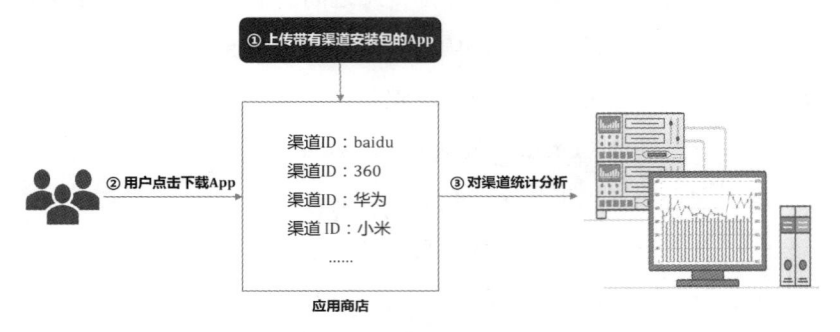

图 8-3　渠道包追踪原理

c．精确匹配追踪

通过设备 ID 进行精确匹配追踪的原理是：当用户通过广告网络中的推广链接跳转到应用商店，下载、安装并打开 App 时，广告网络和 App 便可以获取用户的设备 ID，并将设备 ID 发送至分析工具，分析工具将收到的设备 ID 进行比对，从而实现流量来源的辨识。精确匹配追踪原理如图 8-4 所示。

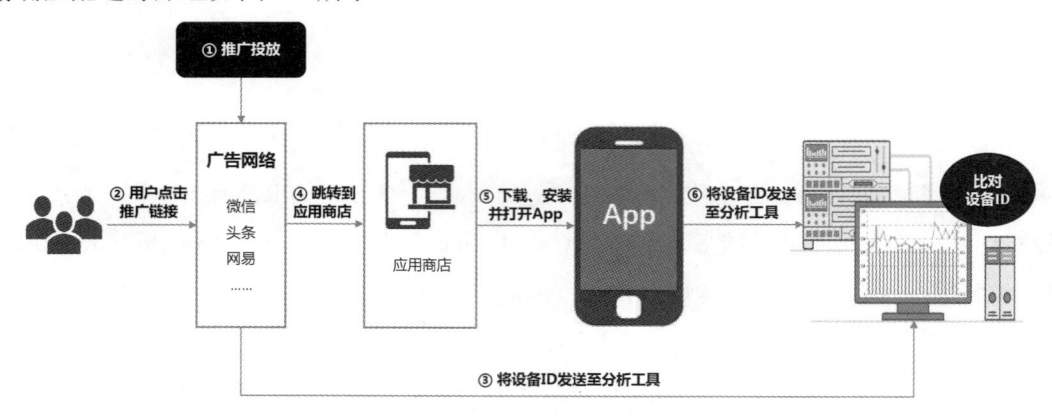

图 8-4　精确匹配追踪原理

d．模糊匹配追踪

模糊匹配追踪原理与精确匹配追踪原理大致相同，不过用于匹配比对的字段不是设备ID而是其他字段，如 IP 地址或 IP 地址+用户代理（User Agent，UA）。

这种方法用于无法获取设备 ID 的场景，如用户从网页点击广告跳转到应用商店并下载、安装 App 的场景，由于网页无法获取设备 ID 但可以获取 IP 地址，因此可通过这种方法实现流量来源的模糊匹配。

（2）iOS 类 App

a．精确匹配追踪

iOS 类 App 的精确匹配追踪原理与 Android 类 App 的精确匹配追踪原理相同。

b．模糊匹配追踪

iOS 类 App 的模糊匹配追踪原理与 Android 类 App 的模糊匹配追踪原理相同。

c．Cookie 追踪

iOS 类 App 的 Cookie 追踪只支持在 Safari 手机浏览器中对用户点击广告的流量来源进行追踪。

3．用户身份辨识与追踪

互联网用户身份的辨识通常有三个级别，即设备级别、用户账号级别和人的唯一性标识级别（详见第二章），此处进一步对相关知识点进行补充描述。

（1）用户账号体系辨识

在产品中建立用户账号体系，通过用户注册后登录账号，可以实现精准的用户身份辨识（基于具有唯一性的 UserID）。

用户账号体系是比较精准的身份辨识方法，且可通用于网站、App 和 OTT（Over the Top，通过互联网向用户提供各种应用服务）等终端设备。

（2）Cookie 辨识

在用户账号体系外，网站的用户身份辨识技术主要是 Cookie（具体地说是 Cookie 的 ID 标识——如 ClientID）。

从产品方的角度来看，Cookie 的优点包含（但不限于）以下内容。

- 易于使用和实现。
- 不占用存储资源。Cookie 可以分散存储在各个客户端，不占用产品方的服务器资源。
- 持久性。一个 Cookie 可以持久地存在于一个浏览器中。

从产品方的角度来看，Cookie 的缺点包含（但不限于）以下内容。

- 容量限制。一个 Cookie 的长度不能超过 4KB。
- 安全性问题。Cookie 以明文形式存储，可能存在安全隐患，它在一定条件下可被篡改。
- 可以被禁用和删除。用户可以选择从浏览器设置中禁用其计算机上的 Cookie，也可以从其计算机中删除 Cookie。

Cookie 可用于 Web 网站和 WAP（Wireless Application Protocol，无线应用协议）网站、手机中的 H5 页面、App 中的 WebView 页面。

由于第一方 Cookie 只属于该网站调用，不能跨域调用，因此出现了可以跨域访问的第三方 Cookie。但因为第三方 Cookie 与个人隐私的冲突更大，所以其使用受到越来越多的限制。

如果不使用第三方 Cookie 实现跨域用户身份的辨识与追踪，那么企业可以通过 Cookie Mapping（Cookie 映射）的技术来实现，它通过对同一用户在不同主域下的第一方 Cookie 建立映射关系，实现跨域用户身份的辨识与追踪，基于这种原理还可以在用户账号与 Cookie 之间、设备 ID 与 Cookie 之间建立映射关系。

（3）设备 ID 辨识

- **iOS 设备**的辨识 ID 可用 IDFA。
- **Android 设备**的辨识 ID 可用 IMEI。

IDFA 和 IMEI 曾分别是 iOS 和 Android 设备中长期使用的识别 ID，但在 iOS 14、Android 10 以后的版本中都受到严苛限制。使用通用 ID 成为一种替代性的解决思路，通用 ID 是区别于系统级设备 ID 而言的 ID 体系，它基于设备的一组特征数据和某种算法而生成，只要这些数据和算法不变，无论用什么应用去获取该设备的 ID，都会返回相同的 ID 值，因而是为"通用"。市场上有众多的通用 ID 体系，同一设备在各家的 ID 体系中 ID 值是不同的。

（4）码或券

为每个推广渠道生成唯一的二维码、优惠码、优惠券等，当用户使用这些码或券时，即可辨识相关渠道的来源。

（5）电话追踪

电话追踪即追踪拨打官方咨询电话的用户的渠道来源，电话追踪的方法包含（但不限于）以下几种。

- **在推广端关联**，即为每个广告或每个渠道分配不同的电话号码，通过电话号码对相应的广告或渠道的唯一性关联进行追踪。
- **在流量承接端关联**，即通过在线表单的方式在企业网站或 App 中收集用户的电话号码，用户填写电话号码的过程便生成了事件，通过分析工具追踪该事件的行为主体（用户）的渠道来源。
- **直接询问**，即询问拨打电话者的渠道来源，但这种方法需要用户配合。

（6）其他辨识

其他的用户身份辨识技术包含（但不限于）以下内容。

- 人脸识别。
- 指纹识别。
- MAC 地址。

8.3 营销技术

8.3.1 目的

营销技术是对广告技术、商务与交易、内容与体验、数据管理、社交与互动、企业管理等营销及运营的技术和方法的统称。MarTech（Marketing Technology，营销技术）方法及 MarTech 产品日益广泛地应用于当今的用户增长领域。[①]

8.3.2 任务映射

MarTech 营销技术相关知识点与典型增长任务的映射关系，如表 8-3 所示。

表 8-3 MarTech 营销技术相关知识点与典型增长任务的映射关系

知识点	用户获取过程					用户深耕过程			
	渠道运营	渠道端推广	着陆页优化	裂变获客	反流量欺诈	触点管理	新用户留存	老用户留存	用户流失干预	用户持续转化
AdTech 与 MarTech	●	●	●	●	●	●	●	●	●	●
CRM	○	●	○	●	○	●	●	●	●	●
DMP	○	●	○	○	○	●	○	○	●	●
CDP	○	●	●	●	○	●	●	●	●	●

8.3.3 知识点描述

1. AdTech 与 MarTech

AdTech（Advertising Technology）指的是广告技术，是用于管理、投放、定向和评估数字广告的技术和方法。AdTech 是 MarTech 的子集。

MarTech 具体包含（但不限于）以下内容。

- 广告技术。
- 商务与交易。
- 内容与体验。
- 数据管理。
- 社交与互动。
- 企业管理。

[①] MarTech 指的是营销技术，这一概念最早由斯科特·布林克尔（Scott Brinker）于 2008 年提出。

2. CRM

CRM 指的是客户关系管理，支持客户关系管理的系统称为客户关系管理系统。

CRM 系统中的数据特点包含（但不限于）以下内容。

- 传统的 CRM 系统中的数据一般是离线、静态的数据，通过手工方式录入。
- 从数据所有者的属性来说，CRM 系统中的数据是第一方数据。
- CRM 系统中的数据一般是"潜在客户"阶段以后的数据，通常情况下，其标志是获得客户线索，之后通过 CRM 系统实现潜在客户的跟进和管理。
- CRM 系统中的数据的主要应用场景是：营销过程中的客户关系管理、销售过程中的客户关系管理、客户服务过程中的客户关系管理。

3. DMP

DMP 指的是数据管理平台，是程序化广告的重要基础性设施。

DMP 系统中的数据特点包含（但不限于）以下内容。

- DMP 系统中的数据是动态、实时的在线数据。
- 从数据所有者的属性来说，DMP 系统中的数据除了第一方数据，可能还有第二方数据、第三方数据。
- DMP 系统中的数据是海量的互联网用户行为数据，不限于某一个行业或企业，这些用户行为数据包括用户在各个平台中的浏览行为、点击行为、娱乐行为、购物行为、App 安装行为等。基于越来越严密的数据法律制度和激烈的商业竞争等因素，DMP 数据的"流量生态"属性越来越鲜明，即通常以所在特定流量生态内的数据为主，所在生态内的数据可以被合法地获取且数据源稳定、质量较高。关于流量生态的概念详见第四章。
- 建设运营 DMP 系统中的数据的主体是媒体、广告服务机构和专业数据提供商。

DMP 的核心应用场景是程序化广告投放，具体场景包含（但不限于）以下内容。

- **老用户唤回**。例如，将 CRM 中的老用户信息提交到 DMP 中，针对这群老用户进行精准的广告投放。
- **相似人群扩展**。例如，以高价值用户为种子人群，在 DMP 中通过 Look Alike 精准获取新用户。
- **再营销**。再营销（Remarketing）也称为重定向（Retargeting），指的是对用户进行重新定向投放。这类用户可能是之前点击过广告、重复访问过网站或领取过优惠券（这些行为表明用户有兴趣）但没有实际转化的用户。再营销方法就是通过 DMP 进行这类用户的匹配与选择。
- **定向排除**。通过 DMP 进行反定向，对特定人群（如已经转化过或转化率低的人群）进行排除，将有限的广告经费用于更易转化的人群。

- **精准圈选目标受众**。在 DMP 中对用户行为的并、交、差进行关系运算，精准圈选需要投放的目标受众的范围。

4．CDP

CDP 指的是客户数据平台，它能创建可由其他营销系统访问的持久、统一的客户数据库。多源数据通过收集、清洗、整合，生成单一的用户画像，且这种结构化数据可由其他营销系统访问。

CDP 系统中的数据特点包含（但不限于）以下内容。

- CDP 系统中的数据是动态、实时的在线数据。
- 从数据所有者的属性来说，CDP 系统中的数据除了第一方数据，可能还有第二方数据、第三方数据。一个合格的 CDP 应能快速集成相关数据源的数据，如广告投放数据、CRM 系统数据、客服系统数据、官方网站数据、App 数据、线下门店数据等。
- CDP 系统中的数据是从"用户访问"阶段就开始获取的数据。
- CDP 系统中的数据通常基于各种数据源实现了用户 ID 打通。
- 建设运营 CDP 系统中的数据的主体是品牌方企业、专业数据提供商。

CDP 的核心应用场景是用户深耕，具体场景包含（但不限于）以下内容。

- **精细化运营**。深耕用户生命周期价值。
- **用户画像**。通过打标签等方式，生成用户画像。
- **再营销**。通过用户行为重定向投放广告。
- **用户分群运营**。基于数据对用户进行分群运营，如短信、邮件、站内信、消息推送的分群触发。
- **产品或内容推荐**。为不同的用户群体创建并使用不同的推荐模型，实现"千人千面"，提升用户体验、参与度及黏性。
- **用户行为预测**。例如，通过流失预测模型对用户的流失进行预测和预警。
- **为营销自动化提供支持**。与各类营销自动化（Marketing Automation，MA）系统对接，通过数据驱动实现敏捷的营销运作。

第九章 用户增长团队与文化

9.1 与增长重点相关的职能

以下概念都是从企业增长运营职能的角度进行阐述的。

1. 营销

营销指的是探索、创造和传递价值以满足目标市场的需求并获得利润的过程。营销确定目标市场未得到满足的需求和欲望，定义、衡量和量化市场的规模和利润潜力，指明哪些公司能为不同的细分市场提供更好的服务，设计和推广适当的产品和服务。4P 组合是现代营销管理中的经典策略，即产品、价格、渠道、推广，由埃德蒙·杰罗姆·麦卡锡（Edmund Jerome McCarthy）于 20 世纪 60 年代提出。

2. 销售

销售指的是出售产品或服务的行为或过程。在经典营销管理的概念中，销售是营销的子集，其具体归属于 4P 组合中的"推广"。

3. 运营

运营（Operation）是一个具有广泛含义的概念，如商业运营、生产运营、资本运营、财务运营、人力资源运营等，与用户增长相关的运营称为"增长运营"，具体包括产品、流量、用户、活动、广告、网站、渠道、新媒体等方面的运营业务。

4. 产品开发

产品开发（Product Development）即新产品开发（New Product Development），指的是将产品从概念或想法推向市场发布及最终发布的过程。换句话说，产品开发包含了关于产品的整个过程，包括确定市场需求，量化机会，开发概念，验证解决方案，建立产品路线图，开发最小可行性产品（Minimum Viable Product，MVP），发布最小可行性产品，基于用户反馈和战略目标的持续迭代等。

5. 增长

从企业职能的角度来看，用户增长是一种新型的企业经营管理职能，聚焦于高效推动用户和企业持续增长这一目标。

近年来，增长的概念得到迅速的传播和认可，造成这一现象的主要原因是，当前顾客或用户的获取和深耕已呈现数字化、数据驱动、技术化深度交融的特点，需要一种新的观念、能力、技术、工具满足业务增长的需求。

SMEI 认为用户增长是一种新型的企业经营管理职能，以精益化增长的"策略环"为核心思想和方法，整合并凝聚企业的相关职能、人员和资源，聚焦于高效推动用户和企业持续增长这一目标。用户增长能力是一种具有较高要求的复合能力，建立在营销管理、数据分析、信息技术三大专业技能之上，用户增长能力与三大专业技能的关系如图 9-1 所示。

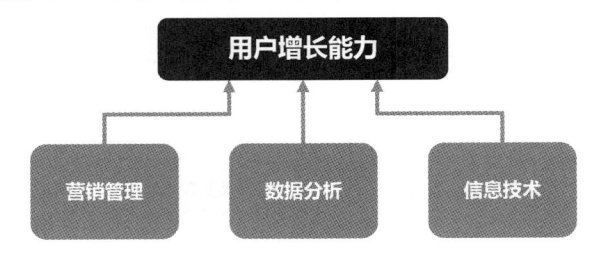

图 9-1　用户增长能力与三大专业技能的关系

9.2　组建增长团队的时机

组建增长团队并非企业增长的必需要素，但一个能"整合并凝聚企业的相关职能、人员和资源，聚焦于高效推动用户和企业持续增长这一目标"的团队，将更有条件推动企业增长并建设企业的增长文化。

在产品开发初期，企业没有必要组建专门的增长团队，但应配备专业的增长人才。此时的增长人才可能数量很少，但应具有增长的复合型能力，其主要任务是参与初期产品（如 MVP）的开发、测试和市场验证，让产品开发与未来市场开拓有效结合，贯彻以用户为中心的开发理念。

在产品通过市场验证，也就是达到 PMF 状态后，企业应组建规模适中的增长团队。此时，产品可以正式开启规模化增长计划，企业应任命增长团队负责人（如增长经理）。团队成员之间有明确的分工，团队负责人通常向增长 VP（Vice President，副总裁）、产品 VP 或营销 VP 等汇报（根据增长团队的定位和类型而定）。

当产品发展到更高的全面扩张阶段，也就是用户达到较大规模且产品开始与竞争对手进行全方位竞争时，企业应组建更强大的增长团队，团队成员之间的分工更加细化，并从决策层任命增长高管（如首席增长官或增长 VP），直接向 CEO 汇报。

组建增长团队的时机如图 9-2 所示。

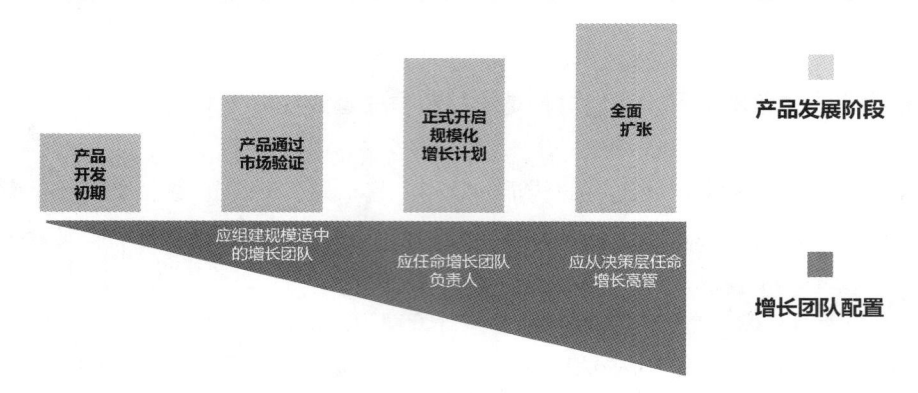

图 9-2 组建增长团队的时机

9.3 增长团队的配置类型

增长团队的配置类型没有标准的操作流程，企业应视具体情况而定。

总的来看，增长团队的配置类型主要有两种，即独立型、功能型。

1. 独立型

独立型增长团队与产品团队、营销团队、技术团队等团队并列，并由决策层中的增长 VP 领导，增长 VP 直接向 CEO 汇报。

每个独立型增长团队可以基于用户获取流程（如 AARRR），或特定的增长任务（如注册、再营销、新手引导），或业务板块（如资讯、视频、教育、电商）等特性进行组建，可根据需要配置产品经理、工程师、设计师、数据分析师、营销人员等角色。独立型增长团队如图 9-3 所示。

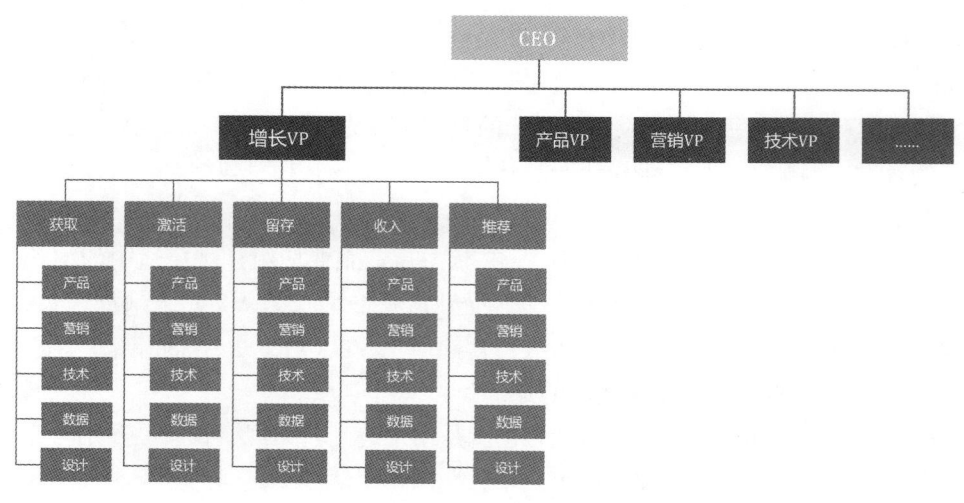

图 9-3 独立型增长团队

配置独立型增长团队的著名企业有 Meta、Uber 等。

2. 功能型

有些企业不设立独立的增长团队，增长团队的职能分别归属于产品团队、营销团队、销售团队等团队，并分别向决策层中的产品 VP、营销 VP、销售 VP 等汇报。

在功能型增长团队中，企业可根据需要配置产品经理、工程师、设计师、数据分析师、营销人员等角色。功能型增长团队如图 9-4 所示。

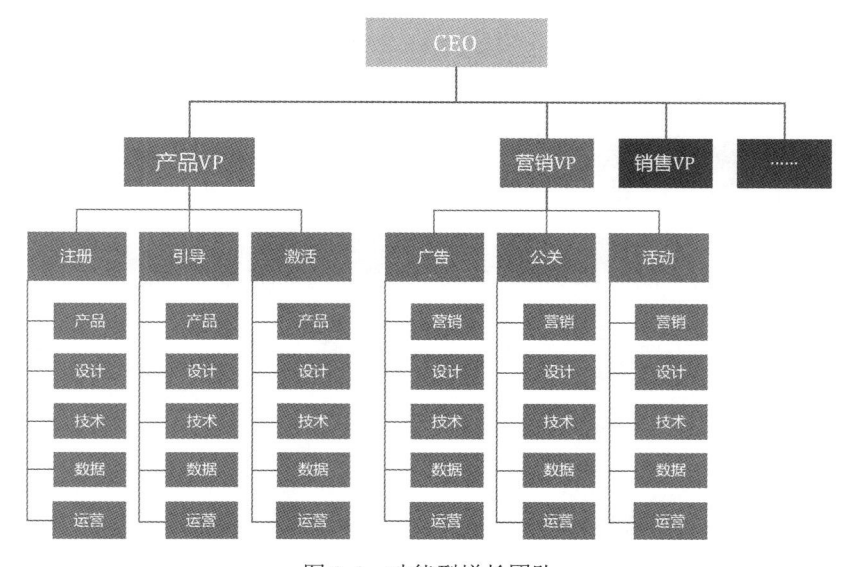

图 9-4　功能型增长团队

配置功能型增长团队的著名企业有 Pinterest、Twitter、Linkedin、Dropbox、BitTorrent 等。

9.4　增长团队的人员角色

增长团队无论采用什么样的配置类型，重要的人员角色都应包含（但不限于）以下人员。

- 产品开发人员。
- 产品管理人员。
- 技术或工程人员。
- 市场人员。
- 销售人员。
- 设计人员。
- 运营人员。
- 数据处理和数据分析人员。
- 客服人员。

每个角色未必配置专门的人员（考虑兼任的情况），一个角色也可能需要配置多名人员，应根据企业及产品的实际情况进行设计。

9.5 建设企业的增长文化

无论配置什么类型的增长团队或是否配置增长团队，在"最终用户时代"，企业在内部建立和推行"以用户为中心"的增长文化都是赢得竞争的重要因素。

SMEI 旗帜鲜明地倡导在企业内部建立和推行"以用户为中心"的增长文化和工作理念，如以用户增长为中心的设计，以用户增长为中心的产品开发，以用户增长为中心的营销，以用户增长为中心的运营，以用户增长为中心的数据分析……并在资源配置、流程设计、人才的使用与评价方面，也坚持"以用户为中心"的理念。

第十章

用户增长道德

道德（Ethic）指的是区分可接受行为和不可接受行为的行为规范。

SMEI 提出了一个"用户增长道德守则"的总体框架（详见附录 A），该框架识别了与用户密切相关的增长运营活动，即产品或服务的设计与开发，用户获取，用户深耕，用户研究，并提出了适用于用户增长从业者、用户增长主体、流量或数据运营者的相关守则，涉及上述四大活动，以及如何对待数据、如何对待技术的相关指导原则。

附录 A 用户增长道德守则

前言

从企业职能的角度来看，用户增长是一种新型的企业经营管理职能，聚焦于高效推动用户和企业持续增长这一目标。

与用户密切相关的增长运营活动主要有四个：产品或服务的设计与开发，用户获取，用户深耕，用户研究。

产品或服务是企业与用户进行交易的主要媒介，在"以用户为中心的设计"理念中，涉及理解用户使用背景、识别用户需求、正式设计解决方案、评估用户需求满足程度等四个具体阶段，且用户应参与产品或服务的设计与开发的整个过程，推动、完善产品或服务的设计与开发。

用户获取是从各种获客渠道获得新用户的业务过程。用户获取通常不是一步完成的，而是需要在多个渠道或触点上，与目标用户进行多次互动才最终得以实现的。

用户深耕是通过精细化运营提升用户生命周期价值的业务过程。

用户研究是通过观察技术、任务分析和其他反馈方法理解用户的行为、需求和动机的行为。

同时，上述四大活动的开展离不开**数据**与**技术**的支持。例如，四大活动都需要收集用户数据甚至让这些数据直接参与活动运营，而营销技术、算法、人工智能等新技术也正在日益深刻地介入这些活动。

然而，当上述因素施加于用户时，可能会引发道德方面的问题。例如，在用户不知情的情况下，针对其开展某种有违伦理的试验；在算法中包含种族或性别偏见；滥用用户数据等。

道德缺失引发的问题会带来一系列不良后果，如侵害用户权益，破坏用户对企业或品牌的信任，给企业带来经营、声誉甚至法律风险等。

增长如同长青的森林，给世界带来美好与希望。但如果林下的道德土壤充满肮脏与腐臭，美好就失去了意义，希望也必将破灭，"长青"的森林不过是一片摇摇欲坠的"繁荣"。

早在18世纪，德国哲学家康德就曾说过："有两种东西，我对它们的思考越是深沉和持久，它们在我心灵中唤起的惊奇和敬畏就会日新月异，不断增长，一是我们头顶浩瀚灿烂的星空，一是我们心中崇高的道德法则。"

SMEI 提出了一个基本的道德守则，旨在帮助用户增长的利益相关者基于一种广受认同的规范做出道德决策，希望用户增长的利益相关者共同遵守和积极践行这一守则，共同守护用户的基本权益。毕竟，每个人都可能成为"用户"，守护别人也就是守护自己。

在本守则中，"必须"一词表示强制性含义，"应当"一词表示推荐性含义。

本守则的英文版本为标准文本，当其他语言的版本与英文版本不一致时，以英文版本为准。

适用对象

本守则的适用对象主要有以下三类。
- 用户增长从业者，具体包括产品或服务的设计与开发人员，用户增长人员，营销人员（含广告、销售、自媒体、电子商务、品牌推广等），用户运营人员，用户研究人员，与用户增长有关的数据业务人员、统计分析人员、工程技术人员，以及用户增长服务机构等。
- 用户增长主体，通常指企业及企业中的利益相关者。
- 流量或数据运营者，通常指从事互联网流量或数据运营的机构，如媒体、社交平台、第三方数据平台、数据集市机构、数据处理机构等。

本守则不排斥上述三类主要适用对象之外的对象。

总体框架

"用户增长道德守则"的总体框架，如图 A-1 所示。

图 A-1 "用户增长道德守则"的总体框架

适用术语

以下术语和定义适用于本守则。

道德（Ethic）

道德指的是区分可接受行为和不可接受行为的行为规范。当提到"道德"时，多数人会想到区分是非的规则，如《论语》语录中的智慧格言"己所不欲，勿施于人"，或职业行为准则，如《希波克拉底誓言》及十诫等宗教信条。

同理心（Empathy）

同理心也称为"共情"，指的是在他人的参考框架内理解或感受对方正在经历的事物的能力，即把自己置于他人的位置的能力。

可用性（Usability）

可用性指的是指定用户在特定使用环境中可以使用系统，产品或服务在多大程度上实现指定目标的有效性，效率和满意度。

无障碍（Accessibility）

无障碍特指 Web Accessibility（网页无障碍），指的是设计与开发残障人士可以使用的网站、工具和技术。事实上，无障碍的设计也有利于非残障人士，如使用手机、智能手表、智能电视及其他具有小屏幕和不同输入模式等设备的人，由于衰老而对跟上时代逐渐力不能及的老年人，或农村地区的低文化群体等。Web Content Accessibility Guidelines（WCAG，Web 内容可访问性指南）2.0 定义了无障碍设计的准则，其中包含四项重要原则，即可感知、可操作、可理解、健壮性。[①]

虚荣指标（Vanity Metric）

虚荣指标指的是让企业表面看起来不错，但不会帮助企业了解自己的表现从而为未来的战略提供参考的指标。"虚荣指标"通常与"可操作的指标"进行对比，后者是可以帮助企业制定决策并实现目标或发展的指标。

个人身份信息（Personally Identifiable Information，PII）

个人身份信息指的是可用于区分或追踪个人身份的信息，既可以单独使用，又可以与其他识别信息结合使用，从而关联或可关联到特定个人，如姓名、身份证号、电话号码、银行账号等。

---

① 该术语解释引自万维网联盟（World Wide Web Consortium，W3C）官方网站。

数据主体（Data Subject）

数据主体指的是已识别或可识别的自然人。

增长主体（Growth Subject）

增长主体指的是有用户增长需求的组织或个人，如企业、国际组织、个人博主等。

数据匿名化（Data Anonymization）

数据匿名化也称为 Data De-identification，指的是改变个人可识别数据的过程，使其不再与给定的个人相关联。有三种主要的数据匿名化方法：抑制是匿名化比较常见的方法，它只是从数据中删除一些识别值以降低数据的可识别性；泛化采用特定的识别值并使其范围更广泛，如将特定年龄（18 岁）更改为年龄范围（18～24 岁）；添加噪声是从给定的数据集中将识别值与其他值进行转换。需要注意的一点是，所有这些过程都不能保证数据不再可识别，并且这些过程必须以不损害数据可用性的方式执行。①

注：正文中已出现过的用户增长、用户获取、用户深耕、用户研究、用户流失等术语，此处仍然适用。

道德守则

1. 总则

人类追求和实践道德的历史可以上溯到原始社会时期，在人类历史的长河中，从未停止过对道德的追求和实践，无论是昌明的时代还是晦暗的时代，道德始终在人性中闪耀着永恒不灭的光辉。

在近现代，尤其是两次世界大战以来，人类对道德的关注、追求与探索表现出了令人欣慰的趋势，即人类文化遗产中的道德原则得到了国际化的倡导和推行，这些道德原则超越了宗教、国家、民族、种族、肤色、语言、性别、出身、地位等，被载入了《纽伦堡守则》（1947）、《世界人权宣言》（1948）、《世界医学协会赫尔辛基宣言》（1964）、《贝尔蒙特报告》（1978）等一批重要的经典文献之中。

基于广受认同的道德原则，从用户增长的角度来看，特别强调以下六项原则是本守则的核心理念。

（1）以用户为中心

构建"以用户为中心"的哲学与理念，而非以自我、企业管理者、不合理的短期经济行为等为中心；应培养同理心，准确洞察用户需求，努力提升用户体验。

---

① 该术语解释引自欧盟 *General Data Protection Regulation*《通用数据保护条例》。

（2）尊重用户

尊重用户的选择、自由及个人尊严；当涉及用户的重大利益时，"知情同意"原则永远适用。

（3）善待用户

不伤害用户，尽量对用户增加可能的好处、减少潜在的害处；不对用户作恶；不强迫用户。

（4）不歧视用户

注重用户平等的权利，防止隐性及无意识的歧视或偏见，防止机器学习算法等造成歧视或偏见，促进产品与用户互动过程的多样性及包容性。

（5）负责任地对待用户数据

"像对待自己的数据一样对待用户数据"，在收集、保管、处理、使用用户数据的过程中，应当负责任地对待用户数据。

（6）对欺诈行为零容忍

对任何主体（包括自身）的任何欺诈行为零容忍。

同时，SMEI 还必须声明以下两点。

① 用户增长的利益相关者除了应当遵循本道德守则，还必须遵循各个国家和地区的法律。道德与法律是并行不悖的，道德是内心的法律，法律是成文的道德，二者在某些内容上可能存在交叉，但其追求的目标不同，它们互为补充地规范、引导和调整人们的行为。

② 本守则不能包含所有的道德原则，尤其不能包含特殊场景或特殊环境意义上的道德原则，且本守则的版本将不断地更新迭代。SMEI 希望众多的哲学者、法学者及用户增长的利益相关者对本守则提出中肯的意见或建议，共同发展和完善这一守则。

2．产品或服务的设计与开发

在产品或服务的设计与开发活动中，从业者应当或必须做到以下内容。

① 应当贯彻"以用户为中心的设计"理念。例如，遵循《ISO 9241-210:2010 人机交互的人体工程学—第 210 部分：以人为中心的交互系统设计》。

② 应当以同理心理解和洞察用户的需求和关切，保证产品或服务的可用性、可访问性。

③ 应当注重用户健康，降低对用户造成伤害的风险，避免用户的压力，增强无障碍功能设计；当接到可能伤害用户的设计与开发要求时，应当进行劝阻，并敢于说"不"。

④ 应当关注用户的体验和反馈，并根据它们进行产品或服务优化。

⑤ 应当对产品或服务的可用性进行测试验证。

⑥ 应当考虑设计与开发活动的整个价值链，即从产品的生产、营销到用户使用的整个过程，应当意识到人性化的技术、创意和产品的可用性是其责任的一部分。[①]

---

① 该说明引自世界设计组织（World Design Organization）官方网站。

⑦ 能否实现健康和持续的用户增长是衡量产品或服务的设计与开发活动成功与否的关键指标之一。

3．用户获取

在用户获取活动中，从业者应当或必须做到以下内容。

① 应当专注于产品或服务的价值与用户体验，获客的方法与技术应当服务于用户价值与用户体验，应当避免说服用户消费不需要的产品。

② 应当保证对用户承诺的真实性和一致性。例如，不使用误导性或欺骗性的广告或内容，避免过分夸大的言辞，避免滥用用户的信任，避免利用用户经验或知识的缺乏来获利，保证广告在点击前、后内容的相关性和一致性等。

③ 应当公平、正当地竞争，避免出现非正当竞争。例如，运用黑帽技术作弊，流量劫持，诋毁、中伤其他品牌，利用网络水军，广告、邮件或内容轰炸等。

④ 应当有能力对互联网流量的质量进行评价，对触点进行归因，对无效流量进行识别和防范。

⑤ 必须坚决抵制流量运营或广告交易等活动中的商业贿赂行为；

⑥ 能否实现健康和持续的用户增长是衡量用户获取活动成功与否的关键指标；应当杜绝没有实际价值甚至会对业务造成损害的"虚荣指标"。

4．用户深耕

在用户深耕活动中，从业者应当或必须做到以下内容。

① "用户获取"活动中的①②③⑤⑥守则适用于本活动。

② 应当有能力提升用户留存、用户激活和用户参与的效果，在充分尊重用户选择的前提下，对用户流失（预流失、休眠、流失）进行适宜和有效的干预。

③ 应当避免对用户的歧视行为，尤其是避免在数据、技术、算法中人为或非人为的歧视行为。

④ 应当避免对用户的不平等对待行为。例如，针对不同设备类型、不同消费偏好或其他特征的用户设定不同的价格等。

⑤ 必须始终坚持善待用户，不对用户作恶。

⑥ 应当把让用户获得良好的体验和令用户满意作为永恒的信念和追求。

5．用户研究

在用户研究活动中，从业者应当或必须做到以下内容。

① 应当在尊重用户、善待用户、不歧视用户的总体观念下进行用户研究。

② 应当保证研究主题、研究过程、研究方法的正当性。例如，坚决抵制可能导致用户受到伤害的研究主题，避免在研究过程中让用户感到压力、担忧或恐惧，杜绝偷拍、隐秘获取甚至非法盗取用户信息等不正当的研究方法。

③ 应当重视用户的知情权和自由选择权，对于可能引发伦理争议的研究，应当获得用户的知情同意，不应当让用户感到被操纵。

④ 应当正确地使用统计方法，确保数据能够充分支持研究结果和解释；但不应当对数据产生绝对依赖，必要时应当从不同的角度对数据进行分析，避免推出片面的结论。

⑤ 应当合理地使用研究结果并审慎地对待研究可能带来的后果。

⑥ 必须着力保护好用户隐私。

⑦ 应当负责任地对待用户数据（详见下文"对待数据"部分）。

6. 对待数据

对待用户数据，从业者应当或必须做到以下内容。

① 应当负责任地对待用户数据，并始终保持"像对待自己的数据一样对待用户数据"的同理心。

② 应当基于特定、明确、合法的目的收集和处理用户数据，应当确保数据的使用与最初收集数据的目的不矛盾；应当基于数据主体同意，或履行与用户之间的合同、履行法定义务等正当理由收集数据；应当基于明确的目的只收集最小化的数据集，如某教育平台收集了学员的血型数据应被视为超范围收集数据。

③ 应当保证用户数据的收集过程、收集方法的正当性。例如，应当坚决杜绝偷拍、隐秘获取甚至非法盗取用户数据等不正当的收集方法。

④ 必须妥善存放、保管或传递用户数据，防止数据泄露；必须着力保护好用户隐私。

⑤ 个人身份信息及用户敏感信息（如疾病史、生物特征信息、刑事犯罪信息、家庭住址信息、家庭成员信息等）是用户非常重要的信息，一旦这些信息被非正当地使用，可能对用户造成严重后果，必须杜绝滥用和交易这些信息的行为；当这些信息用于合法用途时，也应当采取匿名化或加密等安全措施。

⑥ 应当尊重用户对其数据行使访问、更正、删除等数据主体的权利。

⑦ 必须确保使用数据不会对数据主体造成任何伤害。

⑧ 应当将用户数据视为有价值的重要资产，应当有能力提高用户数据的质量，根据需要对用户数据进行分析，产出可解释的结果和有价值的洞察。

7. 对待技术

对待技术，从业者应当或必须做到以下内容。

① 应当在尊重用户、善待用户、不歧视用户的总体观念下使用与用户有关的技术或将技术施加于用户。

② 应当在获得用户的知情同意的前提下，对用户身份进行辨识（如 Cookie 或第三方 Cookie 技术），对用户进行定位，以及获取用户的设备权限。

③ 应当避免因采用自动化技术而对用户造成过度打扰。

④ 应当避免在 AI（Artificial Intelligence，人工智能）技术的应用过程中，由数据或算法导致的偏见、歧视或不平等现象，应当使用公平、公正的数据集，AI 的设计应让人类能够轻松地感知、检查和理解其决策过程，应当对 AI 的安全性和可靠性进行充分的测试验证。

⑤ 必须确保使用技术不会对用户造成任何伤害。

⑥ 必须着力保护好用户隐私，避免技术对用户隐私造成损害。

8. 对待雇主

对待雇主，从业者应当或必须做到以下内容。

① 应当具备并努力提升用户增长所需的专业能力和技能，贯彻"以用户为中心"的哲学和理念，钻研并精通业务，与雇主共同推动以用户和企业增长为核心的持续、健康发展。

② 应当大力维护雇主的合法权益、正当利益和形象声誉；应当避免造成雇主与用户之间的冲突，当冲突发生后，应致力于协商、沟通并妥善解决问题；应当避免对雇主造成损失。

③ 应当对数据敏感，负责任地、不带个人主观偏见地使用数据，并向雇主提出相关分析与建议，避免对雇主的决策产生有意识或无意识的误导，通过科学的统计分析方法缩小数据误差。

④ 应当密切跟踪并合理地采用或建议采用对用户增长有益的新技术。

⑤ 应当对雇主可能伤害用户的指令或做法进行劝阻，并敢于说"不"。

⑥ 应当树立"精益增长"的思想，通过机会、策略、验证、发展的"精益增长循环"，对业务进行实践和推动。

⑦ 应当以健康和持续的用户增长衡量工作的最终成效。

⑧ 应当对自身的行为承担全部责任。

9. 增长主体

增长主体应当坚持与上文 1~7 部分中关于对待设计与开发、用户、数据、技术等完全相同的道德守则，尤其应当或必须做到以下内容。

① 应当建立"以用户为中心"的哲学、理念和文化，增长主体的管理者应做出表率。

② 应当追求符合道德的用户增长与企业增长，与用户建立良好的信任关系，公平地开展市场竞争。

③ 应当为用户增长创造必要的条件并进行资源投入。

④ 应当合法并符合道德地收集、处理和使用用户数据，视用户数据为重要资产。

⑤ 应当鼓励创新，包括产品开发、数据驱动、技术应用、工具采用等。

⑥ 应当尊重从业者的劳动成果，保护他们的知识产权。

⑦ 应当建立适宜的激励和责任追究机制。

10. 流量或数据运营者

流量或数据运营者应当坚持与上文 1~7 部分中关于对待用户、数据、技术等完全相同的道德守则，尤其应当或必须做到以下内容。

① 应当负责任地对待用户数据，并始终保持"像对待自己的数据一样对待用户数据"的同理心。

② 应当与用户增长的利益相关者（包括用户）建立良好的信任关系，公平地开展市场竞争。

③ 必须对欺诈行为零容忍，包括流量欺诈、数据欺诈、点击欺诈（Click Fraud）、广告展现欺诈、广告投放欺诈等。

④ 应当基于特定、明确、合法的目的收集和处理用户数据，应当确保数据的使用与最初收集数据的目的不矛盾；应当基于数据主体同意，或履行与用户之间的合同、履行法定义务等正当理由收集数据；应当基于明确的目的只收集最小化的数据集。

⑤ 应当保证用户数据的收集过程、收集方法的正当性。例如，应当坚决杜绝偷拍、隐秘获取甚至非法盗取用户数据等不正当的收集方法。

⑥ 必须妥善存放、保管或传递用户数据，防止数据泄露；必须着力保护好用户隐私。

⑦ 个人身份信息及用户敏感信息（如疾病史、生物特征信息、刑事犯罪信息、家庭住址信息、家庭成员信息等）是用户非常重要的信息，一旦这些信息被非正当地使用，可能对用户造成严重后果，必须杜绝滥用和交易这些信息的行为；当这些信息用于合法用途时，也应当采取匿名化或加密等安全措施。

⑧ 应当尊重用户对其数据行使访问、更正、删除等数据主体的权利。

⑨ 必须确保使用数据不会对数据主体造成任何伤害。

附录 B　名词术语

前言

本附录是《UGBOK®指南》的重要组成部分。

为便于总览和查询，正文中已出现过的术语内容也一并汇集于此，因此本附录与正文会略有重复。

本附录对正文中引用的术语已一一注明来源，未注明引用来源的术语均由 SMEI 予以定义。

术语内容采用了创新性的中文与英文对照式写法，并附加必要的图表说明，更易于读者理解。

Part 1　用户增长综合内容

AARRR 模型（AARRR Model）

AARRR 模型指的是一种用户价值成长模型。Acquisition（获取）、Activation（激活）、Retention（留存）、Revenue（收入）、Refer（推荐），代表了用户价值成长的常见路径。该模型由戴夫·麦克卢尔（Dave McClure）提出，由于 AARRR 的发音很像电影《加勒比海盗》中杰克船长的口头禅，因此该模型又被称为"海盗模型"。

A/B 测试（A/B Testing）/ A/B/n 测试（A/B/n Testing）

A/B 测试指的是一种在 2 个变体之间进行随机对照试验的方法，是随机对照试验的一种具体形式，通常是在线进行的，如在 2 个着陆页版本之间进行对照测试。世界上关于 A/B 测试思想的最早记录在公元 1061 年的中国宋朝时期，当时的《本草图经》一书记载了一个通过对照试验测试人参真假的事例，体现了简朴的对照试验思想。20 世纪 20 年代，统计学家和生物学家罗纳德·艾尔默·费舍尔（Ronald Aylmer Fisher）发现了 A/B 测试和随机对照试验背后的重要原理，成为第一个弄清楚随机对照试验基本原理（包括数学原理）并使之成为一门科学的人。随后，A/B 测试广泛应用于现代生物医学的双盲测试。在双盲测试中，病人被随机分为两组，在不知情的情况下分别使用安慰剂和测试用药，经过一段时间的测试后，再比较两组病人的表现是否具有显著的差异，从而研判测试用药是否有效。

A/B/n 测试是 A/B 测试的扩展方法，指的是在多个变体之间进行随机对照试验，如在 3 个着陆页版本之间进行对照测试。

参见术语 Randomized Controlled Trial。

获客渠道（Acquisition Channel）/营销渠道（Marketing Channel）

获客渠道也称为流量获取渠道，指的是获取用户的流量渠道。

营销渠道指的是企业将产品、服务、内容或信息传递给目标受众的一系列途径，是企业的流量、用户、顾客、交易的主要来源。从不同的角度来看，营销渠道有不同的分类。例如，分为直销渠道、分销渠道；分为零级渠道、一级渠道、二级渠道、三级渠道、N级渠道；分为自有渠道、付费渠道、有机渠道；分为线上渠道、线下渠道；分为多渠道、跨渠道、全渠道等。

获客渠道是互联网时代营销渠道的一种新形态，是获取互联网流量及用户的主要源泉。

操作（Action）/交互（Interaction）/行为（Behavior）/参与（Engagement）

互联网领域的**操作**指的是用户在对象（如软件、网站、App、计算机设备等）中的具体操作动作。例如，浏览、点击、触摸、翻页、滚屏、下载、安装等。

交互指的是用户与产品或品牌之间的互动。用户交互着重强调的是双向效应、动态性，以及因交互对象的行为而改变自己的行为和反应。用户在网站或App中与内容发生交互，就产生了交互事件。例如，在 Google Analytics 中，每个交互事件由一组属性值进行记录和定义，其中一个属性值便是用户操作。参见术语 Event。

行为指的是用户关于产品或品牌的各种行为的总和。用户行为既包括在产品内的操作或交互，又包括在产品外的交互（如在社交媒体上）；既可能是线上行为，又可能是线下行为（如与同事分享产品的使用经验）；既可能是单向的用户行为，又可能是双向的用户交互行为。

参与特指正向、积极、有价值的用户行为，无论其发生在产品内还是发生在产品外，在线上还是在线下，是单向还是双向。反之，用户刷单、刷评论、点击欺诈这类负向、消极、无价值的行为，不能算作用户参与。用户参与应当与产品核心价值或企业的商业诉求有关。用户操作、用户交互、用户行为的词性是中性的，而用户参与的词性是褒义的。

用户行为的含义最宽泛，用户参与、用户交互都是用户行为的子集，而用户操作又是用户交互的子集。四者的关系如图 B-1 所示。

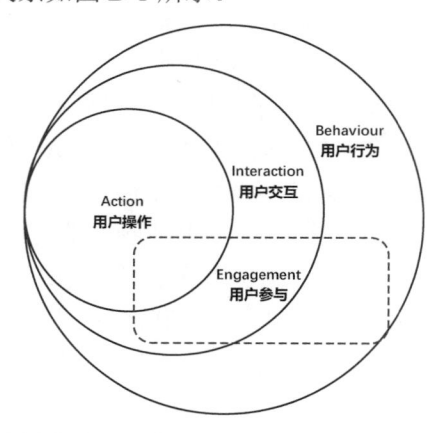

图 B-1 用户操作、用户交互、用户行为、用户参与的关系

激活操作（Activation Action）

激活操作指的是一个或一组特定操作，新用户通过这类特定操作体验到了产品核心价值，并对用户留存产生了显著影响。例如，推特的 Joy Elman 说"一旦用户关注了 30 个人，他们或多或少就会长期活跃下去。但如果推特无法让一个人关注其他 30 个人，那么这个人就很可能不再回来了。""关注 30 个人"就是激活操作。因此，"用户激活"作为一项特定的用户增长任务，第一步就是要识别用户在产品中的"激活操作"。参见术语 User Activation、Action。

广告投放（Ad Delivery）

广告投放指的是基于一组策略让广告得以展现的运作过程。这些策略包含选择相关媒体、受众、展现位置、展现时间、展现方式等。

广告交换平台（Ad Exchange，AdX）

广告交换平台指的是一种通过程序化技术驱动的、实时竞价的广告交易平台。参见术语 Real Time Bidding。

广告填充率（Ad Fill Rate）

广告填充率指的是广告成功填充数占广告展示机会数的百分比。这是广告媒体比较关注的一种指标，广告无法成功填充就意味着广告媒体无法获得预期的收益，其原因主要有需求不足、广告拦截、技术故障等。需要注意的一点是，"成功填充"指的是符合广告媒体预期的广告展现，而非视觉结果，因为未被成功填充的广告位通常也会通过某种"打底广告（Default Ad）"进行填充。参见术语 Default Ad。

广告服务（Ad Serving）/广告服务器（Ad Server）

广告服务指的是在线广告业务中将广告投放到媒体上的技术和服务。其主要有两种类型，一种是广告发布商（Publisher）服务，另一种是第三方广告服务。

广告服务器指的是一种 Web 服务器，是在线广告运作过程中的重要设施，其主要功能是存储触发物（广告物料）内容，并将该内容在线分发和传递至各媒体的相应广告位进行展示。

广告评估（Advertising Evaluation）/广告测试（Advertising Testing）/广告调查（Advertising Survey）/广告监测（Advertising Monitoring）

广告评估指的是在广告投放前、广告投放中、广告投放后对广告相关事项进行分析、评估的总称，也称为广告分析（Advertising Analysis）。具体的评估方法包括广告测试、广告调查、广告监测等。此外，广告追踪、广告测量是广告评估的基础性技术，参见术语 Advertising Tracking、Advertising Measurement。

广告测试指的是对广告具有试验性质的测量或观察活动，如针对广告定位、概念、创意、风格、设计、传播、效果、媒介组合等的测试，通常在广告投放前、广告投放中进行。

广告调查指的是通过向用户进行调查的方式评估广告效果，调查主题包括购买意愿、品牌回忆率、广告喜爱程度等。

广告监测指的是在广告投放过程中对特定因素或事件的监控与测量。例如，广告客户检查其广告是否在正确的上下文中，是否在正确的网站中，是否在网站的正确区域中，是否向正确的受众展现等。在程序化广告中，广告监测的典型应用是对品牌安全、无效流量、广告欺诈、频次上限、广告可见度等进行实时的监测。

与广告评估有关的一组概念关系如图 B-2 所示。

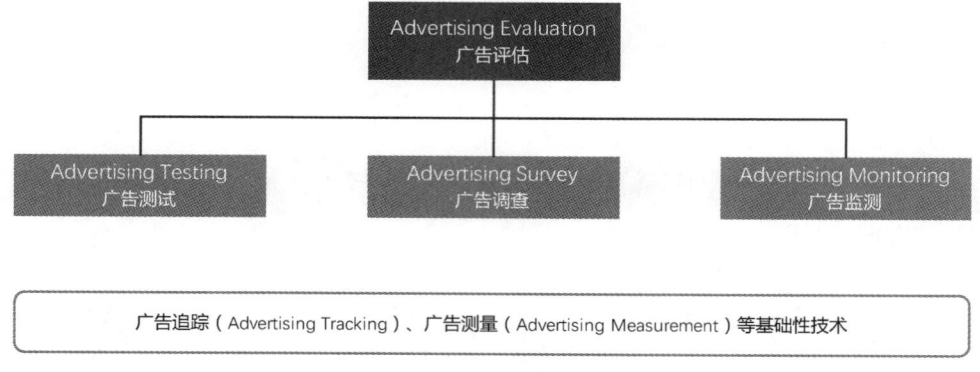

图 B-2　与广告评估有关的一组概念关系

广告测量（Advertising Measurement）

广告测量指的是为了获得用数字表示的结果而对广告活动进行测量的过程。广告测量的关键特征是测量的信度、效度、灵敏度等。

广告网络（Advertising Network，Ad Network）

广告网络通常指的是在线广告网络（非传统媒体广告网络），是广告资源的一个聚合性行业组织，其关键作用是汇聚大量的广告库存资源，并与广告主的需求进行匹配和对接。此外，在线广告网络与传统媒体广告网络之间的根本区别是前者使用广告服务技术向受众投放广告。参见术语 Ad Serving。

啊哈时刻（Aha Moment）

啊哈时刻指的是人们感受到惊喜的那一刻，因为此时人们常常会欢呼"啊哈！"这种情绪反应也称为"尤里卡效应"，源于阿基米德（Archimedes）发现浮力定律的故事。国王命令阿基米德鉴定皇冠的真伪，正当阿基米德苦思多日无解之时，在一次洗澡的时候，他脑海中灵光一闪，突然意识到浮力和物体排出的水的重量相等，通过这种原理不就可以鉴定皇冠是不是纯金的了吗？他在浴缸中惊喜地跳起来高呼道"Eureka（尤里卡）！"大意是"我找到了！"用户在使用产品的过程中，感受到的"啊哈时刻"越多，表明用户体验越好。

应用激活（App Activation）/用户激活（User Activation）/账号激活（Account Activation）

应用激活也称为 App 激活，指的是 App 在安装后首次被成功打开。

用户激活指的是新用户完成特定操作。用户激活可以让新用户体验到产品核心价值，是影响用户留存的积极因素。参见术语 Activation Action。

账号激活指的是用户通过一定的程序启用一个新的账号。例如，用户通过点击官方发送的邮件链接或填入官方发送的验证码，验证用户操作的真实性并激活账号。

用户激活与账号激活没有顺序要求，换句话说，用户激活可以在发生账号激活之前，也可以发生在账号激活之后。但对于 App 来说，应用激活必然处于这二者之前。

应用商店营销（App Store Marketing，ASM）/应用商店优化（App Store Optimization，ASO）

应用商店营销指的是在应用商店中针对 App 进行的营销推广活动，也经常指 App Store（Search）Marketing，即应用商店（搜索）营销。

应用商店优化指的是在应用商店中针对 App 的排名和可发现性进行的优化活动。

归因（Attribution）

归因指的是将转化贡献在渠道或触点间进行分配的模式及过程。

属性分析（Attribute Analysis）/行为分析（Behavior Analysis）/心理分析（Psychology Analysis）

这是对用户进行特征分析的三个典型维度。

属性分析指的是对用户的属性开展统计分析，包括人口统计信息、地理分布信息、使用设备信息等。例如，查看不同国家或地区的用户分布情况，或统计不同年龄段的用户。

行为分析指的是对用户的行为（尤其是用户在互联网上的行为）开展评估分析。例如，分析用户的网站访问行为、购物行为。

心理分析指的是对用户的心理状态开展调查和评估分析，包括信念、感觉、意图、偏好、倾向、观点、情绪、体验、满意度等。对用户心理的分析也经常包含对其属性或行为的分析，如基于用户所在的国家、宗教信仰、受教育程度等分析其价值观，或基于用户的消费记录分析其购物偏好。

受众（Audience）/目标受众（Target Audience，TA）

受众指的是产品或营销信息在广泛意义上的接受者，包括广播听众、电视观众、杂志读者、网络用户、会议听众等。

目标受众指的是产品或营销信息针对的目标市场中的特定群体。[1]

程序化合约（Automated Guaranteed，AG）/程序化直接购买（Programmatic Direct Buy，PDB）/程序化合约（Programmatic Guaranteed，PG）

三者含义相同，都是程序化广告的典型交易模式。它们指的是具有固定定价和程序化处理的预留库存的一对一广告销售[2]，即广告客户与广告发布商（或媒体机构）通过合约完成广告投放的合作，而广告的投放运作过程是通过程序化技术实现的。

平均页面浏览量（Average Pageview）

平均页面浏览量指的是用户在网站中的平均页面浏览量，可以用 PVs/Sessions 进行计算。需要注意"平均页面浏览量"与"平均会话深度"的区别，参见术语 Average Page Depth。

每用户平均收入（Average Revenue Per User，ARPU）/每付费用户平均收入（Average Revenue Per Paying User，ARPPU）

每用户平均收入通常指的是企业源于每个活跃用户的平均收入（活跃用户向企业贡献的货币化价值）。

每付费用户平均收入指的是企业源于每个付费用户的平均收入。

横幅（Banner）

横幅在广告领域通常代指横幅广告（Banner Advertising），指的是一种在网络中展现的矩形公告牌，当用户点击它时通常可以链接相应的目标页面。

竞价（Bidding）/实时竞价（Real Time Bidding，RTB）/公开竞价（Open Auction，OA）

竞价即竞争性出价，出价者称为竞价者。

实时竞价指的是一种典型的程序化广告交易模式，即通过程序化技术驱动的竞价响应及结算模式，符合规则的竞价者针对某个广告的展示机会出价，出价最高者的广告获得展示机会。

公开竞价与实时竞价含义相同，指的也是一种程序化广告交易模式。

竞价率（Bid Rate）/竞得率（Win Rate）

竞价率衡量的是竞价的意愿，指的是竞价参与次数占竞价发起次数的百分比，如发起竞价请求 1000 次，参与竞价 500 次，则竞价率为 50%。

---

[1] 该术语解释由菲利普·科特勒给出。
[2] 该术语解释由 IAB 给出。

竞得率衡量的是竞价的能力，指的是实际竞得次数占竞价参与次数的百分比，如发起竞价请求 1000 次，参与竞价 500 次，实际竞得 100 次，则竞得率为 20%。

跳出（Bounce）/跳出率（Bounce Rate）

跳出指的是访问者只访问了网站的一个页面就离开网站的情形。

跳出率=只访问了一个页面的会话/总的会话，常用其衡量着陆页上的用户体验。如果要衡量某个着陆页上的跳出率，那么"总的会话"取值为"由该着陆页进入网站的所有会话"；如果要衡量整个网站的跳出率，那么"总的会话"取值为"进入网站的所有会话"；如果要衡量某个获客渠道的跳出率，那么"总的会话"取值为"该获客渠道产生的所有会话"。不同的分析工具在计算取值时可能会有细微的差异。需要注意"跳出/跳出率"与"退出/退出率"的区别，参见术语 Exit/Exit Rate。

头脑风暴法（Brain Storming）

头脑风暴法指的是一种在短时间内产生大量创意和想法的方法。该方法通常将小组成员集中在一起就某一主题独立自主地发表意见，从而产出好的想法。该方法需要遵循的原则包括对小组成员的意见不批评、不评价、不讨论，尊重并记录所有人的想法等。

品牌营销（Brand Marketing）/效果营销（Performance Marketing）/品效合一营销（Brand+Performance Marketing）

品牌营销指的是着力于在消费者心智中建立品牌认知和好感的营销行为，其核心诉求是将目标消费者的某种欲望或需求与品牌关联到一起，让品牌成为某种特性或品类的代表。

效果营销指的是着力于让目标消费者产生行动的营销行为，其核心诉求是促成目标消费者的即时转化。

品效合一营销指兼具品牌营销和效果营销诉求的营销行为。

品牌联想（Brand Association）

品牌联想指的是当消费者看到或听到某品牌时，在其心智中产生的对于该品牌的任何想法，如品牌定位、归属品类、特性、记忆、经验、感觉、评价、情绪等。

品牌发展指数（Brand Development Index，BDI）/品类发展指数（Category Development Index，CDI）

品牌发展指数指的是对品牌在特定消费者群体中的表现进行量化，并将其与品牌在所有消费者中的平均表现进行比较的一个指标。

品类发展指数指的是对品类在特定消费者群体中的表现进行量化，并将其与品牌在所有消费者中的平均表现进行比较的一个指标。

品牌元素（Brand Element）

品牌元素指的是构成一个品牌的各种元素，通过全部或部分元素可以明显地将该品牌与其他品牌进行区分。这些元素包括品牌名称、标识、色彩、字体、口号、包装、声音、视觉设计等。

品牌资产（Brand Equity）

品牌资产指的是凝结在消费者心智中对品牌的认知和情感。由于这样的认知和情感可以创造价值，因此被视为一种重要的无形资产。品牌资产通常不会因为有形资产的消亡而灭失，如一把大火烧掉了可口可乐的有形资产，但由于其品牌的影响力，重新生产出来的可口可乐仍会被大量的消费者消费。

品牌个性（Brand Personality）

品牌个性指的是将品牌人格化并赋予其像人类一样的个性。

品牌回忆（Brand Recall）

品牌回忆也称为独立回忆（Unaided Recall）或自发回忆（Spontaneous Recall），指的是在仅对消费者进行产品类别提示时，某一品牌被消费者回忆起来的能力。当得到产品类别的提示时，很多消费者只能回忆起较少的品牌，通常为 3~5 个品牌名称。在消费者测试中，很少有消费者能回忆起一个产品类别中的超过 7 个品牌名称，而对于低兴趣的产品类别，很多消费者只能回忆起 1~2 个品牌名称。

行动号召（Call to Action，CTA）

行动号召指的是在触发物（如广告、网页、App 页面、邮件、通话）中通过有号召性的用语、图形等，明确激励用户采取行动。行动号召可以是文字、图片、按钮、表单、声音等内容或它们的组合。参见术语 Trigger。

品类方格（Category Square）

这一概念由 SMEI 提出，指的是在"消费者决策过程"中，消费者往往会下意识地将需求或目标物与其心智中的"品类方格"建立关联，思考在这个品类下有没有产品、需求的强弱、有没有替代品类等。消费者往往在品类层面完成需求确认后，才会最终选定某一款产品或品牌，这就是"品类化思考，品牌化表达"。同一件产品，当其处于不同的"品类方格"中时，会左右消费者的价值感知甚至价格判断。例如，一款深海鱼油产品，如果在消费者的"品类方格"中被归类为食品，消费者可能愿意花 10 元购买；如果被归类为保健品，消费者可能愿意花 100 元购买；如果被归类为礼品，消费者可能愿意花 500 元购买；如果被归类为奢侈品，消费者可能愿意花 1000 元购买。

用户流失（Churn）/用户流失率（Churn Rate）

用户流失指的是用户在正常活跃周期内对产品无参与行为。"用户正常活跃周期"的含义与"产品天然使用周期"的含义相同。参见术语 Natural Usage Period。

用户流失率指的是衡量用户的流失状况或留存水平的指标。

流失用户（Churn User）/休眠用户（Dormant User）

流失用户、休眠用户指的是在特定周期内无参与行为的用户。

人为地规定，"特定周期"是产品的"天然使用周期"的倍数。一款产品的天然使用周期（也称为正常活跃周期），可以取值为大多数用户的正常活跃周期。

有了天然使用周期后，企业可进一步确定特定周期，主要有以下两种方式。

- 人为判定，休眠期为天然使用周期的 2 倍值；流失期为天然使用周期的 3 倍值。
- 概率判定，计算非活跃用户在若干个天然使用周期中的"用户重活率"，用户重活率与用户不活跃的时间成反比，其反映了随着周期数的增加，用户重新活跃率的收敛速度减慢。当到达一个拐点时，用户重活率曲线将趋于平稳。也就是说，随着用户不活跃的时间的增加，用户重新活跃的概率不会再大幅下降，而是维持在一个稳定的较低水平（通常在 5%～10%之间），表明进入该时段的非活跃用户重新活跃的概率已经很小，即可视为真正流失。那么，以这个拐点为界，左边的周期为休眠期，右边的周期为流失期。

参见术语 Churn、Natural Usage Period。

休眠期与流失期如图 B-3 所示。

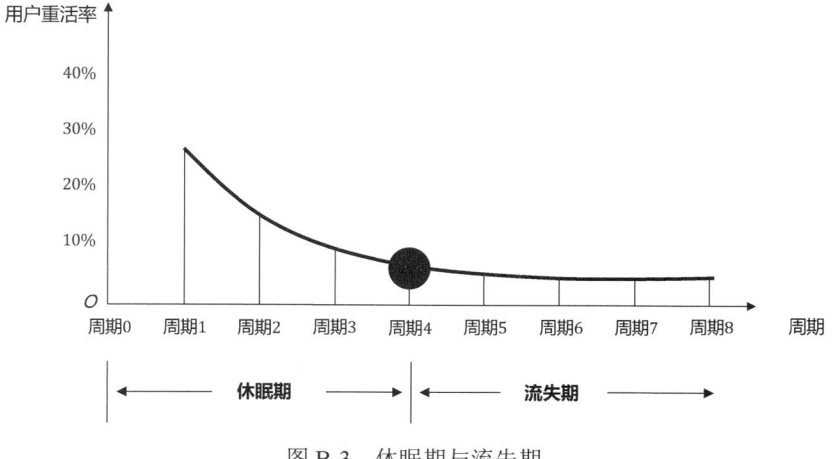

图 B-3 休眠期与流失期

点击（Click）/点击率（Click Through Rate，CTR）

点击指的是用户与内容（通常是广告）的有效交互行为（包含但不限于鼠标点击、手指点击、摇晃设备、隔空操作、在屏幕上滑动等），该行为的目标是促成内容页面被打开。同时，点击也作为指标名称，衡量用户点击某个内容（通常是广告）的次数。

点击率也称为点击通过率，指的是广告点击量占展现量的百分比，计算公式为 CTR=点击量/展现量×100%。参见术语 Impression。

点击欺诈（Click Fraud）

点击欺诈通常发生在 PPC（Pay Per Click，每次点击付费）广告中，指的是通过人工或机器手法对并无兴趣的广告进行点击从而获利的恶意行为。点击欺诈是一种典型的无效流量来源。参见术语 Invalid Traffic。

点击转化率（Click Value Rate，CVR）

点击转化率指的是 CPA 类广告转化量占点击量的百分比，计算公式为 CVR=转化量/点击量×100%。点击转化率也可衡量非广告类推广的点击转化效果。

同类群组分析（Cohort Analysis）

同类群组分析也称为队列分析，指的是对具有共同特征的用户群组进行某种分析。"共同特征"可能是在某一天新增的同一批用户、使用了某一个功能的同一批用户或参加了某一个官方活动的同一批用户。

消费者特性（Consumer Characteristic）

俞军在赫伯特·A. 西蒙和罗素·W. 贝尔克等学者的研究基础上，总结并提出了消费者的一些普遍特性，主要有以下五种。

异质性（Heterogeneity）指的是每个消费者的特点都是千差万别的，几乎很难找到两个完全一样的消费者。

情景性（Situation）指的是消费者的需求是在"刺激"下产生的，刺激就是情景化的激发，无情景即无需求。参见术语 S-R Theory。

可塑性（Plasticity）指的是消费者是可变的，其偏好和认知会随着外界不同的信息刺激而发生变化和演化。

自利性（Self-interest）指的是消费者会追求总效用的最大化。

有限理性（Bounded Rationality）指的是当消费者做出决策时，其理性会受相关因素的限制，做出的决策并不是完全理性的，消费者寻求的往往是一个令人满意的解决方案，而不是一个最佳解决方案。

消费者决策过程（Consumer Decision Journey，CDJ）/消费者旅程地图（Consumer Journey Map，CJM）/消费者体验地图（Consumer Experience Map，CEM）

消费者决策过程指的是消费者了解、评估、购买及使用企业的产品或服务的过程，也称为消费者旅程，或顾客决策过程（Customer Decision Journey）、买家决策过程（Buyer Decision Process）等。比较著名的 CDJ 模型包括：麦肯锡公司开发的"Initial-consideration Set（初始考虑）、Active Evaluation（主动评估）、Moment of Purchase（购买时刻）、Post-purchase Experience（购后体验）、Loyalty Loop（忠诚循环）"模型；约翰·杜威（John Dewey）提出的"Problem/Need Recognition（问题/需求辨识）、Information Search（信息搜寻）、Evaluation of Alternatives（替代品评估）、Purchase Decision（购买决策）、Post-purchase Behavior（购后行为）"模型；以及更早的由艾尔莫·李维斯在 1898 年提出的 AIDA 模型。

消费者旅程地图指的是将消费者决策过程中各个阶段的实际消费者触点按照时间关系绘制的可视化图表。

消费者体验地图指的是在消费者旅程地图的基础上，增加消费者的情绪、感受、体验等要素而形成的可视化图表。

消费者旅程地图、消费者体验地图有广义与狭义之分：广义上指的是完整的消费者旅程，起点是消费者最初了解产品或服务，既包含产品内触点，又包含产品外触点；狭义上指的是产品或服务内部的旅程，也称为用户旅程地图/用户体验地图（User Journey Map/User Experience Map）。

内容管理系统（Content Management System，CMS）/内容优化系统（Content Optimization System，COS）

内容管理系统指的是一种对数字内容进行创建、编辑、管理的 Web 应用程序。其通常应用于网站、博客等平台。

内容优化系统是 CMS 的升级版。传统的 CMS 只能提供静态的、千人一面的内容展现；而 COS 基于 AI 技术，从编辑到最终展现都可以进行优化，如整合式 SEO、更好的用户体验、千人千面的展现效果等。当前，COS 正处于起步阶段。

对比分析（Contrastive Analysis）

对比分析也称为比较分析法，指的是将相互联系的数据进行比较的分析方法。其通常包含横向对比、纵向对比的方式：横向对比包含实际数据与目标数据对比、实际数据与指定对象对比等；纵向对比包含同比、环比、定基比、前后比等。

转化（Conversion）/宏转化（Macro Conversion）/微转化（Micro Conversion）

转化指的是让用户完成某个设定目标的过程。"目标"多种多样，可能是添加购物车、下单、填写表单等。转化主要包括两种，即宏转化和微转化。无论是宏转化还是微转化，都可能是线上或线下的。常用转化率衡量用户转化的效果。

宏转化指的是企业最希望用户完成的关键行为。宏转化与企业的核心商业诉求直接相关。在很多情形下，宏转化都可以映射到用户增长的北极星指标上。常见的宏转化包含购买（如电子商务类应用、SaaS 类应用），注册账号（如社交类应用、资讯媒体类应用）等。

微转化指的是宏转化以外的转化。微转化主要分为两类：一类是过程里程碑，指发生宏转化的过程中必要的过程性转化。例如，"购买"是宏转化，那么点击商品、添加购物车、登录、下单、选择收货地址等就是过程里程碑。另一类是次要操作，它未必是宏转化的必要过程，但在发生后对宏转化有积极影响。例如，"购买"是宏转化，那么点击商品、添加购物车、登录、下单、选择收货地址等是过程里程碑，而用户查看商品评论、向客服发起咨询、点击收藏、点击降价通知、阅读商品详情页等就是次要操作。

宏转化与微转化的关系如图 B-4 所示。

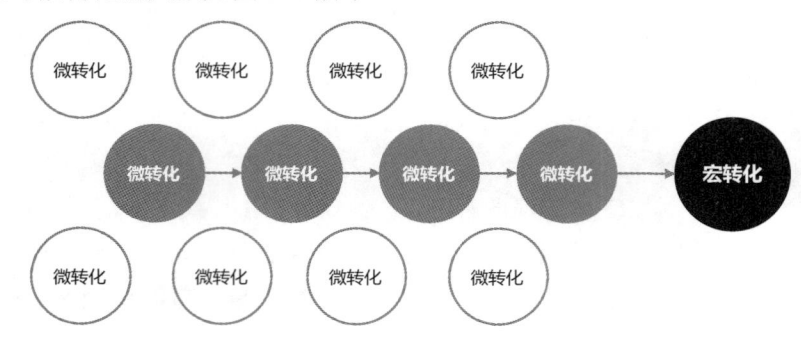

图 B-4　宏转化与微转化的关系

转化漏斗（Conversion Funnel）

转化漏斗也称为营销漏斗，指的是消费者通过互联网广告或搜索到达指定网站并最终转化的轨迹。下一个环节的数据（如流量、用户数等）比上一个环节的数据少，因此多个环节的数据构建的图形像一个"漏斗"。

每千次展现费用（Cost Per Mille，CPM）/每点击费用（Cost Per Click，CPC）/按时长付费（Cost Per Time，CPT）/按天付费（Cost Per Day，CPD）/每下载费用（Cost Per Download，CPD）/每安装费用（Cost Per Installation，CPI）/每线索费用（Cost Per Leads，CPL）/每销售费用（Cost Per Sales，CPS）/每访问费用（Cost Per Visit，CPV）

这是几种常用的广告结算模式，有时也代指广告投放模式。

需要注意的一点是，CPD 既指 Cost Per Day，又指 Cost Per Download。

此外，与用户转化行为有关的模式如 CPD（Cost Per Download）、CPI、CPL、CPS、CPV 等统称为 CPA（Cost Per Action，每行动费用）。

顾客忠诚（Customer Loyalty）

顾客忠诚指的是顾客重复消费某种产品或品牌的意愿和实际行动。"消费"的含义是广泛的，如购买、使用、体验、互动等。

顾客感知价值（Customer Perceived Value）

顾客感知价值指的是顾客实际感知的产品或服务的价值，等于其感知的该产品或服务的全部利益与全部成本的差值。需要注意的一点是，这里的"利益""成本"是顾客的主观感知，并非产品或服务客观上的利益或成本，因此即使产品或服务完全相同，不同的顾客对其价值也会有不同的感知。

顾客满意度（Customer Satisfaction，CSAT）

顾客满意度指的是衡量顾客对产品或服务满意程度的指标。

获客成本（Customer Acquisition Cost，CAC）

获客成本指的是获得客户或用户的人均成本。

顾客费力度评分（Customer Effort Score，CES）

顾客费力度评分指的是一种顾客满意度的调查方法，用于调查顾客使用产品或相关功能解决问题的难易程度，即产品的易用性。

日活跃用户数（Daily Active User，DAU）/周活跃用户数（Weekly Active User，WAU）/月活跃用户数（Monthly Active User，MAU）

它们指的是分别以日、周、月为观察周期统计得到的在相应周期内的独立活跃用户数，分别简称为日活、周活、月活。例如，月活跃用户数是在过去30天（某些产品采用28天）内的独立活跃用户数。

交易结构（Deal Structure）

交易结构指的是企业与其利益相关者的交易模式和一系列安排。例如，企业与用户的交易、企业与广告商的交易、企业与投资机构的交易、企业与股东的交易等。一个企业的商业模式就是利益相关者的交易结构。

用户深耕（Deep Cultivation）

这一概念由SMEI提出，指的是通过精细化运营提升用户生命周期价值的业务过程。用户获取、用户深耕是用户增长的两大关键业务过程。

打底广告（Default Ad）

打底广告指的是当由于某种原因（如需求不足、广告拦截、技术故障等）导致相关广告位无有效广告填充时，由广告媒体事先准备的替代广告进行填充，这样的替代广告就是打底广告。参见术语 Ad Fill Rate。

需求方平台（Demand Side Platform，DSP）/供应方平台（Supply Side Platform，SSP）

需求方平台指的是为程序化广告的需求方提供广告交易支持的软件系统，其关键功能包括在 DSP 中统一管理与各个 AdX 系统的交互，广告投放定位，智能出价，对广告进行优化等。

供应方平台指的是为程序化广告的供应方提供广告交易支持的软件系统，其关键功能包括在 SSP 中统一管理与各个 AdX 系统的交互，管理广告库存，管理广告位保底价格（Floor Price），将展现机会及时报送给 AdX 系统等。

数字化消费者行为（Digital Consumer Behavior）

数字化消费者行为指的是消费者在数字世界（主要是互联网）中的行为，是"最终用户时代"的消费者主要的消费行为，这些行为产生了大量的消费行为数据。

展示广告（Display Advertising）/分类广告（Classified Advertising）

展示广告指的是通过图文、视频、动画等形式呈现的视觉广告，包括报纸展示广告、数字展示广告等。与其相对的概念是分类广告。

分类广告指的是将不同广告客户的各种需要分门别类，归入不同的小栏目，在同一小栏目的标题下集中编印，包括遗失、招领、求职、招聘、招生、求师、征友、求偶、房屋出租、小商品出售等分类，这种广告形式篇幅短小、制作简便、传播迅速、价格低廉。

每千次展现收入（effective Cost Per Mille，eCPM）/每点击收入（effective Cost Per Click，eCPC）/每行动收入（effective Cost Per Action，eCPA）

它们指的是从媒体角度衡量的不同结算模式的广告收入。参见术语 CPM、CPC、CPA 等。

电子邮件营销（E-mail Direct Marketing，EDM）

电子邮件营销指的是通过电子邮件进行营销的方式。

空状态（Empty Status）

空状态指的是用户界面中尚未充满信息的页面或屏幕。其使用场景通常包括产品初体验、用户成功完成目标任务、页面出错或失败等。

Epsilon 递减策略（Epsilon Decreasing Strategy）

Epsilon 递减策略指的是一种机器学习技术，采取"边探索、边利用"的模式分配资源，从而减少不必要的损失。业内常用的 A/B 测试采取"先探索、后利用"的模式，因而在探索过程中企业可能会遭受损失。参见术语 A/B Testing。

评价效力（Evaluation Effectiveness）

评价效力指的是指标在评价特定对象上的能力。例如，在评价流量的质量时，"支付金额"的评价效力较高，而"页面浏览量"的评价效力相对较低。

事件（Event）

事件指的是用户与内容的交互，它可以独立于网页或屏幕加载之外进行测量。例如，用户下载、点击链接、提交表单和播放视频都是可以作为"事件"进行分析的"操作"。既然是"事件"，就涉及发生的时间、位置、数量、操作等要素。在 Google Analytics 中，一个事件的要素包含事件类别（如视频交互）、操作（如播放视频）、标签（如《乱世佳人》）、值（如 3 次）。

参见术语 Action、Interaction、Event Tracking。

退出（Exit）/退出率（Exit Rate）

退出指的是访问者从最后一个浏览页面离开了网站的行为。网站中的任何一个页面都可能是访问者离开网站时的退出页面（Exit Page）。

退出率=从退出页面离开网站的会话/进入了退出页面的会话。不同的分析工具在计算取值时可能会有细微的差异。

需要注意"退出/退出率"与"跳出/跳出率"的区别，参见术语 Bounce/Bounce Rate。

恐惧、不确定和疑虑（Fear, Uncertainty and Doubt, FUD）

它们指的是一系列心理状态的集合，它们可以在各种情况下影响人们的思维和决策。这一术语最早出现于 19 世纪 20 年代，其相关表述最早可追溯至 17 世纪。在商业领域，它们经常被用作与对手竞争或影响消费者的策略。在用户转化过程中，积极消除用户的 FUD，有利于转化目标的达成。例如，对商品进行限量销售、限时打折以制造稀缺感等，就是对 FUD 的利用。

鱼骨图法（Fishbone Diagram）

鱼骨图也称为石川图，因其在 20 世纪 60 年代由日本质量管理大师石川馨提出。**鱼骨图法**通过分解的方式探寻导致问题产生的众多可能的原因，将这些原因按其关联关系整理成层次分明、条理清楚并标出重要因素的图形，因为其形状像鱼骨，所以称为"鱼骨图法"。

例如，一个质量问题的原因，通常可以从人、机、料、法、环、测等六个方面进行分解；一个用户转化问题的原因，通常可以从触发、利益、阻碍等三个方面进行分解。

鱼骨图法经常与头脑风暴法结合使用。参见术语 Brain Storming。

人格五因素模型（Five Factor Model，FFM）

人格五因素模型也称为"大五人格模型（Big 5）"，是因为多位独立研究人员的共同贡献而得以产生和完善的，该模型认为大多数个体存在着五个相对显著、独立且稳定的个性因素，即外向性（Extraversion）、亲和性（Agreeableness）、责任心（Conscientiousness）、神经质（Neuroticism）、开放性（Openness）。

保底价格（Floor Price）

保底价格指的是广告发布商（或媒体机构）设定的某个广告库存的最低投放价格，只有出价高于该保底价格的广告才可以获得展现机会。保底价格可以是固定价格，也可以是程序化技术自动优化的动态价格。

四象限分析法（Four Quadrant Analysis）

四象限分析法指的是将分析对象（如产品、服务等）的两个特征作为分析维度，针对维度交叉细分后位于四个象限的不同情况，分别制定相应策略。

比较著名的四象限分析法实例有波士顿矩阵（BCG Matrix）、DISC 性格测评（DISC Assessment）、情景领导（Situational Leadership）等。在需要时，也可以在四象限中增加更多的维度，如在气泡图中可以通过气泡的大小、颜色、位置等表示更多维度的信息。

接触频次（Frequency）/有效接触频次（Effective Frequency）/到达率（Reach）/有效到达率（Effective Reach）

在广告业务场景中，这些术语各自代表以下含义。

接触频次指的是在一定周期内每位受众接触某支广告的平均次数。

有效接触频次指的是目标受众若要达到广告诉求目的则需要接触该广告的最少次数。例如，某支广告的诉求目的是购买某产品，如果目标受众平均需要接触该广告 3 次才会购买某产品，那么该广告的有效接触频次为 3 次。接触频次是否"有效"，取决于具体的广告诉求目的，如购买、记住品牌、注册账号、留下线索等。

到达率指的是在一定周期内，看到某支广告至少 1 次的目标受众人数占该媒体（或某一地区）总人数的百分比。在该周期内，同一受众无论看到该广告多少次，都只统计为 1 个"到达"。在广告业务中，企业经常会统计看到广告 N 次以上的人数，用"N+Reach"的形式表示，如"1+Reach"等同于"Reach"，而"2+Reach""3+Reach""5+Reach"分别代表看到广告 2 次以上、3 次以上、5 次以上的目标受众人数占总人数的百分比。此外，广告的"到达"与"展现"是有区别的，参见术语 Impression。

有效到达率指的是在一定周期内，对于某支广告来说，达到"有效接触频次"的受众人数占该媒体（或某一地区）总人数的百分比。例如，某支广告的有效接触频次是 4 次，那么只有看到该广告 4 次以上的受众才属于有效到达的范围。

到达率乘以接触频次，就可以得到毛评点的值，参见术语 Gross Rating Point。

常见问题问答（Frequently Asked Questions，FAQ）

常见问题问答指的是人们在互联网上经常问的关于特定产品或服务的问题列表及问题的答案。

弗洛伊德动机理论（Freudian Motivation Theory）

弗洛伊德动机理论由西格蒙德·弗洛伊德（Sigmund Freud）提出，该理论认为，潜意识的心理力量（如隐藏的欲望和动机）会影响个人的行为，如他们的购买方式。形成人的行为的真正因素大多是无意识的，一个人的真正动机并不容易被看清，即动机具有隐藏性，这种"隐藏"有时是故意的，有时是潜意识的。因此，在评估消费者行为时，评估人员应透过现象看本质，不能被其表面现象所迷惑，才能得出真正的洞察。

功能留存（Function Retention）/活动留存（Campaign Retention）/留存活动（Retention Campaign）

功能留存指的是对使用过特定功能的用户群体的留存情况进行分析，以确定该功能与用户留存是否存在相关性或因果性。

活动留存指的是对参与过特定活动的用户群体的留存情况进行分析，以确定该活动与用户留存是否存在相关性或因果性。

留存活动指的是为保持或提高用户留存率或用户活跃度而实施的一组运营活动。参见术语 Operation。

目标（Goal）/关键绩效指标（Key Performance Indicator，KPI）/一般绩效指标（General Performance Indicator，GPI）

目标指的是组织或个人在未来一定时期内想要达到的水平或状态。通常情况下，制定目标应遵循 SMART 准则，参见术语 SMART Criteria。

关键绩效指标指的是最能反映目标达成情况的关键指标，经常用于定期评估组织、业务单元及其部门、部门及其员工的绩效。例如，每个关键过程领域都会包含一个或多个 KPI。在用户增长领域，衡量增长运营的顶级 KPI 也被称为"北极星指标"。参见术语 Key Process Area、North Star Metric。

一般绩效指标指的是与 KPI 相对的指标，即它对对象的衡量是非关键性的，但具有一定的分析价值。

毛评点（Gross Rating Point，GRP）

毛评点也称为总收视点，指的是在一定周期内广告的总到达率。例如，一个毛评点相当于某支广告到达目标受众总数的 1%，两个毛评点相当于该广告两次到达 1% 的目标受众或一次到达 2% 的目标受众，依次类推。毛评点的计算方式是广告的到达率（Reach）×广告的接触频次（Frequency）×100%，因此毛评点中包含了重复接触广告的受众人数。参见术语 Frequency、Reach。

毛评点常用于传统的电视广告领域，在互联网领域（如网络电视或网络视频广告投放）也常使用 Internet Gross Rating Point（IGRP）术语，其含义和计算方式与 GRP 相同。

增长等式（Growth Equation）

增长等式指的是将某个重要的增长指标视为因变量，将相关因素视为自变量，并将它们之间的逻辑关系用一个等式表示。例如，计算 App 注册用户数的其中一种逻辑关系可以表示为这个等式：App 注册用户数=广告展现量×广告点击率×App 下载率×App 安装率×App 打开率×App 账号注册率。

策略环模型（Tactic Loop Model，TLM）

这一模型由 SMEI 提出，即一套由机会（Opportunity）、策略（Tactic）、验证（Verification）、发展（Development）四个环节构成的思维模型，是思考和解决问题（包含企业增长问题）的通用方法论。它简洁而又精密的四步循环过程，既是一种分析和解决问题的核心思想，又是一套切实可行的实践办法。在企业增长领域，这四个步骤的不断循环往复，可以精益化地驱动用户和企业的增长。

"策略环"模型的核心是策略。识别机会是策略的起点，是策略的因应；验证是对策略的测试和检验，以保证策略的正确性；发展是对正确策略的应用与深化。

如图 B-5 所示。

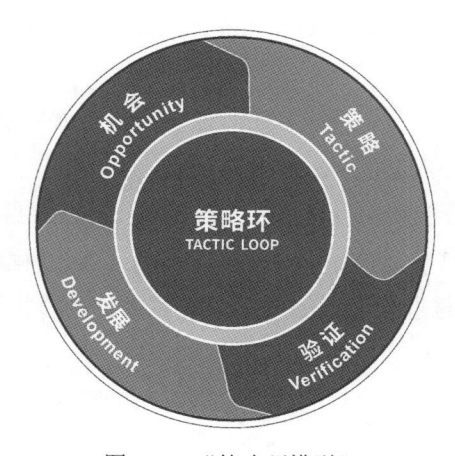

图 B-5 "策略环模型"

增长黑客方法（Growth Hacking）/增长黑客（Growth Hacker）

增长黑客方法指的是以增长为核心的营销过程和一套跨学科的数字化技能。其显著特征是，在投入大量资源之前快速测试策略的可行性，对测试结果可行的策略再进行扩展应用。

增长黑客指的是运用增长黑客方法推动企业增长的人。2010年，肖恩·埃利斯首次提出了"增长黑客"的概念，他在博客中将"增长黑客"定义为"以增长为目标的人，他们所做的每一件事都要检视其对可量化的增长的潜在影响。"

增长机会（Growth Opportunity）

增长机会指的是实现用户或企业增长的条件或可能性。例如，行业内或企业内的成功做法，行业或企业内部与外部出现的机遇，产品或运营中可以提升的潜力，甚至是产品或运营中出现的问题等。

增长任务（Growth Task）

增长任务指的是一项需要团队或个人开展或承担的具体的增长工作，一般有完成时限和完成目标的要求。

SMEI提出了两类增长任务的概念，即A类任务、B类任务：A类任务是解决增长问题，问题=应有状态-现有状态；B类任务是提升增长水平，提升水平=期望状态-现有状态。在用户获取、用户深耕这两大关键业务过程中，SMEI共识别出了十项典型增长任务。

保证交付量广告（Guaranteed Delivery，GD）

保证交付量广告也称为"担保式保量投放"，指的是广告主在投放广告时已经向媒体确认投放一定量的广告，媒体也已经确认会播放这些广告，且双方在广告投放前已经约定了广告的价格和投放量。

热图（Heat Map）

热图指的是一种通过对用户行为的数值进行颜色编码以便直观展现的图示。用户的注视、鼠标移动、鼠标点击、滚动屏幕等行为，都可以量化并转化为直观的图示，包括点击热图、移动热图、滚动热图等具体形式。

高价值用户（High Value User）

高价值用户指的是付费、产出或贡献很高的用户。

主页（Home Page）

主页有网站主页、浏览器主页两种。

网站主页指的是一个网站的起始信息页页面。它是当用户在浏览器的地址栏输入仅包含网站域名的网址时，浏览器加载的默认页面，如用户在Google Chrome浏览器中输入

SMEI 的官方网址并单击回车键时，浏览器加载的默认页面就是 SMEI 总部官方网站的主页。网站主页对于互联网用户了解网站的功能、导航、内容结构及其他专题页面具有非常重要的作用。

浏览器主页指的是在浏览器启动时默认打开的网站页面。用户通常可以设置自己喜欢的任何网页为浏览器主页。

上瘾模型（Hooked Model）

这一模型由尼尔·埃亚尔（Nir Eyal）和瑞安·胡佛（Ryan Hoover）在其二人的著作《上瘾》中提出，指的是一种让用户对产品形成使用习惯并产生心理依赖的运营框架。该框架包含四个要素，即触发（Trigger）、行动（Action）、奖励（Reward）、投入（Investment）。上瘾模型如图 B-6 所示。

图 B-6　上瘾模型

ICE 评分（ICE Score）

ICE 评分指的是由肖恩·埃利斯提出的试验项目优先级排序法，I（Impact）表示影响力，C（Confidence）表示信心水平，E（Ease）表示容易程度。

展现（Impression）/可见展现（Viewable Impression）

在广告业务场景中，这些术语各自代表以下含义。

展现也称为曝光，指的是广告被展现的次数。"展现"与"到达"是有区别的，"展现"度量的是广告，"到达"度量的是受众人数。例如，某广告被同一受众看到 3 次，那么该广告的"展现"为 3 次，而"到达"为 1 个。参见术语 Reach。

可见展现指的是对给定广告是否实际被人们看见的度量。广告的可见与否通常不是一个客观事实的问题，而是一个标准符合性的问题，只要符合广告可见性标准，就是可见的广告。例如，在某些标准中，一个只露出了 1/3 面积的图片广告通常被视为非可见展现。

214

一些行业机构制定了可见展现或可见展现验证的标准，比较著名的行业机构有美国互动广告局，美国媒体评级委员会（Media Rating Council，MRC）及中国广告协会互动网络委员会（China Advertising Association Interactive Network Committee，CAAINC），中国无线营销联盟（Mobile Marketing Association China，MMA）等。

信息流广告（In-feed Ad）

信息流广告指的是在内容信息平台上的"内容流"中，或在社交媒体上的"好友动态流"中出现的广告。

入站营销（Inbound Marketing）/出站营销（Outbound Marketing）

入站营销概念的提出者 Hubspot 对它的定义是：入站营销是一种业务方法，即通过为潜在顾客量身定制有价值的内容和体验吸引他们，其在本质上是一种通过与潜在顾客建立有意义的、持久的关系进而发展业务的方法。

出站营销也称为对外营销，指的是以购买为第一目的而进行的直接推广或销售，如展览、电话推销、产品广告、邮件营销等。

指标分解法（Indicator Decomposition Method）

指标分解法指的是将一个总体指标分解成若干个相关的细分指标，再对细分指标进行研究，从而达到易于分析、便于实现的目的。常用的指标分解法包括总分法和渐进法：总分法直接把核心数据拆分成若干个细分指标，将这些细分指标组合起来就可以得到核心数据；渐进法按照数据之间的逻辑递进关系，逐步获得各项细分指标，最后得出核心数据。

无效流量（Invalid Traffic，IVT）/流量欺诈（Traffic Fraud）

无效流量指的是在数字广告活动中产生的、对广告主没有价值或违反商业约定的流量。[①] 业内通常将无效流量分为一般无效流量（General Invalid Traffic，GIVT）和复杂无效流量（Sophisticated Invalid Traffic，SIVT），一般情况下，前者能通过行业协会与多方达成共识的识别列表进行过滤，后者则需要通过高级分析、多方合作与协调、重度人工干预等方法进行分析和识别。

流量欺诈指的是在商业中蓄意制造或使用无效流量进行获利的行为。点击欺诈是流量欺诈的一种典型方式，参见术语 Click Fraud。

关键意见领袖（Key Opinion Leader，KOL）/关键意见消费者（Key Opinion Consumer，KOC）

关键意见领袖指的是某个特定主题的行家且其意见受到公众尊重的人。

---

① 该术语解释由群邑中国（GroupM China）给出。

关键意见消费者指的是能影响自己的亲朋好友、粉丝，从而让他们产生消费行为的关键消费者。与 KOL 相比，KOC 的影响范围和影响力通常小很多，但其优势是更精准、更具信任感，在私域营销中具有重要价值。

关键过程领域（Key Process Area，KPA）

关键过程领域指的是企业需要集中力量改进和解决问题的业务单元或业务过程。

K 因子（K-factor）

K 因子指的是一种衡量产品或活动裂变增长能力的指标。这一术语来源于传染病学，它量化了感染的概率，即一个已经感染了病毒的宿主所能接触到的所有宿主中，会有多少宿主被其传染上病毒。

关键词匹配类型（Keyword Match Types）

关键词匹配类型指的是关键词广告（Keyword Advertising）中的关键词与用户搜索词之间的匹配类型。

例如，Google Ads 中有五种匹配类型，即广泛匹配（Broad Match）、修正的广泛匹配（Modified Broad Match）、短语匹配（Phrase Match）、精确匹配（Exact Match）、否定匹配（Negative Match）；百度 PPC 广告中有三种匹配类型，即智能匹配、短语匹配、精确匹配。

着陆页（Landing Page）

着陆页也称为落地页，指的是访问者进入目标网站或 App 后访问的第一个页面。

需要注意的一点是，着陆页不一定是主页，参见术语 Home Page。

销售线索（Leads）

销售线索指的是最终可能成为客户的个人或企业，还指将个人或企业标识为产品或服务的潜在客户的数据。企业通过广告、贸易展览、直接邮寄、第三方和其他营销手段获得销售线索，其本身并不是真正的"潜在客户"，因为企业需要进一步检查和确认，以确定其意图和兴趣，并通过 MQL 或 SQL 阶段对其进行培育和转化。参见术语 Marketing Qualified Lead/Sales Qualified Lead。

线索培育（Lead Nurturing）

线索培育指的是在消费者决策过程的每个阶段发展、加强与潜在客户的关系的过程。一个成功的线索培育计划应将营销和沟通的重点放在倾听潜在客户的需求上，并为其提供建立信任、提高品牌知名度和保持联系所需的信息和答案，直到潜在客户准备购买为止。

线索评分（Lead Scoring）

线索评分指的是通过数据分析或数据挖掘技术评估潜在客户购买意向的高低。例如，基于最终购买的客户，通过机器学习技术挖掘其购买前的行为特征（浏览、咨询、通话录音等），对尚未购买的潜在客户的购买意向进行评分、评估和预测。

精益增长（Lean Growth）

这一概念由 SMEI 提出，指的是一套通过增长试验、快速迭代和不断优化实现用户和企业持续增长的思想和方法。这套思想和方法由四个环节不断循环构成一个有机整体，即机会、策略、验证、发展。参见术语 Tactic Loop Model。

用户生命周期价值（Life Time Value，LTV）

用户生命周期价值也称为顾客生命周期价值，指的是在用户或顾客与企业的整个关系期间内归属于用户或顾客的未来现金流量的现值。

相似人群扩展（Look Alike）

相似人群扩展也称为相似人群定位（Look Alike Targeting），最早由 Meta 发起并使用（在 Meta 中称为 Lookalike Audiences）。其指的是在产品或品牌推广中，基于种子用户，通过相关算法找到更多与种子用户具有相似特征的人群的技术，这个过程通常是在数据管理平台中完成的。参见术语 Data Management Platform。

魔法数字（Magic Number）

魔法数字指的是一个神奇的数字，这个数字意味着有不同寻常的事情发生，在物理、化学、体育、计算机编程、销售与营销等众多领域都有"魔法数字"的说法。

在用户增长领域，"魔法数字"通常用于确定激活操作的最佳次数，这个次数意味着在用户留存绩效与企业付出的激活成本之间的最佳平衡。例如，推特的"关注 30 个人"的"30"就是一个魔法数字，参见术语 Activation Action。

边际效用（Marginal Utility）

边际效用指的是当消费者对某种物品的消费量每增加一单位时，其所增加的额外的满足程度。在用户增长领域，可以用"边际效用"原理确定激活操作的最佳次数、定义用户流失期和用户休眠期，参见术语 Activation Action。

购物篮分析（Market Basket Analysis）

购物篮分析指的是一种数据挖掘技术，通过对消费者购买的商品进行关联性分析，向消费者推荐其可能感兴趣的其他商品或优化商品陈列，如在电商平台中常见的"购买此商品的人也购买了……"就是一个实例。由于这种关联性分析最早应用于超市，单个消费者一次购买的商品的总和称为"一个购物篮"，因此被称为"购物篮分析"。

营销（Marketing）/销售（Sales）/运营（Operation）/增长（Growth）

营销指的是探索、创造和传递价值以满足目标市场的需求并获得利润的过程。营销确定目标市场未得到满足的需求和欲望，定义、衡量和量化市场的规模和利润潜力，指明哪些公司能为不同的细分市场提供更好的服务，设计和推广适当的产品和服务。4P 组合是现代营销管理中的经典策略，即产品、价格、渠道、推广，由埃德蒙·杰罗姆·麦卡锡于 20 世纪 60 年代提出。

销售指的是出售产品或服务的行为或过程。在经典营销管理的概念中，销售是营销的子集，其具体归属于 4P 组合中的"推广"。

运营是一个具有广泛含义的概念，如商业运营、生产运营、资本运营、财务运营、人力资源运营等，与用户增长相关的运营称为"增长运营"，具体包括产品、流量、用户、活动、广告、网站、渠道、新媒体等方面的运营业务。

增长是一种新型的企业经营管理职能，以精益化增长的"策略环"为核心思想和方法，整合并凝聚企业的相关职能、人员和资源，聚焦于高效推动用户和企业持续增长这一目标。用户增长能力是一种具有较高要求的复合能力，建立在营销管理、数据分析、信息技术三大专业技能之上，用户增长能力与三大专业技能的关系如图 B-7 所示。

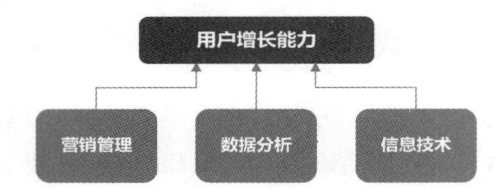

图 B-7　用户增长能力与三大专业技能的关系

营销认可线索（Marketing Qualified Lead，MQL）/销售认可线索（Sales Qualified Lead，SQL）

两者指的是客户线索成熟度的两种标志性状态。

营销认可线索指的是与普通线索相比，更可能成为客户的线索。其通常在企业的营销触点上积极互动过，如阅读过企业发送的产品介绍邮件，主动访问过网站，或参与过品牌的讨论等。参见术语 Touchpoint。

销售认可线索指的是与普通的营销认可线索相比，更可能成为客户且可以正式发起销售流程的线索。其通常在行动上表现出明显的兴趣和购买意图，如对产品的价格、优惠活动发起过咨询。从 MQL 中筛选 SQL 通常运用线索评分技术完成。参见术语 Lead、Lead Scoring、Customer。

普通线索、MQL、SQL、客户构成了一个线索漏斗，如图 B-8 所示。

图 B-8　线索漏斗

营销技术（Marketing Technology，MarTech）/广告技术（Advertising Technology，AdTech）

MarTech 这一概念最早由斯科特·布林克尔（Scott Brinker）于 2008 年提出，指的是用于整个营销及运营的技术和方法，包括广告技术、商务与交易、内容与体验、数据管理、社交与互动、企业管理等类别。

广告技术是营销技术的子集，特指用于管理、投放、定向和评估数字广告的技术和方法，包括 DSP、SSP、DMP、AdX、投放操作平台等。参见术语 Demand Side Platform 等。

营销技术与广告技术的关系如图 B-9 所示。

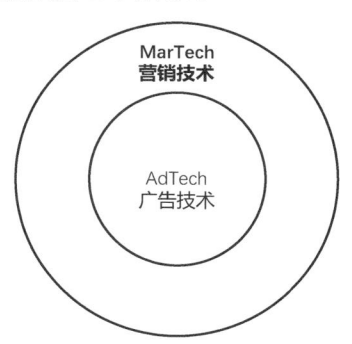

图 B-9　营销技术与广告技术的关系

市场份额（Market Share）/心智份额（Mind Share）

市场份额指的是特定产品、品牌在市场中所占的百分比，可以通过其销量或销售金额进行计算。

心智份额指的是特定产品、品牌在消费者心智中的认知度或受欢迎程度，即消费者对某一产品或品牌与其竞争对手相比的看法，衡量标准是公众或媒体的谈论量或提及量。

马斯洛需求层次理论（Maslow's Hierarchy of Needs）

该理论由亚伯拉罕·马斯洛（Abraham Maslow）提出，将人类的需求分为五个层次，这五个层次的需求是最基本的、与生俱来的，包括生理需求、安全需求、社会需求、尊重需求、自我实现需求。

媒体（Media）/媒介（Medium）/媒体载体（Media Vehicle）

媒体指的是展现或传递公开信息的各类媒介的统称。Media 是一个集体名词，是 Medium 的复数形式（Medium 的另一个复数形式是 Mediums）。在很多情况下，媒体机构也简称为媒体。

媒介指的是信息工具或流量来源的属性，即媒体载体的类别，如传统的电视、广播、报纸、期刊等，新媒体时代的网站，App，OTT，MCN（Multi-channel Network，多频道网络），数字电视，车载电视等。其中网站流量的主要来源包括自然搜索、付费搜索、直接访问（Direct）、推荐（Referral）、展示广告（Display Advertising）、社交媒体（Social Media）、邮件等，在 UTM 参数中用"medium"表示。网站流量来源（媒介）如图 B-10 所示。

图 B-10　网站流量来源（媒介）

媒体载体指的是用于承载信息的具体实体，如指定的电视节目、某份报纸、某本杂志、某个网站、某个电台、某块户外广告牌等，在 UTM 参数中用"source"表示。

媒体、媒介、媒体载体属于不同的层次，三者的关系如图 B-11 所示。

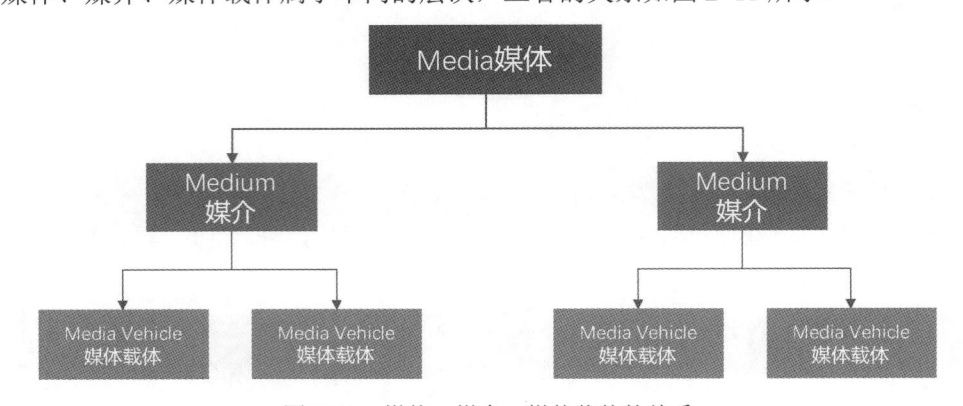

图 B-11　媒体、媒介、媒体载体的关系

心象（Mental Imagery）

心象指的是一个群体的心智共性，也就是这群人共同的感知、认知、情感、欲求、价值观等。对心象的挖掘有助于运营者透过形象的表象，洞察个人或群体内心的真实想法和需求，与其外部的身份共性相比，这种本质性的洞察对增长运营更有价值。

最小可行性产品（Minimum Viable Product，MVP）

最小可行性产品指的是为验证产品核心价值而开发的对功能与特性具有最低满足程度的产品。开发 MVP 通常是企业出于验证产品核心价值是否成立、产品对用户需求的满足能力，而又不希望投入过多资源的考虑。需要注意的一点是，MVP 不是最简陋的功能集，而应是包含核心功能的、可靠的、有用的、有良好体验的最小功能集。最小可行性产品描述如图 B-12 所示，通过此图可以更好地理解这一概念。[①]

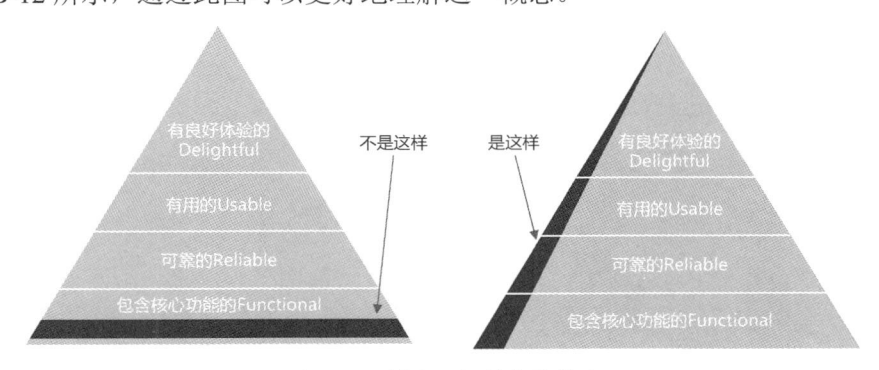

图 B-12　最小可行性产品描述

关键时刻（Moments of Truth，MOT）

关键时刻指的是在消费者或用户与企业接触过程中的几个重要时刻。从某种意义上讲，这些关键时刻的用户感知和体验决定了企业未来的成败，因为消费者或用户往往只会记住那些为数不多的关键时刻并深受其影响。诺贝尔经济学奖得主、心理学家丹尼尔·卡内曼（Daniel Kahneman）经过深入研究，发现人们对体验的记忆由两个因素决定，即高峰（无论是正向的巅峰还是负向的低谷）时与结束时的感觉，也就是说，人们在对一个事物进行体验之后，能记住的通常只有峰、终时刻，而在这一过程中的其他时刻对记忆几乎没有影响，这就是峰终定律（Peak-End Rule）。用户体验过程中的峰、终时刻就是最主要的 MOT，需要企业在增长运营时努力识别并极力优化。

FMOT（First Moment of Truth，第一关键时刻），指的是在消费者第一次与产品或品牌接触后的 3～7 秒内，营销人员才有最大的机会通过吸引他们将泛泛的浏览者转化为实际购买者。

SMOT（Second Moment of Truth，第二关键时刻），指的是消费者按照产品或品牌的承诺购买产品并体验其质量后返回或复购之时。

TMOT（Third Moment of Truth，第三关键时刻），指的是消费者对品牌、产品或服务的反应与反馈，即消费者成为品牌拥护者并通过口口相传或社交媒体的倡导对品牌给予回报。

FMOT（Fourth Moments of Truth，第四关键时刻），指的是用户流失、以及流失后回流之时。

---

① 最小可行性产品描述的贡献者为亚伦·沃尔特（Aaron Walter）。

ZMOT（Zero Moment of Truth，零关键时刻），是 Google 在 2011 年创造的一个术语，指的是在采取任何购买行动之前，消费者会在网上进行有关产品或服务的研究，即在购买前搜索评论，这一在线决策时刻被称为 ZMOT。互联网已经在很大程度上改变了消费者与品牌、产品或服务互动的方式，根据 Google 的研究，88% 的美国消费者在实际购买产品之前会先进行在线调查。

以上并称为用户增长领域的"五大 MOT"，如图 B-13 所示。

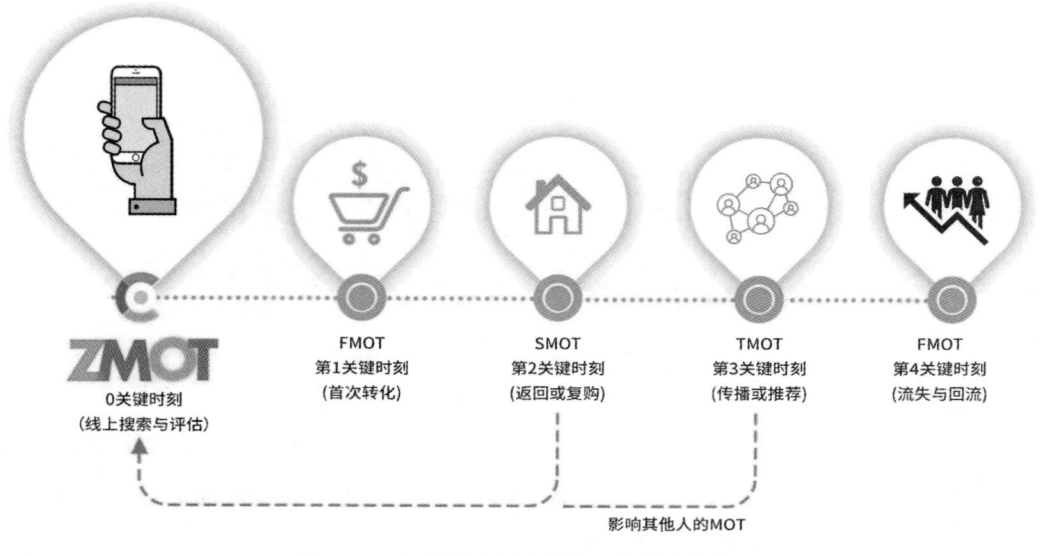

图 B-13　与关键时刻有关的一组概念关系

每月经常性收入（Monthly Recurring Revenue，MRR）

每月经常性收入指的是企业或产品中以月度为频率的经常性收入。

多变量测试（Multivariate Testing，MVT）

多变量测试指的是对多个变量之间的组合效果进行测试。例如，测试一个着陆页中的不同图片、不同按钮颜色、不同产品展示位置这三个变量的各种组合方案的转化效果。其基本原理与 A/B 测试的基本原理相同，是随机对照试验的一种具体方法。参见术语 A/B Testing、Randomized Controlled Trial。

多频道网络（Multi-channel Network，MCN）

这一概念由 YouTube 前职员杰德·西蒙斯（Jed Simmons）提出，指的是一种多频道网络的产品形态，将不同类型和内容的"专业生成内容（Professionally Generated Content，PGC）"联合起来，在同一个生态内共同发展的商业模式。例如，与 YouTube 合作的大量 MCN 机构，与 YouTube 之间并没有隶属关系，这些机构只是在内容、创意等层面与 YouTube 进行合作甚至成为 YouTube 的一个频道。

原生广告（Native Advertising，Native Ads）

原生广告指的是在内容与样式方面与媒体本身的正常内容很相似，且夹杂在正常内容间的广告。

天然使用周期（Natural Usage Period）

天然使用周期也称为正常活跃周期，指的是在一个产品中大多数用户每两次使用该产品之间的平均时间间隔。

需要（Need）/欲望（Want）/需求（Demand）[①]

需要指的是人类的普遍需要，是人类对空气、食物、水等事物的基本需要。需要是由人的自然属性决定的，只要是人就有各种各样的需要。

欲望指的是当需要被指向具体的事物时，即产生了欲望。例如，当一个人有解决"肚子饿了"的需要时，可能会想要吃面，这就是欲望。欲望是由社会现实决定的，也就是社会能提供什么。

需求指的是购买能力可以满足的、对特定事物的欲望。例如，很多人都想拥有奔驰、宝马，这是欲望；但只有少数人买得起，因此只有少数人有需求。需求是由人的能力决定的。

净推荐值（Net Promoter Score，NPS）

净推荐值指的是一种衡量老用户向新用户推荐产品的意愿的指标。这一指标最早由弗雷德里克·雷赫德（Frederick Reichheld）在2003年的《哈佛商业评论》中提出。

新用户（New User）/新手用户（Novice User）

新用户指的是在某一时刻开始使用产品的用户。

新手用户指的是处于使用产品或服务的初期阶段的用户。

新用户或新增用户（Added User）表示对用户"身份"的确认，即在一个时间点之前某人的身份是产品的"非用户"，而在这个时间点之后他就正式成为产品的用户，拥有了用户身份。

新手用户是处于新手引导期的用户。新手用户是对用户"状态"的划分，与新手用户相对的是老用户，但两者之间并没有明确的划分标准。

北极星指标（North Star Metric，NSM）

这一概念由肖恩·埃利斯提出，指的是在某个阶段内可以非常直观且灵敏地反映有意义的用户增长水平的指标。北极星指标是一个形象的称谓，它不是指某一个固定的指标，

[①] 这些术语部分参考了菲利普·科特勒的解释。

在不同的企业甚至在用户增长的不同阶段中，北极星指标都可能不同，具体指标由企业自主制定。

新奇效应（Novelty Effect）

新奇效应指的是一种人们对新生事物容易产生新奇感，而随着时间的推移，新奇感会逐步回落的现象。在 A/B 测试中需要注意的一个问题就是新奇效应，当为用户提供新版本时，好奇心会驱使用户尝试和体验新版本，这个时候监测指标表现好并不一定是新版本更受欢迎，而可能是用户受到了新奇效应的影响。参见术语 A/B Testing。

新手引导（Onboarding）/引导页（Onboarding Page）

新手引导指的是主动引导新用户熟悉产品的功能或操作，让新用户尽快发现产品核心价值的过程。新手引导的时机通常是在用户首次打开产品时、用户在任务场景中时、用户在主动探索的过程中时、向用户推送时等。

引导页指的是引导新用户认识和使用产品，或引导用户认识产品的新功能及完成某项操作的一组页面。例如，当新用户启动刚刚安装的 App 时，App 通常会出现 3~5 个引导页面，它们可以帮助新用户了解产品核心价值，尽快上手。

在线广告（Online Advertising）/户外数字广告（Digital out of Home，DOOH）

在线广告指的是在互联网上展示的广告，主要指区别于传统的广播、电视、杂志、报纸、户外广告牌等形态的广告。

户外数字广告泛指在户外电子屏幕上展示的广告。当前，大多数户外电子屏幕支持通过在线方式发布和管理广告，而且越来越多的 DOOH 也已支持程序化广告模式。在线广告与 DOOH 之间的差别越来越小，一些微小的差别包括在线广告通常在受众主动访问互联网时才会被看见，而 DOOH 只要在受众目力所及的户外电子屏幕上就可以被看见；在线广告容易被受众屏蔽，而 DOOH 不会被受众屏蔽。

OpenRTB 3.0

OpenRTB 3.0 指的是由美国互动广告局推出的 RTB 及程序化广告相关技术协议和执行标准的推荐性标准，自 2010 年推出 1.0 版本以来，当前最新版本为 3.0 版本。

优化的 CPC（optimized CPC，oCPC）/优化的 CPM（optimized CPM，oCPM）/优化的 CPA（optimized CPA，oCPA）[①]

在 CPC、CPM、CPA 等广告投放模式前面加上"o"，表明这些广告投放的出价方式是经过"优化"了的。如果没有"o"，那么 CPC、CPM 和 CPA 就分别按照点击、展现和行

---

① 该术语解释由宋星给出。

动进行广告费结算。如果加上"o",那么意味着,广告投放系统会为实现可被该系统追踪的最优化的效果进行广告投放的人群选择和出价。

"优化"的实现通常是通过监督学习完成的,即按照广告主希望受众做出的行为作为媒体调整广告投放策略和流量分配的优化依据,通过机器进行监督学习,从而自动化地且比人工控制更加优化地完成广告投放与运作。不过,最终实际的广告费结算还是按照 CPC、CPM 或 CPA 进行。

参见术语 CPC、CPM、CPA 等。

自然搜索(Organic Search)/付费搜索(Paid Search)

自然搜索也称为 Natural Search,指的是在搜索引擎中搜索后返回的结果不受付费广告影响的搜索方式。自然搜索的结果根据与搜索词的相关性等因素进行排名。

付费搜索指的是搜索结果的排名受搜索词的购买价格影响的搜索方式。

会话深度(Page Depth)/平均会话深度(Average Page Depth)

会话深度指的是用户在会话期间访问的页面数,也称为访问深度或页面深度。

平均会话深度=一段时间内所有会话的总页面浏览量/所有会话。

路径(Path)/用户路径(User Path)/点击路径(Click Path)

路径指的是通向结果或目标的一系列行为或事件。

用户路径指的是用户从 A 点到 B 点的行为轨迹。

点击路径也称为**点击流**(Clickstream),指的是用户为实现目标而进行点击所形成的路径,在网站分析中,点击流或点击路径就是用户访问网站的页面顺序。

路径、用户路径、点击路径的包含关系如图 B-14 所示。

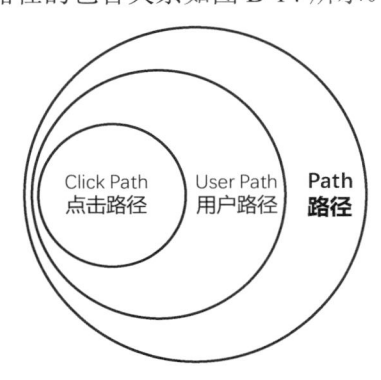

图 B-14 路径、用户路径、点击路径的包含关系

页面浏览量(Page View,PV)/屏幕浏览量(Screen View,SV)

页面浏览量指的是网站中的页面被访问的次数,访问者对每个页面的每次访问均被记

录为一个 PV，访问者对同一页面的多次访问被记录为多个 PV。

屏幕浏览量指的是 App 中"屏"的浏览量，因为 App 中没有页面概念，所以代之以屏幕，表示用户当前在 App 中查看的内容。通过衡量屏幕浏览量，可以了解用户在 App 中的浏览、跳转等操作行为。

路径依赖（Path Dependence）

路径依赖指的是呈现给人们的决策依赖于先前的决策或过去的经验。道格拉斯·C. 诺斯（Douglass C.North）由于运用"路径依赖"理论成功地阐释了经济制度的演进，加之其他贡献，于 1993 年获得诺贝尔经济学奖。诺斯认为，"路径依赖"类似物理学中的惯性，事物一旦进入某一路径，就可能对这种路径产生依赖。这是因为，经济生活与物理世界一样，存在着报酬递增和自我强化的机制。这种机制使人们一旦选择进入某一路径，就会在以后的发展中不断地进行自我强化。在用户增长领域，企业可以利用这一理论培养用户行为习惯。

每次点击付费（Pay Per Click，PPC）

每次点击付费指的是一种按点击支付广告费用的广告模式。

品牌定位（Positioning）

品牌定位指的是设计公司的产品和形象从而在消费者心智中占据一个独特位置的行动。[①]

点击前阶段（Pre-click Stage）/点击后阶段（Post-click Stage）

点击前阶段指的是互联网用户在接触广告后、点击广告前的阶段，这个阶段的用户体验直接影响其是否会点击广告。点击前营销（Pre-click Marketing）或点击前优化（Pre-click Optimization），指的就是优化点击前的用户体验从而提高广告的点击率。

点击后阶段指的是互联网用户在点击广告后的阶段，这个阶段的用户体验直接影响其是否会转化及转化的程度。点击后营销（Post-click Marketing）或点击后优化（Post-click Optimization），指的就是优化点击后的用户体验从而提高转化率。

片头广告（Pre-roll）/中插广告（Mid-roll）/片尾广告（Post-roll）/创意中插广告（Creative Mid-roll）

这些术语指的是视频广告（Video Advertising）的几种常见形式，根据在视频中插入的位置分为片头广告、中插广告、片尾广告。

---

① 该术语解释由阿尔·里斯（Al Ries）和杰克·特劳特给出。

创意中插广告也称为内生广告（Endogenous Ad），指的是在视频中间出现的、由剧中人通过情景短剧演绎的广告视频，以温情、搞笑等方式进行产品卖点的宣传，让观众轻松记忆产品的功能特点，从而达到推广目的。

优先交易（Preferred Deal，PD）
优先交易是典型的程序化广告交易模式之一，指的是广告客户与广告发布商谈好一个固定的价格，当有展示机会时，广告客户有优先权以谈好的固定价格购买展示机会。PD 模式中的广告库存通常是比较优质的，但不能保量，而广告的投放运作过程是通过程序化技术实现的。

私有竞价（Private Auction，PA）/私有市场（Private Market Place，PMP）
二者含义相同，都是典型的程序化广告交易模式，指的是广告发布商将广告库存在有限范围内开放竞价，只有符合相关条件的广告客户才可以竞价。

产品（Product）
产品指的是任何一种能被企业提供以满足市场需求的事物，包括有形的物品及无形的服务、体验、事件、地点、财产、组织、信息和想法等。

产品特性（Product Characteristic）
产品特性指的是产品的可区分的特征。产品特性可以是固有的，也可以是被赋予的；可以是定性的，也可以是定量的。总之，产品有各种各样的特性。

产品核心价值（Product Core Value，PCV）
产品核心价值指的是能打动目标人群的一组产品特性。

产品导向型增长（Product Led Growth，PLG）
产品导向型增长指的是一种以最终用户为中心的增长模式，依赖于产品本身作为客户获取、转化和扩展的主要驱动力。

产品生命周期（Product Life Cycle，PLC）
这一理论由雷蒙德·弗农提出并在后来不断发展，产品生命周期分为四个阶段，即引入期、发展期、成熟期、衰退期。

产品-市场契合（Product Market Fit，PMF）
产品-市场契合指的是基于证据表明产品符合市场需求、市场满意度高且进入了可以规模化增长的阶段的状态。

程序化广告（Programmatic Advertising）

程序化广告指的是通过计算机技术和数据驱动进行交易、运作、管理的广告类型。

程序化创意（Programmatic Creative）/动态创意优化（Dynamic Creative Optimization）

程序化创意指的是一种广告创意制作和展现技术，由数据和算法驱动，快速地批量生成广告创意，实现标题、图片、视频、样式等的智能化组合和程序化展现。提供程序化创意技术的系统也称为创意管理平台（Creative Management Platform，CMP）或程序化创意平台（Programmatic Creative Platform，PCP）。

动态创意优化指的是一种广告展现效果优化技术，针对细分受众展现最佳的创意组合，并通过实时的效果反馈对创意进行动态调整和优化，从而提高广告转化效率。动态创意优化通常被视为程序化创意的子集，它往往也是在 CMP 或 PCP 中完成的。

程序化创意与动态创意优化的关系如图 B-15 所示。

图 B-15　程序化创意与动态创意优化的关系

项目（Project）/活动（Campaign）

项目指的是为创造独特的产品、服务或成果而进行的临时性工作。开展项目是为了通过可交付成果从而达成目标。"临时性"指的是项目有明确的起点和终点，并不意味着项目的持续时间短。实现项目目标可以产生一项或多项可交付成果，如开发出一个产品、一种服务、一项独特的成果或它们的组合。[①]

活动（Campaign 或 Activity）指的是项目实施过程中的工作组成部分，一个项目可以包含多个具体活动，营销与运营中的活动有公关活动、拉新活动、促活活动、裂变活动、展览活动、视频会议活动、事件营销活动、广告投放活动、用户交流活动等。与项目一样，活动的显著特征是有计划、有组织、有明确的起点和终点，那些日常的、例行的、个人化的、无明确起点和终点的工作或行动则不能称为活动。企业增长目标的达成，本质上就是通过一个个具体的活动来推动实现的。

---

① 该术语解释由美国项目管理协会（Project Management Institute，PMI）给出。

心理成本（Psychological Cost）

心理成本指的是随着时间推移出现的社会关系和用户未使用品牌的不确定性或风险所产生的成本。例如，对于一个从未使用过的品牌，用户会感觉风险很高。

广告发布商（Publisher）

广告发布商指的是将广告客户的广告发布在自己控制的媒体上的商家。

购买意向（Purchase Intention）

购买意向指的是消费者被问及对某一产品或品牌的购买意愿时的反馈，通常给予消费者五个选项，如肯定会买、可能会买、购买意愿一般、可能不会买、肯定不会买。

金字塔原理（Pyramid Principle）

金字塔原理指的是由芭芭拉·明托开发的一种有效表达和沟通的思维工具。"金字塔原理"的核心是结构化思考与表达，其结构如图 B-16 所示。

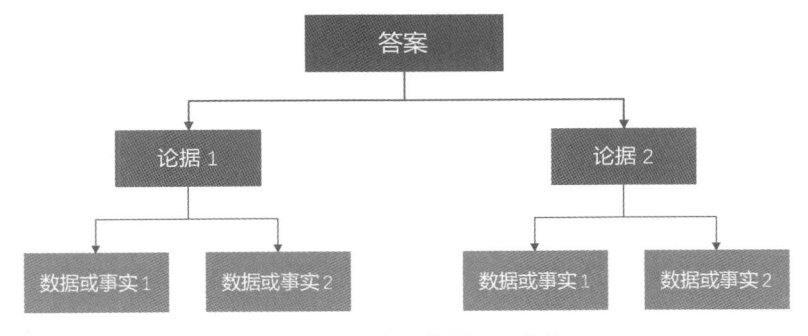

图 B-16 "金字塔原理"结构

质量度（Quality Score）

质量度也称为质量得分，指的是对广告、关键词和目标网页质量的估算。拥有更高质量度的广告可以获得更低的价格和更好的广告展现。影响质量度的因素包括预期的点击率、广告相关性、目标网页或 App 的用户体验等。

刊例价（Rate Card）

刊例价指的是每家媒体对外报出的广告收费价格。

参照群体（Reference Group）

这一概念由赫伯特·海曼（Herbert Hyman）在 1942 年提出，指的是这样的一种群体——这种群体被个人作为评估自己和自身行为的标准，个人对这种群体会产生一种心理层面的认同，尽管其可能并不属于该群体。

再营销（Remarketing）

再营销也称为重定向（Retargeting），指的是针对之前与企业的网站或 App 有过互动的用户再次进行营销推广。再营销的渠道包括用户之前访问过的网站或 App、搜索引擎、视频等。

留存用户（Retained User）/活跃用户（Active User）/重活用户（Reactivated User）

留存用户和**活跃用户**指的是在观察周期内有参与行为的用户。

从字面上看，留存用户与活跃用户的含义相似。但在使用时，二者存在以下微小的差别。

- 观察角度上的差别。对于留存用户，企业通常观察的是在某个事件后的用户留存情况，如某个新增用户队列、使用了某个功能的用户群体、参加了某个营销活动的用户群体等，即先有事件发生，再观察留存情况；对于活跃用户，企业通常观察的是在某个事件后或某个周期内的用户活跃情况，未必有事件发生。
- 状态程度上的差别。留存是一种状态，对于某个用户来说，只有留存、流失两种状态；而活跃既可以是状态，又可以是程度，对于一个活跃用户，企业还可进一步评估其活跃程度，如高度活跃、中度活跃、一般活跃。
- 时效上的差别。用户活跃度是一个即时性指标，如一个推广活动过后，推广效果可以从用户活跃指标中立即获得反馈；用户留存率是一个延时性指标，其观察、评估的是在事件后一段时间内的用户留存情况，如可以观察某个活动后次日、7 日、30 日内的用户留存情况，而统计该活动后 1 个小时内的"留存"，是没有意义的。
- 语境不同。活跃与不活跃相对，留存与流失相对。

重活用户指的是在休眠期或流失期重新在产品中活跃起来的用户，也称为回流用户。

留存率（Retention Rate）

留存率指的是在某个事件后一段时间内的期末用户数占期初用户数的百分比。"事件"可能是某个新增用户队列、使用了某个功能或参与了某个营销活动。参见术语 Retained User。

收入市场份额（Revenue Market Share，RMS）/相对市场份额（Relative Market Share，RMS）/市场渗透指数（Market Penetration Index，MPI）

收入市场份额指的是产品或服务的收入与该市场总收入的比值，从销售收入角度衡量产品或服务的竞争水平。

相对市场份额指的是产品或服务的市场份额与最大竞争对手市场份额的比值，从对比角度衡量产品或服务的竞争水平。

市场渗透指数指的是使用某种产品或服务的用户与该产品或服务的总估计市场的比值，从用户需求角度衡量产品或服务的市场发展潜力。

RFM 模型（RFM Model）

RFM 模型指的是一种衡量顾客或用户价值的模型。R、F、M 分别代表 Recency（最近一次消费时间）、Frequency（消费频率）、Monetary Value（消费金额），该模型从三个维度将顾客或用户分为八类。

投资回报率（Return on Investment，ROI）/广告支出回报率（Return on Advertising Spending，ROAS）

投资回报率指的是投资获得的回报与投资的比率，回报及投资应通过货币衡量。

广告支出回报率指的是广告推广获得的回报与广告推广支出的比率，回报及支出应通过货币衡量。

二者的计算逻辑相同，只是分子与分母的取值范围不同。

相关性、原创性、冲击力策略（Relevance Originality Impact，ROI）

这一策略指的是一种实用的广告创意策略，由广告大师威廉·伯恩巴克（William Bernbach）提出。相关性、原创性、冲击力是好的、有效的广告的三个关键要素。如果广告与商品没有相关性，广告就失去了价值；如果广告没有原创性，就缺乏吸引消费者的能力；如果广告没有冲击力，就不会给消费者留下深刻的印象。

根本原因分析（Root Cause Analysis，RCA）

根本原因分析指的是一种结构化的问题分析方法，用以逐步找出问题的根本原因并加以解决，而不是仅仅关注问题的表征。根本原因分析是一个系统化的问题处理过程，包括确定和分析问题原因、找出问题解决办法、制定问题预防措施三个环节。在组织管理领域内，根本原因分析能帮助利益相关者发现组织问题的症结，并找出根本性的解决方案。[①]

根本原因分析常用的方法有鱼骨图法、五问法、头脑风暴法、相关分析法、回归分析法、散点图法、帕累托图法等。参见术语 Fishbone Diagram、5 Whys、Brain Storming、Correlation Analysis、Regression Analysis、Scatter Plot、Pareto Chart。

排期广告（Scheduling Ads）

排期广告指的是由广告客户与广告发布商约定在什么时间、媒介的什么位置安排广告展示的广告类型。广告发布商安排广告的过程称为广告排期（Advertising Scheduling），通常有以下三种广告排期模式。

连贯式（Continuity） 是指在媒介排期模式中，全程采取平均分配，且未曾出现消费者察觉广告中断的广告露出模式。

---

① 该术语解释引自维基百科官方网站。

栏栅式（Flighting）是指在媒介排期模式中，某段时间出现、某段时间中止的广告露出模式，也称为间歇式或跳跃式。

脉动式（Pulsing）介于连贯式与栏栅式之间，是指全程露出但在露出程度的高低上存在显著差异的广告露出模式。

搜索引擎收录（Search Engine Indexed）

搜索引擎收录指的是搜索引擎基于收录规则对目标网站的内容进行收录，同时对这些内容进行价值及其他方面的区分。

搜索引擎营销（Search Engine Marketing，SEM）/搜索引擎优化（Search Engine Optimization，SEO）

搜索引擎营销指的是在搜索引擎中推广产品或品牌的营销方式。

搜索引擎优化指的是利用搜索引擎的规则，提高从搜索引擎到网站或网页的流量的质量和数量的过程。成功的 SEO 意味着网站或网页更有可能在搜索引擎结果页面中显示在更靠前的位置。参见术语 Search Engine Results Page。

搜索引擎结果页面（Search Engine Results Page，SERP）

搜索引擎结果页面指的是搜索引擎返回其搜索结果的页面。

搜索词（Search Query）/关键词（Keyword）

搜索词也称为 Search Term，指的是用户在搜索引擎中搜索其想要的信息时输入的词汇。

关键词指的是搜索引擎推广者在关键词广告（Keyword Advertising）或 SEO 中设立的精确词条，搜索引擎推广者希望当用户搜索相关信息时，自己的广告或内容能得以展现并获得更好的排名。在关键词广告中，通常可以通过精确匹配、模糊匹配等方式将搜索引擎推广者设立的关键词与用户的搜索词进行匹配并被触发。参见术语 Keyword Match Types。

第二价格拍卖（Second Price Auction）

第二价格拍卖指的是竞价广告领域的一种广泛使用的结算机制，即出价最高者竞得广告展现机会，但广告结算价基于第二价高者的出价（通常是在其出价基础上增加 0.01 元，如 1 美分或 1 分钱人民币）进行结算。

细分分析（Segmentation Analysis）

细分分析指的是将总体按照一定的规则分为并列的若干细部（segment）后，再对细部进行分析的方法。细分分析通常有单一维度细分、多维交叉细分的方式。用户细分是细分分析的一个具体实例，参见术语 User Segmentation。

会话长度（Session Duration）/平均会话长度（Average Session Duration）

会话长度也称为 Session Length，指的是单次会话的持续时间，通常以秒计算，其计算方式通常是用户离开应用（或网站）时的时间戳-用户启动应用（或网站）时的时间戳。在 Google Analytics 中，当用户在预定义的时段（默认为 30 分钟）内没有任何活动时，视为一个会话结束。会话长度考虑了一个用户在网站中花费的全部时间，它实际上是一个用户在单次会话期间访问一个网站中不同页面的停留时间的总和。同理，用户退出页面的停留时间统计为 0。

平均会话长度=一段时间内所有会话的总会话长度/所有会话。

声音份额（Share of Voice，SOV）

声音份额指的是企业的品牌与竞品相比，在互联网及社交网络中被提及的比重。通常有以下两种衡量方法。

一种方法是衡量企业品牌广告费支出在同类品牌广告费总支出中的占比，如某电子品牌投资 500 万美元宣传其最新的电子阅读器，但市场上电子阅读器的广告费总支出是 1 亿美元，则该电子品牌的声音份额为 5%。

另一种方法是衡量企业的品牌（含与品牌相关的关键词）在互联网及社交网络中被提及的比重，即企业品牌被提及数/市场中同类品牌被提及总数×100%，如企业的品牌被提及了 1000 次，市场中同类品牌被提及了 10000 次，则企业的品牌的声音份额为 10%。

单触点归因（Single Touchpoint Attribution）/多触点归因（Multiple Touchpoints Attribution）

单触点归因指的是将转化贡献归于某一个触点。

多触点归因指的是将转化贡献归于多个触点。

参见术语 Touchpoint。

SMART 准则（SMART Criteria）

SMART 准则指的是制定目标时应遵循的一组准则。SMART 代表了五个英文单词，即 Specific（具体的）、Measurable（可测量的）、Achievable（可实现的）、Relevant（相关的）、Time-bound（有时限的）。

社会营销（Social Marketing）/社交媒体营销（Social Media Marketing）

社会营销指的是一个应用营销原则和技术影响有利于个人或社会的行为的过程。菲利普·科特勒与杰拉尔德·萨尔特曼（Gerald Zaltman）在 20 世纪 70 年代初首次突出了这一概念，如今，该概念已成功地影响了改善健康、减少伤害、保护环境和参与社区等行为，如减少烟草使用、测试艾滋病病毒等。特别容易与社会营销混淆的另一个概念是社交媒体营销。

社交媒体营销指的是通过社交媒体平台使企业与消费者建立联系、建设品牌、提高销量及增加网站流量的方法。

刺激-反应原理（S-R Theory）

刺激-反应原理也称为行为学习理论，是行为心理学的开创者约翰·B.沃森在俄罗斯科学家伊万·彼德罗维奇·巴甫洛夫条件反射实验的基础上提出来的。该理论认为人的行为（包括消费行为）是人受到刺激而做出的反应。

战略（Strategy）/策略（Tactic）

战略指的是为了达到特定目的而制定的一系列行动规划，战略具有相对的稳定性、统率性。比如 STP（Segmenting、Targeting、Positioning，市场细分、目标市场和市场定位）是一种营销战略。

策略指的是为了达到某个目标而使用的方式和方法，策略为战略服务，策略具有灵活性和战术性。比如 TLM（Tactic Loop Model，策略环模型）是一种策略运行的技术。参见术语：Tactic Loop Model。

供应方（Supply Side）/需求方（Demand Side）/服务方（Service Side）

供应方指的是在程序化广告中提供广告位的一方，主要是各个媒体机构。

需求方指的是在程序化广告中需要进行广告投放的一方，即广告客户。

服务方指的是为程序化广告交易提供服务的利益相关方，如广告监测平台、广告验证平台、品牌安全保障平台等。

TA 浓度（TA%）

TA 浓度指的是目标受众占总受众的百分比，常用于评估媒体或渠道的质量，此处的"目标受众""总受众"都是在该媒体或渠道范围内的。TA 浓度的高低，在一定程度上决定了广告到达率（Reach）的高低。

参见术语 Target Audience、Audience、Reach。

策略可选集（Tactic Optional Set，TOS）

策略可选集指的是业内广泛采用的或经本组织验证有效的策略的集合，它能为具体业务问题迅速形成有针对性的策略。

目标用户（Target User）

目标用户指的是认可产品价值且有能力使用产品的人。

触点（Touchpoint）

触点指的是消费者与企业的产品或服务、品牌、内容或信息发生接触的任意位置，有电话、会面、搜索引擎、官方网站、企业 App、官方邮件、短信、站内信、网站海报、企业户外广告、实体产品、实体门店等。

消费者与企业在触点上的接触方式主要有交互、看见、听见和想起。交互，如消费者与企业在 App 或邮件中进行交互；看见，如消费者在媒体、户外广告牌中看见企业的广告；听见，如消费者在广播、音频节目中听见关于企业的内容；想起，如消费者在脑海中回忆起企业的品牌、形象等。

可以从不同的角度对触点进行分类。例如，分为线上触点、线下触点；分为自有触点、付费触点、有机触点；分为直接触点、间接触点；分为购前触点、购中触点、购后触点；分为产品内触点、产品外触点等。

与触点非常容易混淆的另一个概念是渠道。二者之间存在交集关系，一个渠道中可能会有多个触点，但也有一些触点不在渠道中，如消费者收到产品实物时、消费者使用产品时、消费者与官方沟通时、服务过程中的节点等。参见术语 Acquisition Channel。

触点与渠道的关系，如图 B-17 所示。

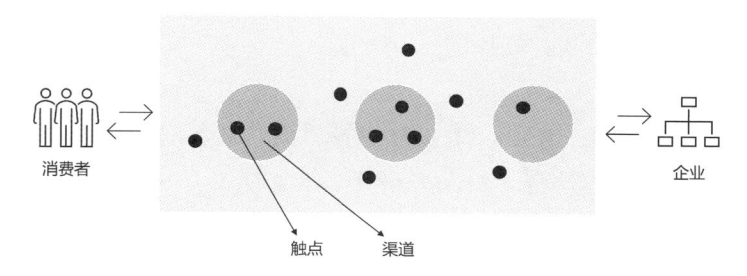

图 B-17 触点与渠道的关系

流量（Traffic 或 Internet Traffic）

用户增长领域的**流量**指的是网络访问者发送和接收的数据量。

流量运营（Traffic Operation）

流量运营指的是对互联网流量进行获取、互动、引导、转化，从而让互联网流量为企业创造价值的一系列理念、策略和行动的集合。

流量池（Traffic Pool）/流量源（Traffic Source）/私域流量（Private Traffic）/公域流量（Public Traffic）/流量生态（Traffic Ecology）

流量池指的是企业用于收蓄互联网流量的各种应用，包括网页应用（Web App）和移动应用（Mobile App）。互联网用户在与这些应用进行交互时，便产生了网络流量，流量可以在各种应用之间流动，就像各个池子里的水在池子之间流动一样。从权属关系的角度来看，流量池主要包括两种：一种是企业拥有的流量池，如企业的网站、App 等；另一种是企业不拥有，但企业有一定管控权的流量池，如企业在新媒体、社交网络、SaaS 系统中开设的官方账号，企业对账号的粉丝可以进行触达、拉黑等操作。

流量源指的是获取流量的来源，即获客渠道，如搜索引擎、社交媒体、线下门店、会议等。

私域流量指的是在企业流量池中产生的流量。

公域流量指的是在非企业流量池中产生的流量，如在搜索引擎、广告、社交媒体中产生的流量，是被企业获取的对象。私域流量和公域流量是互相流动的，公域流量可以流入私域成为私域流量，私域流量也可以流入公域成为公域流量，所有的私域流量都来自公域，私域流量是公域流量的延伸。同时，二者也是相对的，如 Twitter 上的用户流量对于商家来说属于公域流量，但对于 Twitter 公司来说属于私域流量。

流量生态指的是大型流量池，或可以实现消费者 ID 打通的多个流量池的集合。例如，Meta、Twitter、微信、阿里巴巴等都属于大型的流量生态。

趋势分析（Trend Analysis）

趋势分析指的是对分析对象连续数期的数据进行对比，以确定其增减的方向和幅度，从而揭示分析对象变化的性质与规律的分析方法。

投放操作平台（Trading Desk，TD）/独立投放操作平台（Independent Trading Desk，ITD）/品牌广告主投放操作平台（Branding Trading Desk，BTD）/代理商投放操作平台（Agency Trading Desk，ATD）

投放操作平台指的是为需求方进行广告投放运作而提供的一种综合性软件系统。其主要功能包括为需求方管理多个 AdX、多个 DSP、众多广告资源、DMP 等，并可进行广告投放操作与优化，降低程序化广告投放操作的复杂度，提高广告投放操作的效率与智能化水平。

独立投放操作平台指的是需求方独立拥有的投放操作平台。

品牌广告主投放操作平台指的是品牌广告主独立拥有且主要用于品牌类广告投放的投放操作平台，它是独立投放操作平台的子集。

代理商投放操作平台指的是由广告代理商提供的投放操作平台。

触发（Trigger）

触发指的是一种由信息交互、人际接触、身体或感官互动而发起的，有影响力的行动。

触发包括两个方向：一个是企业向消费者或用户进行触发（通过广告、内容、邮件、社交媒体、站内推送等）；另一个是消费者或用户向企业进行触发。

企业的触发通常是经过专门设计的，目的是让消费者或用户对品牌产生记忆从而在将来产生行动或立即产生行动。企业的触发主要包括四个要素，即触发场景、触点、触发物、触发过程。这四个要素之间是有逻辑关系的：首先要明确触发场景，即企业希望通过触发实现的商业诉求是什么，明确而清晰的触发场景自然就回答了为什么触发、对谁触发、在什么时间触发、如何衡量等问题；在触发场景清晰后，企业才能有针对性地选择触点，需要注意的一点是，一个活动通常需要多个触点协同实现；基于触发场景和触点，企业可以进一步确定在各个触点上使用的触发物及其承载的利益、阻碍因素；在前三个要素齐备的情况下，企业才能正式启动触发过程。

此外，触发因素加上利益、阻碍因素（在触发物要素中体现），就构成了一个转化系统，如图 B-18 所示。

参见术语 Universal Convert Formula、User Benefit Ladder、Touchpoint。

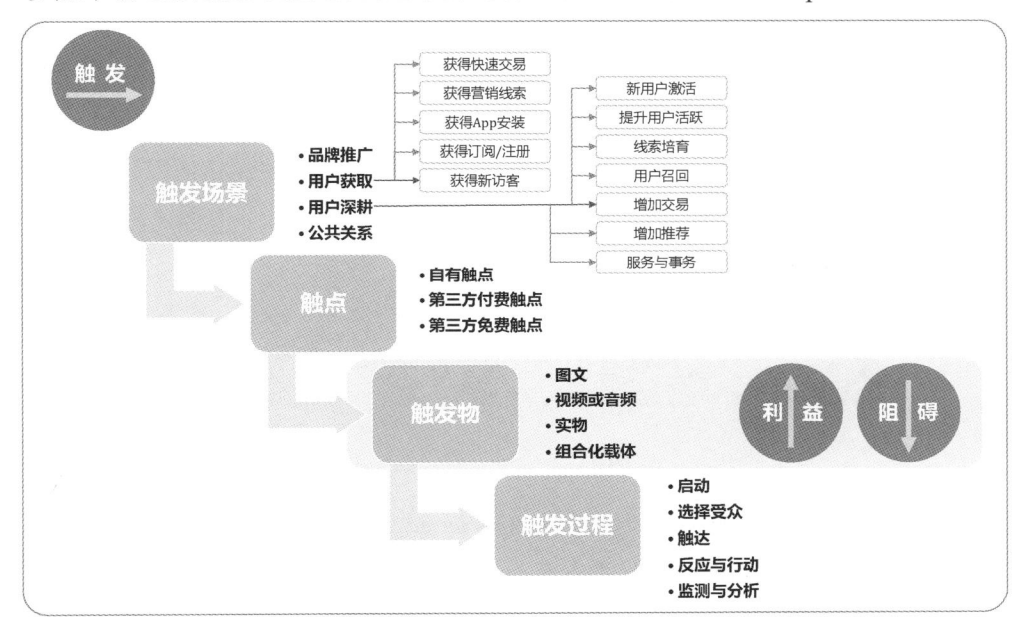

图 B-18　转化系统

双因素理论（Two Factor Theory）

双因素理论也称为"激励-保健理论"，由美国心理学家弗雷德里克·赫茨伯格（Frederick Herzberg）提出。该理论将企业中的有关因素分为两种，即满意因素和不满意因素。满意因素（激励因素）指的是可以使人得到满足的因素；不满意因素（保健因素）指的是容易使人产生意见和消极行为的因素。该理论对营销的启示是，产品必须消除不满意因素，但只消除不满意因素未必能促成消费者购买，为了促成消费者购买，产品还必须要有满意因素。

独立访问者（Unique Visitor，UV）

独立访问者指的是访问网站的、有差异的用户个体。通常有以下两种统计方法。

一种是通过 IP 地址的不同判断用户个体是否有差异。在报告期（如一天、一个月或一年）内每个访问者仅被统计一次，因此如果同一 IP 地址多次访问该站点，那么也只统计为一个独立访问者。

另一种是通过 Cookie 的不同判断用户个体是否有差异，统计原理同上。

需要注意的一点是，不要将"独立访问者"与另一个概念"访问"混淆，访问（或会话）记录的是访问或会话的次数。以 Google Analytics 为例，如果同一 IP 地址的访问者在不同的时段进行访问（相隔 30 分钟以上）或换了不同的流量渠道进行访问，那么会产生多个访问，但产生这些访问的访问者是同一个独立访问者。

转化公式（Universal Convert Formula）

这一概念由 SMEI 提出，指的是这样一个公式：转化=触发×（利益-阻碍），表示触发、利益、阻碍是影响转化最主要的三类关键因素。触发包括触发场景、触点、触发物、触发过程；利益包括实用利益、心理利益、个人价值利益；阻碍包括使用受挫、交易受挫、心理障碍、拖延现象。

参见术语 Trigger、User Benefit Ladder。

转化公式如图 B-19 所示，它是"转化系统"的简化表达。

图 B-19 转化公式

使用价值（Usage Value）/体验价值（Experience Value）/社交价值（Social Value）

这是 SMEI 对产品价值的一种分类方法。

使用价值指的是产品的效用，通俗地说就是产品有什么实际用途，能解决什么实际问题。

体验价值指的是消费者在追求、获得、使用、占有、收藏、分享产品等过程中的内心感受，这种感受由感觉、情感、感知、认知、记忆等组成。

社交价值指的是产品在社交关系中产生的价值，包括彰显价值（彰显消费者的身份、地位、财富、学识、实力、品位、修养、个性、爱好、心性、价值观等），分享价值，社交媒介价值等。

用户（User）/消费者（Consumer）/顾客（Customer）/客户（Client）

用户指的是使用产品或接受服务的人。

消费者指的是购买或使用产品或服务的人。消费者中除了用户，还有消费产品的非用户，即只购买而不自行使用产品的人，如购买礼品的消费者，通常将礼品赠送他人；再如购买儿童玩具的父母也是这类消费者。"最终消费者"是既购买又自行使用产品或服务的人，从这一意义上讲，"最终用户"与"最终消费者"的含义相同。需要注意的一点是，有时消费者和用户在使用语境上是不相同的：用户通常针对某种或某类产品而言，如 Windows 产品的用户或互联网用户；而消费者可以泛指市场中的物质资料、劳务活动的使用者或服务对象，从这一意义上讲，每个人都是市场中的消费者，在这种语境下与之相对应的概念通常是"生产者"。

顾客指的是接受产品或服务的组织或个人。[4] 顾客可以是组织内部的或组织外部的，如消费者、委托人、最终用户、零售商、内部过程中的产品或服务的接受者、采购方，以及其他利益相关者。

客户指的是接受专业人士或组织的服务、建议的组织或个人。客户是顾客，但不是普通的顾客，而是接受专业服务的顾客。

用户获取（User Acquisition）

用户获取指的是从各种获客渠道获得新用户的业务过程。用户获取通常不是一步完成的，而是需要在多个渠道或触点上，与目标用户进行多次互动才最终得以实现的。

参见术语 Acquisition Channel。

用户唤醒（User Awakening）/用户召回（User Recall）

用户唤醒指的是让休眠用户重新活跃的运营过程。

用户召回指的是让流失用户重新活跃的运营过程。

参见术语 Churn User/Dormant User。

用户利益阶梯（User Benefit Ladder）/实用利益（Utilitarian Benefit）/心理利益（Psychological Benefit）/个人价值利益（Personal Value Benefit）

用户利益阶梯这一概念由 SMEI 提出，指的是由实用利益、心理利益、个人价值利益三个层次构成的一个用户利益满足的层次模型。

实用利益指的是产品在解决用户的实际问题层次带来的益处。在消费转化场景中，可重点挖掘的实用利益包括功能有用性、设计实用性、使用易用性等。例如，一款笔记本电脑的特性是设计轻薄，转换为用户（或消费者）的实用利益，则可以将"设计轻薄"变为"在出差的时候携带非常方便"，这体现了设计的实用性，通过这种表述，将产品特性与用户的具体使用场景关联起来，更容易激发用户的需求与动机。

心理利益指的是产品在用户的心理层次带来的益处。在消费转化场景中，可重点挖掘的心理利益包括增加愉悦感、获得满足感、获得安全感、获得独特体验、感觉到划算、建立美好情感、减少痛苦或焦虑、维护自我形象等。例如，一枚钻戒的特性是 4C 品质高，转换为用户（或消费者）的心理利益，则可以将钻石的品质高解读为"钻石恒久远，一颗永流传"。

个人价值利益指的是产品在用户的个人价值层次带来的益处。在消费转化场景中,可重点挖掘的个人价值利益包括自我实现、自我超越、彰显价值观、获得成就感、获得认同感等。例如,一辆越野车的特性是卓越的越野性能,转换为用户(或消费者)的个人价值利益,则可以将"实现用户(或消费者)多年来驾车探险的夙愿"作为这辆车的卖点。

通常情况下,用户利益视角的营销策略比产品视角的营销策略更能打动用户,企业在具体实践中可以结合实际情况,选择在合适的利益层次上与用户进行价值沟通。

用户利益阶梯如图 B-20 所示。

图 B-20 用户利益阶梯

以用户为中心的设计(User Centered Design,UCD)

以用户为中心的设计指的是一种迭代设计过程,设计团队在设计过程的每个阶段都应关注用户及其需求。基于该理念,设计团队通过各种研究和设计技术让用户参与整个设计过程,为其创造高可用性和体验良好的产品。通常情况下,每一个迭代过程都涉及四个不同的阶段:首先,理解用户使用背景;其次,识别用户需求;然后,正式设计解决方案;最后,评估用户需求满足程度。之后,设计团队可根据需要进一步迭代,直到用户满意为止。

"以用户为中心的设计"过程如图 B-21 所示。

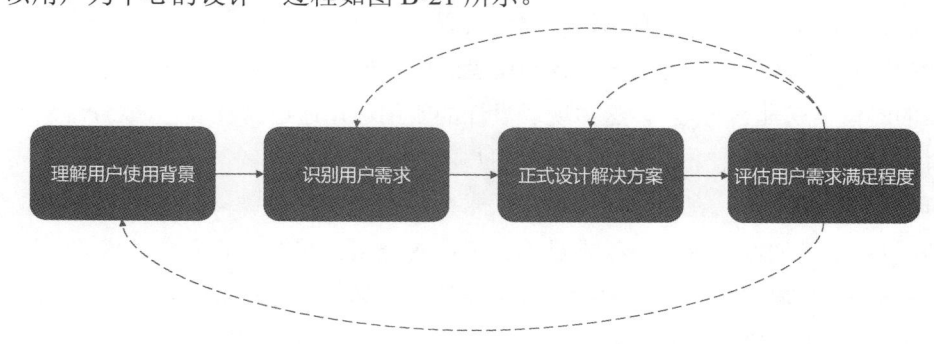

图 B-21 "以用户为中心的设计"过程

用户体验（User Experience，UE 或 UX）

用户体验指的是用户对于使用或期望使用的产品、系统或服务的认知印象与回应。[5] 用户体验包括使用前、使用过程中和使用后用户的所有情绪、信念、偏好、感知、行为和成就、身体和心理反应等。

用户增长（User Growth）

从企业职能的角度来看，**用户增长**是一种新型的企业经营管理职能，聚焦于高效推动用户和企业持续增长这一目标。

衡量用户是否真的在增长，观察点主要有两个，一个是有效用户是否在增加，另一个是用户生命周期价值是否在提升。前者衡量用户增长的规模，后者衡量用户增长的质量。因而除了"职能"角度，理解用户增长的第二个角度就是"度量"，即用户增长指的是用户量增加和用户生命周期价值提升。

用户生成内容（User Generated Content，UGC）/专业生成内容（Professionally Generated Content，PGC）/职业生成内容（Occupationally Generated Content，OGC）

用户生成内容，也称为用户原创内容，指的是由普通用户在网络上生成的文章、视频、音频、图片、评论及综合性内容。

专业生成内容指的是由专业人士生成的内容。

职业生成内容指的是由职业人士生成的内容（关键标志是以获得经济报酬为目的）。

三者之间有交叉也有区别。UGC 与 PGC 的区别是内容生成者分别为普通用户和专业人士；PGC 与 OGC 都是比较专业的内容，二者的区别是，PGC 往往是基于爱好驱动的，而 OGC 是基于经济报酬驱动的。用户生成内容、专业生成内容、职业生成内容的关系如图 B-22 所示。

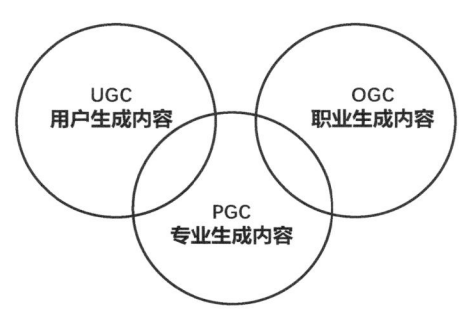

图 B-22　用户生成内容、专业生成内容、职业生成内容的关系

用户激励体系（User Incentive System）

用户激励体系指的是经过系统设计的用户激励计划的集合。常用的用户激励计划包括等级体系、积分体系、会员体系、成就体系等。

用户界面（User Interface，UI）

用户界面指的是对软件的人机交互、操作逻辑、界面美观度的整体设计。好的 UI 设计不仅要让软件变得有个性、有品位，还要让软件的操作变得舒适、简单、自由，充分体现软件的定位和特点。

用户标签（User Label）

用户标签指的是人工定义的、高度精确的用户特征标识。用户标签比具体的信息更抽象、更具有概括性，也更容易理解。

用户生命周期（User Lifecycle）

用户生命周期指的是用户从开始接触产品到弃用产品的整个过程，分为导入期、成长期、成熟期、休眠期、流失期五个阶段。

用户路径分析（User Path Analysis）

用户路径分析指的是对用户路径、点击路径等进行分析从而获得数据洞察的过程。

用户画像（User Portrait）/用户角色（User Persona）/用户档案（User Profile）

用户画像指的是在用户研究中的一种对用户进行角色化或标签化描述的方法。其具体包括用户角色、用户档案两种用户画像技术。

用户角色指的是一个虚构的人物角色，代表可能以类似方式使用网站、品牌或产品的用户类型。通俗地说，用户角色就是虚拟化的典型用户代表。

用户档案指的是对真实用户个体的描绘，是根据用户属性、用户行为等数据，提取、计算出来的标签化的用户特征集合，又称为"打标签"。参见术语 User Label。

用户研究（User Research）/用户调查（User Survey）

用户研究指的是通过观察技术、任务分析和其他反馈方法理解用户的行为、需求和动机的行为。这是一个含义非常广泛的概念，涉及用户研究、分析的方方面面。用户研究的分类有很多种，其中一种比较重要的分类是将其分为生成性研究（Generative Research）和评估性研究（Evaluative Research）。

- 生成性研究是为了生成关于用户及其操作方式的信息的研究。例如，用户是谁，用户要做什么，用户怎么做，用户为什么要这样做，用户会承受多高的成本，用户为什么高兴、为什么沮丧等。研究的具体方法通常有用户角色画像、用户调查、用户访谈、焦点小组、用户观察、田野研究、用户体验地图分析法等，通常使用定性的方法与技术。

- 评估性研究是评估一个特定问题的研究。该研究通常是对已经存在的、真实的用户行为进行研究。例如，用户在网站中如何浏览，操作路径是什么，经常操作哪些功能，遇到过什么阻碍，是否完成了任务等。研究的具体方法通常有用户档案画像、网站及 App 数据分析、用户测试、用户会话重播、A/B 测试、热图分析、鼠标追踪、眼动追踪等，通常使用定量的方法与技术。

生成性研究的本质是定义问题（用户痛点、用户需求、增长机会、解决方案、产品开发方向等），评估性研究的本质是检验策略（用户体验、产品可用性、需求满足性等）。对照"策略环"，识别机会、制定策略主要是生成性研究，测试验证、持续发展主要是评估性研究。

用户调查指的是用户研究中的一种技术，通过电话、邮件、问卷、访谈等方式从特定用户群体（样本）中收集特定调查数据，以评估用户的想法、意见和感受。例如，焦点小组、电话调查、邮件调查、问卷调查、入户调查、面对面访谈等。

用户细分（User Segmentation）

用户细分指的是按照某种特征维度将用户分为不同的用户群体。例如，根据用户使用的设备，将用户分为 iOS 系统用户、Android 系统用户等。常见的细分方式是用户分群、用户分层。

用户测试（User Testing）

用户测试指的是委托特定用户使用产品并从其使用过程中获得洞察的方法。

用户测试的具体方式主要包括两种：一种是用户在观测现场使用，分析人员在旁边观摩用户的操作，询问其感受或建议；另一种是对用户非现场的操作过程进行录屏，以供分析人员回看分析，也称为用户会话重播，会话重播工具通常可以捕获鼠标移动、点击、键入、滚动、滑动等信息。不过第二种方式可能在用户隐私方面引发争议。

用户黏性（User Viscosity）

用户黏性指的是用户对品牌或产品的忠实、信任与良性体验等结合起来形成的依赖程度和再消费意愿，是衡量用户忠实度的重要指标之一。Meta 的增长团队提出利用 DAU/MAU 计算用户黏性。

韦恩图法（Venn Diagram）

韦恩图法指的是由 19 世纪的英国哲学家和数学家约翰·韦恩（John Venn）发明的一种图示法。韦恩图用于展示在不同的事物群组（集合）之间的数学或逻辑联系，尤其适合表示集合（或类）之间的"大致关系"，它也常常被用于帮助推导（或理解推导过程）关于集合运算（或类运算）的一些规律。在用户增长领域，韦恩图可以用于确定激活操作的最佳次数。参见术语 Activation Action。

病毒性增长（Viral Growth）/裂变增长（Fission Growth）/用户裂变（User Fission）

三者含义相同，指的是通过用户传播或推荐使企业获得新用户或新交易的过程，每个裂变活动通常是基于社交关系链急速地完成的。

访问（Visit）/会话（Session）

访问在网站分析工具中通常指的是用户与网站的交互。当一个用户到达网站后，无论其在网站上浏览了多少个页面，都被记录为一个 Visit（一次访问）。以 Google Analytics 为例，当用户关闭网站或在 30 分钟内没有任何行为时，就被视为一个新的 Visit。

会话与访问含义相同，只是在不同的分析工具中名称不同。例如，在 Google Analytics 中称为 Session，而在 Adobe Analytics 中称为 Visit。

五问法（5 Whys）

五问法指的是由日本丰田公司在 20 世纪 30 年代开发的一种通过不断追问的方式探寻造成特定问题的原因的方法。其特点是通过一连串的"为什么"和"导致此问题的原因"的追问，逐层向下钻取出新的问题，通常第一个"为什么"的答案会提示第二个"为什么"，依次类推。在实践中，企业可以进一步拓展出六问、七问甚至更多的"为什么"，直到不能产生更多有价值的答案时，表明企业可能已经揭示了问题的根本原因。

Part 2　数据分析

绝对数（Absolute Number）/相对数（Relative Number）

绝对数指的是反映客观现象总体在一定时间、一定地点下的总规模、总水平的综合性指标。例如，在 ROI 中的分子（总回报）、分母（总投资）。

相对数指的是两个有联系的指标的比值，是反映客观现象之间的数量联系紧密程度的综合性指标。相对数一般以倍数、百分数等表示，如经过计算后的 ROI 值。

大数据（Big Data）/小数据（Small Data）

大数据指的是更大、更复杂的数据集，尤其是来自众多数据源的数据。这些数据集非常庞大，传统的数据处理软件根本无法处理它们，但这些海量数据可以帮助解决以前无法解决的业务问题。

小数据指的是将人们与及时、有意义的见解联系起来，并经过了组织和打包（通常是可视化的）的数据，以便访问、理解和执行日常任务。

大数据与小数据的主要区别，如图 B-23 所示。[1]

---

[1] 大数据与小数据的主要区别的贡献者为沈浩。

大数据		小数据
重预测	vs	重解释
重发现		重实证
重相关		重因果
重全体		重抽样
重感知		重精确

图 B-23　大数据与小数据的主要区别

中心极限定理（Central Limit Theorem）

中心极限定理指的是如果样本量足够大，那么变量均值的采样分布将趋近于正态分布，而与该变量在总体中的分布无关。

聚类分析（Cluster Analysis）

聚类分析指的是将样本数据划分为组或簇的方法。组或簇的形成使同一组或簇中的对象相似，而不同组或簇中的对象不同。

聚类是一种典型的用户分群模型（基于相似特征），其他典型的用户分群模型还有队列分析（基于相同行为）、RFM 用户分群（基于用户价值）等。

聚类适用于无监督类问题，要求划分的类是未知的，因此无法事先得知样本数据可以分为多少类。常用的聚类方法有层次聚类、划分聚类。例如，将付费用户按照几个特定维度（如年龄、职业、地域、性别、付费金额、品类偏好、消费频率等）进行聚类分析后，得到几个在特征上具有明显区别的细分用户群体，根据各个用户群体的特征进行针对性的深耕运营，以获得更好的用户转化效果和用户体验反馈。

相关分析（Correlation Analysis）/回归分析（Regression Analysis）

相关分析指的是一种分析两个或多个变量之间是否相关、相关性的强弱及关系的方向的分析方法。常用的相关分析类型有皮尔逊相关系数（Pearson Correlation Coeffcient）分析法、斯皮尔曼等级相关系数（Spearman’s Rank Correlation Coeffcient）分析法等。

回归分析指的是通过生成一个方程描述一个或多个预测变量和响应变量之间的统计关系的分析方法。常用的回归分析类型有线性回归（Linear Regression）、逻辑回归（Logistic Regression）、岭回归（Ridge Regression）等。

相关分析与回归分析的主要区别与联系是：一方面，在相关分析中没有自变量、因变量之分，它研究一组变量之间的相关程度及方向；而回归分析应明确自变量、因变量之分，它研究变量之间的依存关系。另一方面，相关分析是回归分析的基础和前提，回归分析是相关分析的深入和继续。相关分析需要依靠回归分析表现变量之间数量相关的具体形式，而回归分析需要依靠相关分析表现变量之间的相关程度。只有当变量之间高度相关时，进行回归分析寻求其相关的具体形式才有意义。在具体业务中，两种分析方法经常需要结合起来使用。

数据（Data）/信息（Information）/知识（Knowledge）/智慧（Wisdom）/DIKW 信息层次模型（DIKW Model）

数据指的是未经组织、未经加工的原始资料，是可用于推理、讨论或计算的事实。

信息指的是经过了处理、组织、结构化，或因为显示在给定上下文中所以产生了价值的数据。

知识指的是通过学习、感知或发现，对一个人、一个地方、一个事件、一个想法、一个问题、做事的方法或其他任何事物的熟悉和认知。它是通过对概念的理解、学习和对经验的认知而认识事物的一种状态。简言之，知识意味着对一个实体有自信的理论或实践上的理解，以及将其用于实现特定目的的能力。信息、经验和直觉的结合形成知识，这种知识有可能根据人的经验得出推论和形成见解，因此它可以帮助人们做出决定和采取行动。

智慧指的是运用经验和知识做出明智决定或正确判断的能力。

数据、信息、知识、智慧是分层次的，信息依赖数据，知识依赖信息，智慧依赖知识，这四者构成的模型被称为"**DIKW 信息层次模型**"。例如，"120mIU/mL"，这是数据。通过上下文将数据组织起来，如"受检者性别：女；检测标本：血清；HCG（Human Chorionic Gonadotophin，人绒毛膜促性腺激素）：120mIU/mL"，就形成了信息。"妻子怀孕了，而且处于怀孕初期"，这就是知识，因为通过对血 HCG 的检测值与参考值进行比对可以做出如上判断。丈夫 A 可能会说"我应当更加努力地赚钱！"因为妻子在怀孕后工作必然会受影响，宝宝出生也会增加家庭开销，所以丈夫 A 决定应当努力赚取更多的收入让家庭过得更好，这就是智慧，它源于知识、经验、情感、价值观、自我认知等复杂的因素；但丈夫 B 可能会说"我决定辞去工作！"因为妻子好不容易怀孕了，真是喜从天降，他决定辞去工作，什么也不干了，这一年形影不离地陪伴在妻子身边，安心守候着她和即将诞生的宝宝。基于同样的数据、信息、知识，不同的人会产生不同的智慧。在 DIKW 信息层次模型中，越向下的层级，与人自身的因素越无关；越向上的层级，与人自身的因素越有关。该模型如图 B-24 所示。

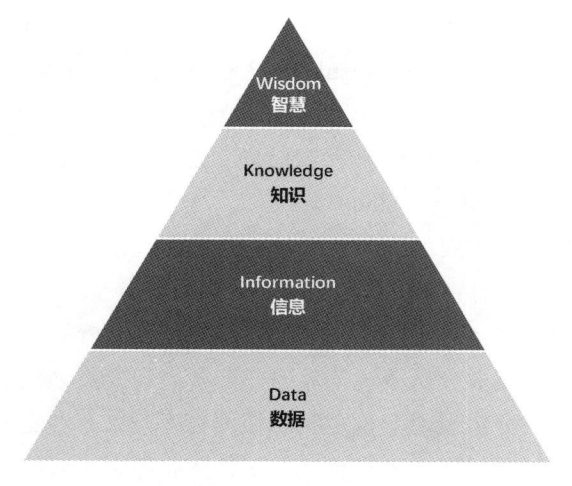

图 B-24　DIKW 信息层次模型

数据分析（Data Analysis）

在用户增长领域，**数据分析**指的是有效利用企业内部和外部的数据资源，经过分析或挖掘，发现趋势、偏好、隐含模式、未知关联等有价值的洞察，从而为用户增长带来改善机会的过程。数据分析通常从定义业务问题开始，到解决业务问题为止，形成业务闭环。数据分析的具体过程包括四个阶段，即数据收集、数据整理、数据分析、数据洞察。

参见术语 Data Collecting、Data Wrangling、Data Insight。

数据分析的一般流程如图 B-25 所示。

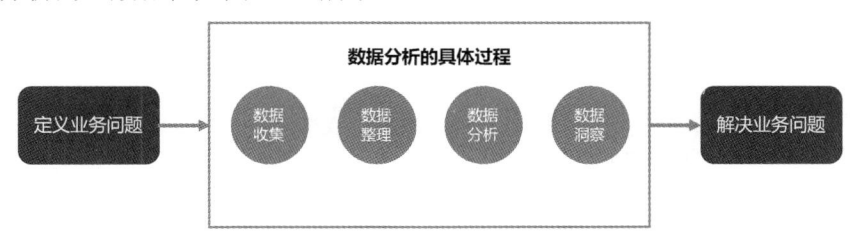

图 B-25 数据分析的一般流程

数据匿名化（Data Anonymization）/数据再识别（Data Re-identification）

数据匿名化的解释详见附录 A 中的"适用术语"部分。

数据再识别指的是从匿名化的数据中识出别个人信息的过程。被清洗过的数据通常可以通过三种方法进行再识别：不充分匿名化（Insufficient De-identification）指的是由于各种原因使得匿名化并不充分，因此能重新识别个人身份；假名逆转（Pseudonym Reversal）指的是一些匿名化方法是可逆的，如加密的数据可以被解密，如果发现了分配假名的规则，那么也可以对数据进行还原；数据集关联（Linking Datasets）指的是将多个数据集关联在一起，从而获得解锁其他匿名数据集的机会。这三种方法并不是相互排斥的，可以同时使用。

数据收集（Data Collecting）

在用户增长领域，**数据收集**指的是基于特定的目的，通过相关技术或手段从目标数据源获得数据的过程。例如，收集企业网站、企业 App 中的数据，从合作伙伴处获得第二方数据，以及从其他数据源获得第三方数据。

数据仪表板（Data Dashboard）

数据仪表板也称为仪表板（Dashboard），指的是数据可视化的一种形式。它是一种图形用户界面，在界面上集中呈现了一些关键指标的实时动态数据，以便高效地对业务、部门或特定进程进行监控。参见术语 Data Visualization。

数据分布（Data Distribution）

数据分布指的是一个函数或列表，显示所有可能的值（或间隔）的数据，很重要的一点是，它还显示每个值（或间隔）出现的频率。在用户增长领域，常见的数据分布包括正态分布、二项分布、泊松分布等。

数据驱动增长（Data Driven Growing，DDG）

这一概念由 SMEI 提出，指的是通过对企业内部和外部数据资源的有效利用，支持业务决策、改善业务运作过程、优化用户体验等，从而驱动顾客或用户不断增长。例如，通过数据分析洞察用户需求，从而选择目标细分市场、分配预算等；通过数据的相似性扩展找到更多新用户；基于投放数据动态优化广告创意、广告投放等；基于数据向用户推荐产品或内容以优化用户体验、提高转化率等。参见术语 User Growth。

数据增强（Data Enhancement）

数据增强指的是向现有数据库中添加新数据元素并使数据变得更有价值的过程。例如，将公司在业务运营过程中收集的客户基本信息（电话号码、邮件地址等），与更大的业务数据库进行匹配，从而补充更多的数据（性别、年龄、购物行为、兴趣标签、互联网访问行为等）。

数据洞察（Data Insight）

在用户增长领域，**数据洞察**指的是基于数据分析或数据挖掘，获得有价值的信息、知识、智慧的过程。例如，发现趋势、差异、改善机会等。

数据挖掘（Data Mining）

数据挖掘也称为数据知识发现（Knowledge Discovery in Data，KDD），指的是从大型数据集中发现模式、趋势和其他有价值的信息的过程，它可以回答无法通过简单查询、报告等解决的问题。鉴于数据仓库技术的发展和大数据的增长，在过去的几十年中，数据挖掘技术被加速采用，并通过将原始数据转化为有价值的知识帮助企业发展。

数据挖掘的关键属性是：自动发现模式、预测可能的结果、创建可操作的信息、专注于大型数据集和数据库。

数据挖掘通常包括四个主要过程：定义业务问题，数据收集和数据整理，应用数据挖掘算法，评估结果。其中，数据挖掘算法主要有关联规则挖掘（Association Rule Mining）、神经网络（Neural Networks）、决策树（Decision Tree）、近邻算法（K-nearest Neighbor）等。

数据挖掘是一种重要的数据分析技术，但与简单的数据分析不同的是，它是一种自动搜索大型数据存储以发现超出简单的数据分析范围的模式和趋势的做法，数据挖掘通过使用复杂的数学算法分割数据并评估未来事件的可能性。

数据预处理是数据挖掘过程中的重要一环。参见术语 Data Preprocessing。

数据上线（Data Onboarding）

数据上线指的是将离线数据接入在线环境中以满足业务需求的过程。在离线数据

（Offline Data）接入在线数据（Online Data）的过程中，需要开展的工作通常包括数据导入、数据集成、ID 匹配、匿名化处理等。例如，企业可以将 CRM 系统中的数据通过离线导入的方式接入 Google Analytics 中，与 Google Analytics 中的数据进行关联分析，从而获得更好的用户洞察。

数据预处理（Data Preprocessing）/数据清洗（Data Cleansing）/数据集成（Data Integration）/数据缩减（Data Reduction）/数据转换（Data Transformation）[①]

数据预处理，在数据分析领域也称为**数据准备（Data Preparation）**或**数据整理（Data Wrangling）**，指的是将原始数据（Raw Data）处理为更适合分析且更有价值的、有格式的就绪数据（Ready Data）的过程。在数据收集过程中，通常会因为三个方面的主要因素影响数据质量，即数据的准确性、完整性、一致性（其他影响因素还包括数据的及时性、可信度、均匀性、可解释性等），数据预处理的任务就是尽可能地消除这些影响因素，将"脏数据"变为"干净数据"，主要有四项任务，即数据清洗、数据集成、数据缩减、数据转换。

数据清洗指的是消除数据中的异常值和缺失值、平滑噪声数据及纠正不一致的数据的过程。其中，"噪声"的定义为测量变量中的随机方差，具体可以通过分箱、回归、离群值分析、聚类等技术进行识别和处理。

数据集成指的是对多个来源的数据进行整合，将具有不同表示形式的数据放在一起并解决数据中的冲突。其具体方式包括并表、用户 ID 打通、线上和线下数据打通、统一数据视图等。

数据缩减指的是在保持原始数据完整性的同时，对数据集进行精简化表示的过程。其具体技术包括低方差过滤器、高相关性过滤器、主成分分析等。

数据转换指的是将数据转换为适合分析或建模的形式的过程。其具体技术包括聚合、标准化、离散化、属性机构等。

数据预处理的过程如图 B-26 所示。

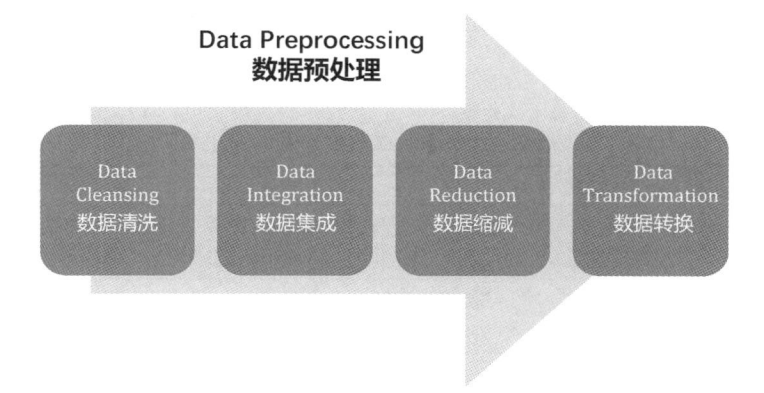

图 B-26　数据预处理的过程

[①] 这些术语综合参考了 IBM、谷歌等官方网站的相关内容。

数据集（Dataset）/数据库（Database）/数据湖（Data Lake）/数据仓库（Data Warehouse）

数据集指的是一种结构化的数据集合，通常以表格的形式出现。

数据库指的是多个数据集有组织的数据集合。这些数据集通常通过计算机系统以电子方式存储和访问，从而使数据易于访问、操作和更新。

数据湖指的是所有数据（包括结构化数据、半结构化数据和非结构化数据）的中央存储库。詹姆斯·狄克逊（James Dixon）被认为是"数据湖"概念的提出者，他运用了这样的比喻说明该概念："数据湖是一个自然状态的大水体。数据内容从各个数据源流进来填入数据湖，数据湖的各种用户可以来检查、潜水或取样。"数据湖以非结构化的方式保存数据，各个数据块之间没有层次结构或组织。它以最原始的方式保存数据，而不对其进行处理或分析。此外，数据湖接受并保留来自所有数据源的所有数据，支持所有数据类型，且仅当数据准备好使用时才会被使用。

数据仓库指的是以有组织的方式存储数据，并以定义的方式对所有内容进行归档和排序。开发数据仓库，企业在初始阶段需要花费大量精力分析数据源和理解业务流程，决定在数据仓库中保留和排除哪些数据，只有在确定了数据的用途后，才能将数据加载到数据仓库中。数据仓库是专门为数据分析而设计的。

数据库、数据集、数据之间具有层级关系，三者的关系如图 B-27 所示。参见术语 Data。

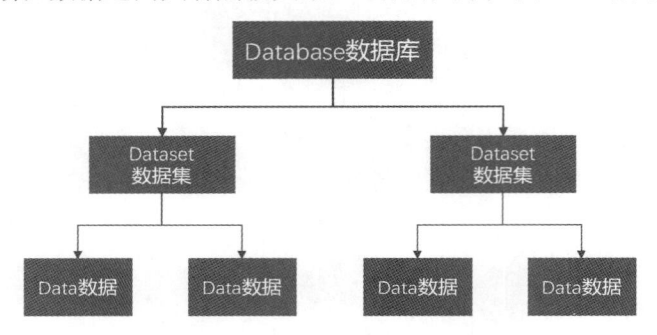

图 B-27　数据库、数据集、数据的关系

数据仓库与数据湖的对比，如表 B-1 所示。

表 B-1　数据仓库与数据湖的对比

特 性	数 据 仓 库	数 据 湖
数据	来自事务系统、运营数据库和业务线应用程序的关系数据	所有数据，包括结构化数据、半结构化数据和非结构化数据
Schema	通常在数据仓库实施之前设计（写入型 Schema），也可以在数据分析时设计（读取型 Schema）	在数据分析时设计（读取型 Schema）
性价比	使用本地存储获得最快的查询结果，存储成本较高	较快地获得查询结果，存储成本较低，计算和存储分开
数据质量	可作为重要事实依据的高度监管数据	任何可以或无法进行监管的数据（如原始数据）

续表

特性	数据仓库	数据湖
用户	业务分析师、数据科学家和数据开发人员	业务分析师（使用监管数据）、数据科学家、数据开发人员、数据工程师和数据架构师
分析	批处理报告、商业智能和可视化	机器学习、探索性分析、数据发现、流处理、运营分析、大数据和特征分析

资料来源：亚马逊官方网站。

数据仓库与数据库的对比，如表 B-2 所示。

表 B-2 数据仓库与数据库的对比

特性	数据仓库	数据库
适合的工作负载	分析、报告、大数据	事务处理
数据源	从多个来源收集的标准化的数据	从单个来源（如事务系统）捕获的数据
数据捕获	批量写入操作通常按照预定的批处理计划执行	针对连续写入操作进行了优化，因为新数据能最大限度地提高事务吞吐量
数据标准化	非标准化 Schema，如星型 Schema 或雪花型 Schema	高度标准化的静态 Schema
数据存储	使用列式存储进行了优化，可实现轻松访问和高速查询性能	针对在单行型物理块中执行高吞吐量的写入操作进行了优化
数据访问	为实现最小化输入/输出及最大化数据吞吐量进行了优化	大量的小型读取操作

资料来源：亚马逊官方网站。

通常情况下，企业使用数据库、数据湖和数据仓库的组合来存储和分析数据，其基本的运作逻辑是将来自不同数据源的数据分别存储于数据库、数据湖中，这些数据在经过预处理后转移至数据仓库，再对数据仓库中的数据进行分析、报告或共享给其他用途（如机器学习）。数据库、数据湖、数据仓库在应用中的关系，如图 B-28 所示。

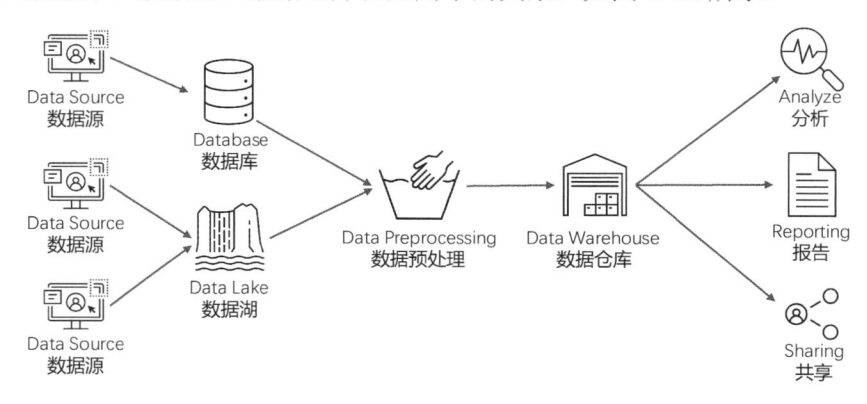

图 B-28 数据库、数据湖、数据仓库在应用中的关系

数据可视化（Data Visualization）

数据可视化指的是将信息和数据用图表、图形或动图等可视化元素进行表示，以提高对数据识读和理解的效率的过程。在用户增长领域，数据可视化的常见形式包括热图、面

积图、条形图、气泡图、直方图、散点图、箱线图、树状图、象限图、词云图、网络图、漏斗图、路径图、数据表、仪表板等。

数字资产管理（Digital Asset Management，DAM）

DAM 解决方案可以有效地存储、组织、管理、访问、分发组织的数字资产，这些数字资产非常庞大且可以为持有人带来某种内在、外在或交易的价值。DAM 既是业务流程，又是信息管理技术的一种形式（称为 DAM 系统）。数字资产管理始于以数字格式创建数字内容，使资产成为工作流的一部分，通过 DAM 系统跟踪如何、何时、何地管理资产及哪些资产可被访问、更改和应用，从而满足业务需求。①

维度（Dimension）/指标（Metric）

维度指的是数据的属性。例如，"城市"就是一个维度，在这个维度中，可以列出巴黎、纽约等具体实例。

指标（也称为度量）指的是定量的测量。例如，来自巴黎的会话数（Sessions）是 5000 个，页面数/会话数（Pages/Sessions）是 3.74；来自纽约的会话数是 4000 个，页面数/会话数是 4.55。这些都是具体的测量指标，会话数是单一指标，页面数/会话数是复合指标。在对总体进行细分或对更大的指标进行分解时，必须选择相应的维度。

抽取-转换-加载（Extract-Transform-Load，ETL）

抽取-转换-加载指的是将数据从数据源中抽取、转换并加载到目标载体（如数据库、数据湖或数据仓库）中的过程。这个过程还可以细分为某些较为独立的子过程，如数据清洗、数据集成等，参见术语 Data Preprocessing。

网络口碑（Electronic Word-of-Mouth，eWOM）/文本分析（Text Analysis）/情感分析（Sentiment Analysis）/主题分析（Topic Analysis）

网络口碑指的是消费者在网络上对产品、品牌或组织的评价。企业通常运用以下几种具体的网络口碑分析方法或它们的组合。

文本分析也称为文本挖掘（Text Mining），指的是使用自然语言处理技术将文档和数据库中的自由文本转换为适合分析或驱动机器学习算法的规范化、结构化数据。

情感分析也称为观点挖掘（Opinion Mining），指的是对文本数据中的消费者情绪进行检测和分析的方法，以帮助企业分析消费者口碑中对产品、品牌或组织的情感。情感分析着重于消费者的极性（积极、消极、中立），情感和情绪（生气、快乐、悲伤等），紧迫性（紧迫、不紧迫），意图（有意、无意）等。

---

① 该术语解释由 IBM 给出。

主题分析也称为主题检测（Topic Detection）、主题建模（Topic Modeling）或主题提取（Topic Extraction），指的是使用自然语言处理技术分解人类语言，以便从文本中挖掘主题、提取见解的过程。

以上几种具体的网络口碑分析方法都与自然语言处理技术有关，参见术语 Natural Language Processing。

第一方数据（First-party Data）/第二方数据（Second-party Data）/第三方数据（Third-party Data）

第一方数据指的是企业自有的数据，即在商业过程中企业直接从用户或受众中收集的数据（用户资料、销售数据、转化数据、广告点击数据、用户与品牌的互动数据及其他的用户行为数据），在合法的情况下，第一方数据完全受企业自主支配。

第二方数据指的是企业在与其他合作伙伴进行业务合作的过程中产生或使用的数据（这样的数据对合作伙伴来说是第一方数据）。例如，广告主在某个媒体上投放广告的过程中，可能会使用该媒体的 DMP 数据，在广告投放的过程中新产生的广告展现、广告点击、受众属性数据等，对广告主来说便是第二方数据。

第三方数据指的是第一方数据、第二方数据以外的数据，即由与访问者或用户没有任何直接联系的实体收集的任何数据。例如，从数据交易市场依法购买的数据通常属于第三方数据。

频率（Frequency）

频率指的是某一事件发生的次数与总的事件数之比，通常可以用直方图来表示。

假设检验（Hypothesis Testing）

假设检验指的是统计学中一种重要的检验方法，用于检验有关总体的假设。假设检验的总体思路是"提出假设—收集证据（数据）—根据可用的证据（数据）决定是否拒绝初始假设"。在用户增长领域，假设检验的一个重要实例是 A/B 测试，参见术语 A/B Testing。

个体数据（Individual Data）/人群数据（Population Data）

个体数据指的是数据的颗粒度能精确到某个个体的数据。该个体可以是实名的，也可以是匿名的，但无论该个体是实名的还是匿名的，个体数据都与该个体相关。

人群数据指的是一群人的数据，如这群人的区域、性别、行为、兴趣等。人群数据不能精确到其中某个个体的属性。例如，某个人群数据的集合（也称为人群包）中有 10000 人，经过数据泛化（通常基于概率统计）后，将其特征描述为其中 73%的人是女性，60%的人拥有汽车，79%的人来自美国等。人群数据通常用于广告定向投放而又避免在数据使用过程中用户的个人身份信息被泄露的场景。

大数定律（Law of Large Numbers）

大数定律指的是在随机试验中，每次出现的结果不同，但大量重复试验出现的结果的均值几乎总是接近于某个确定的值。例如，观察个别用户或少数用户的性别，发现有男性用户、有女性用户，没有一定的规律性；但如果放大样本，在相当大的样本中观察就会发现，男性用户和女性用户的比例都会接近于 50%。

数学期望（Mathematical Expectation）

数学期望也称为期望值（Expected Value）或期望（Expectation），指的是试验中每次可能结果的概率乘以其结果的总和，通常用 $E(X)$ 来表示。

中位数（Median）

中位数也称为中值，指的是将所有数据按升序排序后，位于中间位置的数值。需要注意的一点是，当观测值的个数是奇数时，中位数就是位于中间的那个观测值；当观测值的个数是偶数时，则没有单一的中间数值，这个时候定义位于中间的两个观测值的平均数为中位数。

元数据（Metadata）

元数据指的是关于数据的数据，用于发现、识别和理解数据。例如，在网站或应用商店中的标题、摘要、App 名称、作者、关键词、版本、创建者、日期、语种、权限、文献引用、许可等。

都柏林核心元数据倡议（Dublin Core Metadata Initiative，DCMI）是一个全球元数据生态系统的资源开发和管理组织，都柏林核心元数据元素集（Dublin Core Metadata Element Set，DCMES）也称为都柏林核心（Dublin Core），最初的 DCMES 包含 15 个核心元数据元素。

众数（Mode）

众数指的是在一个数据集中出现次数最多的数值。需要注意的一点是，出现次数最多的数值可能不止一个。

移动平均法（Moving Average Method）

移动平均法指的是用一组最近的实际数据值预测未来一期或多期结果的分析方法。常用的移动平均法有简单移动平均法（Simple Moving Average）、加权移动平均法（Weighted Moving Average），指数平滑法（Exponential Smoothing）是一种特殊的加权移动平均法。

观察法（Observation Method）

观察法也称为实地研究法，指的是研究者根据一定的研究目的、研究提纲或观察表，用自己的感官和辅助工具直接观察研究对象，从而获得资料的一种方法。常见的观察法包括核对清单法、级别量表法、记叙性描述等。观察者一般利用眼睛、耳朵等感觉器官感知观察对象，由于人的感觉器官具有一定的局限性，因此观察者往往需要借助各种现代化的仪器和手段（如照相机、录音机、显微录像机等）辅助观察。

异常值（Outlier）

异常值也称为离群值，指的是位于一个数据分布的总体模式之外的观测值。

帕累托图（Pareto Chart）

帕累托图指的是一种条形图，条形的长度代表频率或成本（如时间或金钱），以最长的条形排列在最左侧，最短的条形排列在最右侧，通过这种方式直观地描述哪些因素更为重要。帕累托图突出了数据集中的最大因素，通过这种图形可以将根本性因素与一般性因素进行区分。

数据透视表（Pivot Table）

数据透视表指的是一种统计数据表，它对更广泛的表中的数据（如来自数据库、电子表格或商业智能程序等）进行摘要。这种摘要可能经过求和计算、比率计算、平均值计算等方式的处理，从而使数据透视表以有意义的方式将这些数据分组显示在一起。

概率（Probability）

概率指的是随机事件出现的可能性的大小。

比例（Proportion）/比率（Rate）

比例指的是"部分"占"总体"的比重，如在所有用户中女性用户占45%；或两个同类量之间的倍数关系，如移动端用户是PC端用户的1.5倍。当变量x与变量y在变化过程中保持其比值不变时，称x与y成正比例；当变量y的倒数与变量x成正比例时，称x与y成反比例。

比率指的是数据之间的比值。例如，女性用户与男性用户的比率为2∶3。

分位数（Quantile）

分位数也称为分位点，指的是将一个随机变量的概率分布范围分为几个等份的数值点。常用的分位数有百分位数、四分位数。

百分位数的计算方法是，将数据按升序排序，计算指数 $i=(p/100)\times n$，p 为所求百分位数，n 为观测值的个数。若 i 不是整数，将 i 向上取整，大于 i 的下一个整数即第 p 百分位数的位置；若 i 是整数，则第 p 百分位数是第 i 项和第 $(i+1)$ 项数据的平均值。

四分位数是一种特殊的百分位数，它将数据划分为相等的四部分。四分位数多用于箱线图的绘制，它是将一组数据排序后处于第 25%、50%、75% 三个分割点位置上的数值。第一四分位数（Q_1）等于该样本中所有数值由小到大排列后处于第 25% 位置上的数值；第二四分位数（Q_2）等于该样本中所有数值由小到大排列后处于第 50% 位置上的数值；第三四分位数（Q_3）等于该样本中所有数值由小到大排列后处于第 75% 位置上的数值。

定量数据（Quantitative Data）/定性数据（Qualitative Data）/定量分析（Quantitative Analysis）/定性分析（Qualitative Analysis）

定量数据处理的是可以客观测量的数字和事物，如高度、宽度、长度、温度、湿度、价格、面积和体积等。定量数据又常称为数值数据或数值变量。

定性数据处理的是难以测量但可以主观观察的特征和描述，如气味、味道、质地、魅力和颜色等。定性数据又常称为分类数据或分类变量。

定量分析也称为定量研究，指的是基于定量数据进行的研究或分析。

定性分析也称为定性研究，指的是基于定性数据进行的研究或分析。

随机事件（Random Event）

随机事件指的是在一定条件下可能出现也可能不出现的事件。

随机对照试验（Randomized Controlled Trial，RCT）

随机对照试验指的是在临床医学中，至少有 2 种干预方式——试验治疗和对照治疗，这是一种同时在试验的 2 个组或多个组中进行评估的临床试验方法，每一组的纳入由确保不受偏见影响的随机过程决定。几十年来，它们一直是临床试验的黄金标准。[1]

今天，除了医学领域，RCT 也广泛地应用于社会学研究领域，如在用户增长领域，常用 A/B 测试、多变量测试对某个互联网应用的改动效果做出评估。参见术语 A/B Testing、Multivariate Testing。

散点图（Scatter Plot）

散点图指的是一种以可视化方式呈现两个数值变量之间关系的工具。在散点图中，预测变量或自变量位于横轴上，响应变量或因变量位于纵轴上。从点的分布可以快速判断两个变量之间的关系，如正相关、负相关、相关的强度等。

---

[1] 该术语解释引自《自然》杂志官方网站。

社交网络分析（Social Network Analysis，SNA）/社交媒体分析（Social Media Analysis，SMA）

社交网络分析指的是基于数学、信息学、社会学、管理学、心理学等多学科的融合理论和方法，为理解人类各种社交关系的形成、行为特点的分析及信息传播的规律而提供的一种可计算的分析方法。该分析方法最早由英国著名人类学家阿尔弗雷德·雷金纳德·拉德克利夫-布朗（Alfred Reginald Radcliffe-Brown）提出。

社交媒体分析是"社交网络分析"的具体应用，指的是从社交网络（如 Meta、Twitter、TikTok）中收集和分析数据的过程，营销人员通常使用它追踪和分析有关产品、品牌的言论。

结构化数据（Structured Data）/非结构化数据（Unstructured Data）/半结构化数（Semi-structured Data）

结构化数据指的是通常包含在行和列的数据库中，且其元素可以映射到固定的预定义字段中，因此最易于搜索和组织的数据。例如，在 Excel 或关系数据库中存放的数据。通常情况下，结构化数据是使用结构化查询语言（Structured Query Language，SQL）进行管理的。结构化数据可以由机器和人工创建。参见术语 Database。

非结构化数据指的是不能包含在行和列的数据库中，且没有与其相关联的数据模型的数据。例如，照片、视频、音频、卫星图像等。缺乏结构使非结构化数据更难以搜索、管理和分析。与结构化数据不同的是，非结构化数据通常存储在 NoSQL 数据库、数据湖、应用程序中。参见术语 Data Lake。

半结构化数据指的是上述二者的混合体，其数据类型具有一些定义或一致的特征，但又不符合关系数据库所要求的那样严格的结构。例如，网页、电子邮件和可扩展标记语言（Extensible Markup Language，XML）文档等。

调查法（Survey Method）

调查法指的是通过电话、邮件、问卷、访谈等方式从特定人群中收集特定数据的一种方法。调查法通常用于评估特定人群的想法、意见和感受，是一种定性与定量相结合的方法。

针对用户进行的调查法也称为用户调查，参见术语 User Survey。

生存分析（Survival Analysis）

生存分析指的是一种分析到截至一个或多个事件（如生物体死亡和机械系统故障）发生之前的预期持续时间的方法。在用户增长领域，常用于分析一位用户留存的时间，或其在后续时段流失的可能性。

变量（Variable）/分类变量（Categorical Variable）/数值变量（Numeric Variable）

变量指的是可以测量或计算的任何特征、数字或数量，也称为数据项（Data Item）。例如，"用户收入"就是一个变量，它可以在人群中的不同数据单位之间变化，也可以随着时间的推移而变化。

分类变量指的是描述一个数据单元的质量或特征的变量，如表示为"什么类型"或"哪个类别"，又常称为定性数据，以非数字值表示。分类变量可以进一步描述为有序变量和无序变量。有序变量（Ordinal Variable）指的是从特定观察角度可以得到的一个在逻辑上有序或可排序的值。例如，用户的服装尺码从小到大分为小码、中码、大码、特大码，用户态度从好到差分为非常满意、较满意、较不满意、非常不满意等。无序变量（Nominal Variable）也称为名义变量，指的是从特定观察角度得到的可能无法按照逻辑顺序进行排序的值。例如，用户的性别分为男性、女性，用户的设备属性分为 Android 系统、iOS 系统等。

数值变量指的是可以用数字描述的可测量的量，如表示为"有多少"，又常称为定量数据，以数字值表示。数值变量可以进一步描述为连续变量和离散变量。连续变量（Continuous Variable）指的是在一定区间内可以任意取值的变量，其数值是连续不断的，在相邻的两个数值之间可进行无限分割，即可取无限个数值。例如，用户身高、用户会话长度等。离散变量（Discrete Variable）指的是各变量值之间都是以整数断开的，不能取某一个变量值和下一个最接近的变量值之间的分数值。例如，日新增用户数、某促销活动期间用户下单数等。

参见术语 Quantitative Data/Qualitative Data。

变量的分类及层次关系如图 B-29 所示。

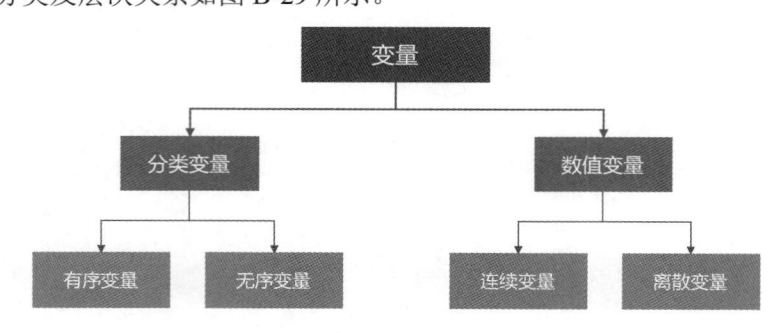

图 B-29 变量的分类及层次关系

方差（Variance）/标准差（Standard Deviation）

方差指的是度量随机变量和其数学期望之间的偏离程度的值。总体方差通常用 σ^2 表示，样本方差通常用 S^2 表示。

标准差指的是方差的算术平方根。总体标准差通常用 σ 表示，样本标准差通常用 S 表示。

Part 3　信息技术与工程

广告追踪（Advertising Tracking）

广告追踪指的是收集有关在线广告活动效果的数据和用户见解的过程。广告客户可以采用多种方法追踪和收集在线广告的相关信息，包括追踪 URL、追踪像素和追踪 Cookie 等。

锚文本（Anchor Text）

锚文本指的是超级链接中的可单击文本。锚文本实际上建立了文本关键词与 URL 链接的关系。

安卓安装包（Android Package，APK）

安卓安装包指的是安卓 App 的安装文件，是安卓 App 被分发和安装的主要形式。

应用程序接口（Application Programming Interface，API）

应用程序接口指的是开发人员用于创建软件或与外部系统进行交互的一组命令、函数、协议和对象。由于它为开发人员提供了执行常见操作的标准命令，因此他们不必从头开始编写代码。例如，一个网站可以为网站开发人员提供一个 API，使他们可以从该网站访问或获取特定信息。

人工智能（Artificial Intelligence，AI）/商业智能（Business Intelligence，BI）

人工智能指的是让计算机或计算机控制的机器执行通常与智能生物有关的任务的能力。人工智能的一个子集是机器学习。

商业智能指的是帮助企业更好地利用数据提高决策质量的技术集合，是从大量的数据中挖掘信息与知识的过程，简单地说就是业务、数据、数据价值应用的过程。

机器人流量（Bot Traffic）

机器人流量指的是由非人类行为产生的网络流量。机器人流量是无效流量的主要来源之一。参见术语 Invalid Traffic。

僵尸网络（Botnet）

僵尸网络指的是由执行各种诈骗和网络攻击的被劫持计算机设备组成的网络。僵尸程序可作为自动化、大规模攻击（如数据盗窃）的工具，让服务器崩溃和分发恶意软件。僵尸网络也可以在未经本人同意的情况下使用其设备欺骗他人或造成破坏。[1]

---

[1] 该术语解释引自卡巴斯基官方网站。

面包屑导航（Breadcrumb Navigation）

这一概念来自童话故事《汉赛尔与格莱特》，汉赛尔与格莱特在穿过森林时不小心迷路了，但他们发现在沿途走过的地方留下了面包屑，通过这些面包屑可以帮助他们找到回家的路。因此，面包屑导航的作用是告诉访问者其目前在网站中的位置及如何返回。

《加利福尼亚州消费者隐私法案》（California Consumer Privacy Act，CCPA）

《加利福尼亚州消费者隐私法案》指的是美国加利福尼亚州颁布的旨在加强消费者隐私权和数据安全保护的法案，该法案从 2020 年 1 月 1 日起正式施行。

聊天机器人（Chatbot）

聊天机器人指的是一种软件，可以用它模拟人类与网络访问者进行对话。

渠道包（Channel Package）

渠道包指的是针对每个 Android 应用商店单独生成的 App 安装文件，在该安装文件中，通过添加渠道标识信息追溯用户下载、安装 App 的来源。

云计算（Cloud Computing）

云计算指的是一种通过共享方式提供的网络资源，用户可以随时获取"云"上的资源，按需使用并按使用付费，而无须承担这些资源的建设、管理和维护工作，就像在家中使用水、电、天然气等资源一样。云计算通常可以提供四个层次的服务，参见术语 Infrastructure as a Service/Platform as a Service/Software as a Service/Data as a Service。

Cookie/第一方 Cookie（First-party Cookie）/第三方 Cookie（Third-party Cookie）

Cookie 指的是浏览器存储于客户端设备中的小文件（通常情况下为 TXT 文件），用于辨识用户的身份、状态，记录用户的浏览活动（如登录网站，点击特定按钮，访问过的页面及在表单中输入的名称、地址、密码、支付卡号等信息）。

第一方 Cookie 指的是由用户直接访问的域生成的 Cookie，Cookie 的域和浏览器地址栏显示的域是相同的。

第三方 Cookie 指的是由用户直接访问的域以外的域生成的 Cookie。除了第一方 Cookie 就是第三方 Cookie，没有"第二方 Cookie"的说法。随着全球个人隐私保护运动的规模逐渐扩大，Cookie 的使用空间越来越受到挤压，第三方 Cookie 更是严重受限。

数据管理平台（Data Management Platform，DMP）/客户数据平台（Customer Data Platform，CDP）/客户关系管理系统（Customer Relationship Management，CRM）

数据管理平台指的是一个在线的、拥有海量用户数据的软件系统，是程序化广告的重要基础性设施，其核心应用场景包括再营销、相似人群扩展、精准圈选目标受众、驱动程序化广告运作等。

客户数据平台指的是一种能创建可由其他营销系统访问的持久、统一的客户数据库的软件系统。多源数据通过收集、清洗、整合，生成单一的用户画像，且这种结构化数据可由其他营销系统访问。[①]

客户关系管理系统指的是支持营销、销售、客户服务等业务的软件系统。

DMP、CDP、CRM 三者的共性主要是它们都是与消费者、客户或用户有关的数据；三者的差异主要是数据的构成、用途不完全相同。

深度链接（Deep Link）

深度链接指的是在移动设备中使用 URI（Uniform Resource Identifier，统一资源标识符）将访问链接到 App 中特定页面的一种技术。这些特定页面通常不是 App 的首屏，而是某个产品详情页面、营销活动页面、推荐商品页面等。如果用户设备未安装目标 App，那么通常会直接跳转到应用商店的 App 下载页面，待用户下载、安装 App 后再链接到该特定页面。这种技术极大地提升了用户体验和转化效率。

设备标识（Device ID）

设备标识指的是用户硬件设备（尤其是移动设备）的唯一标识代码。参见术语 Identifier for Advertising、International Mobile Equipment Identity。

域名（Domain Name，DN）/域名系统（Domain Name System，DNS）

域名指的是一串用点号分隔的名字，用于对互联网中的某一台计算机或计算机组进行定位标识。域名的出现是因为 IP 地址不易于识记（太长、无含义），为实现高效的互联网访问，便采用了域名的方式。例如，"google.com"就是一个域名的实例。

域名系统指的是一种服务，当它接收到域名时，对其进行解析并映射到相应的 IP 地址。例如，将域名"google.com"解析为 IP 地址"216.58.216.164"。参见术语 Internet Protocol。

事件追踪（Event Tracking）

事件追踪指的是通过一定的规则对特定用户事件进行记录、计量的方法。该方法广泛应用于各种用户行为分析工具中。参见术语 Event。

[①] 该术语解释由 CDP 协会给出。

眼动追踪（Eye Tracking）

眼动追踪指的是一种基于传感器原理的应用技术，它使计算机或其他设备可以知道用户在看什么。这种技术通常使用眼动仪设备（Eye Tracker）进行追踪，它可以检测用户的存在、注意力和焦点。眼动追踪提供了对用户行为的独特见解，通过这种技术，可以洞悉哪些内容能真正引起用户的注意，从而深入了解影响用户行为、决策和情感的因素。

《通用数据保护条例》（General Data Protection Regulation，GDPR）

《通用数据保护条例》指的是欧盟颁布的个人数据隐私保护条例，该条例从 2018 年 5 月 25 日起正式施行。

超级链接（Hyper Link）/内部链接（Internal Link）/外部链接（External Link）/反向链接（Back Link）

超级链接简称为超链接，指的是从一个网页指向一个目标的链接关系，该"目标"可能是一个网页，也可能是其他对象（如图片、视频等），用户在点击链接后会跳转到相应的目标位置。

内部链接也常称为站内链接，指的是在同一域名网站内指向本域名网站下的目标页面的链接。

外部链接与内部链接相对，指的是在本域名网站外的页面中指向本域名网站下的目标页面的链接。

反向链接指的是如果 A 页面中的某个链接指向 B 页面，那么 A 页面中的这个链接就称为 B 页面的反向链接。从这一意义上讲，反向链接既可能是一个外部链接，又可能是一个内部链接。

超文本标记语言（Hypertext Markup Language，HTML）/可扩展标记语言（Extensible Markup Language，XML）/第 5 代 HTML（HTML5，H5）

超文本标记语言指的是一种标记语言，它包括一系列标签，通过这些标签可以将网络中的文档格式统一，使分散的网络资源链接为一个逻辑整体。HTML 文本是由 HTML 命令组成的描述性文本，HTML 命令可以说明文字、图形、动画、声音、表格、链接等信息。

可扩展标记语言指的是一种用于标记电子文件使其具有结构性的标记语言，非常适合互联网传输，它可以提供统一的方法描述和交换独立于应用程序或供应商之外的结构化数据。XML 是互联网环境中跨平台的、依赖于内容的技术，也是目前处理分布式结构信息的有效工具。HTML 是 XML 的先驱之一，随着 Web 应用的不断发展，HTML 的局限性也越来越明显，如可读性差、搜索时间长、无法描述数据等，于是 XML 应运而生，如今 XML 已开始被广泛接受。HTML、XML 的语法要求不同、标记不同、作用不同。

第 5 代 HTML 指的是 HTML 发展至今的第 5 代版本，于 2008 年正式发布，与前几代版本相比，H5 增加了许多新特性，如智能表单、地理定位、多媒体动画等，被认为是当今互联网的核心技术之一。

超文本传输协议（Hypertext Transfer Protocol，HTTP）/超文本传输安全协议（Hypertext Transfer Protocol over Secure Socket Layer，HTTPS）

超文本传输协议指的是一个简单的"请求-响应"协议，通常运行在 TCP 之上。HTTP 指定了客户端可能发送给服务器什么样的消息及得到什么样的响应，还定义了在"请求-响应"过程中的格式和规则。

超文本传输安全协议指的是由于 HTTP 在使用过程中采取明文传输，有很大的安全隐患，因此在 HTTP 的基础上增加了安全协议，采取信息加密传输机制，起到保护网络传输信息隐私和保证数据完整性的作用。

广告标识符（Identifier for Advertising，IDFA）

广告标识符指的是 iOS 设备（iPhone、iPad 等）中的标识代码，主要用于广告追踪。IDFA 与硬件无关，用户可以在设置中手动关闭 IDFA。

基础架构即服务（Infrastructure as a Service，IaaS）/平台即服务（Platform as a Service，PaaS）/软件即服务（Software as a Service，SaaS）/数据即服务（Data as a Service，DaaS）[①]

IaaS、PaaS、SaaS、DaaS 指的是云计算的四种典型的服务模式，也可以表示云计算的四种服务层次。参见术语 Cloud Computing。

基础架构即服务为第一层次的服务，由高度可扩展的、自动化的计算资源组成，包括计算、网络、存储等，终端用户可以根据需要灵活地使用这些资源并按使用付费，而不必承担这些资源的建设、管理和维护工作。例如，Amazon Web Services（AWS）就是一个 IaaS 的实例。

平台即服务为第二层次的服务，除了提供基础的计算能力，还具备业务的开发运行环境，为某些软件提供云组件及包括 SDK、API、操作系统、应用代码在内的组件，开发人员可以在此框架中开发自己的应用程序，以提高开发效率。例如，Google App Engine 就是一个 PaaS 的实例。

软件即服务为第三层次的服务，指的是通过互联网向用户提供应用软件服务。大多数 SaaS 应用程序可以直接通过浏览器运行而无须下载、安装。例如，Salesforce 就是一个 SaaS 的实例。

---

① 这些术语综合参考了 IBM、英特尔、知乎等官方网站的相关内容。

数据即服务为第四层次的服务，指的是通过云计算实现数据集成、处理、分析、应用等服务。例如，Collibra 就是一个 DaaS 的实例。

与云计算有关的一组概念关系如图 B-30 所示。

图 B-30　与云计算有关的一组概念关系

互联网（Internet）/万维网（WWW）

互联网指的是由众多网络互相连接所组成的超大型网络，这些网络之间以一组通用的协议相连。互联网在 20 世纪 60 年代起源于美国，并于 1969 年 10 月 29 日发送了第一条消息。

万维网（World Wide Web）简称为 3W，指的是 Internet 的图形界面。WWW 由蒂姆·伯纳斯-李（Tim Berners-Lee）于 1991 年 8 月 6 日首次向公众介绍，1991 年 8 月 23 日，WWW 向公众开放使用，是目前应用最广泛的 Internet 服务之一。需要注意的一点是，不要将 WWW 与 Internet 混淆，Internet 是将计算机与计算机之间连接起来的工具，而 WWW 是用户在浏览器中查看的内容。

国际移动设备识别码（International Mobile Equipment Identity，IMEI）

国际移动设备识别码指的是在移动电话网络中识别每一部独立的移动通信设备的识别码。IMEI 号码由 GSMA（Groupe Speciale Mobile Association，全球移动通信系统协会）统一规划，并授权各地区的组织对其进行分配，在中国由主管单位为工业和信息化部的原电信终端测试技术协会（Telecommunication Terminal Testing Technology Association，TAF）负责国内手机的入网认证。

IP 地址（Internet Protocol，IP）

IP 地址指的是与网络上的计算机相对应的数字地址。当一台计算机要连接另一台计算机时，前者将连接后者的 IP 地址。例如，100.4.5.6 就是一个 IP 地址的实例。

JavaScript 程序（JavaScript，JS）

JavaScript 程序指的是一种解释型或即时编译型的编程语言。JS 主要应用于网站页面，支持交互式网页，大多数网站将其作为客户端编程语言，且主流的网络浏览器都有专用的 JavaScript 引擎来执行它。JS 是 Web 应用程序的重要组成部分，也是 WWW 的核心技术之一。

链接标记（Link Tag）

链接标记指的是当前文档和外部资源之间的链接，最常见的用途是链接样式表。

基于位置的服务（Location-based Service，LBS）

基于位置的服务指的是利用软件服务的地理数据信息，向用户提供相应的服务。该服务可用于众多场景中，如基于位置的广告（Location-based Advertising，LBA）、基于位置的游戏（Location-based Game，LBG），基于位置的路由（Location-based Routing，LBR），基于位置的推荐（Location-based Recommendation，LBR）等。

局域网（Local Area Network，LAN）/广域网（Wide Area Network，WAN）

二者是根据网络的覆盖范围进行区分的。

局域网指的是局限在较小范围内的小型网络。例如，一个家庭网络、一个企业办公网络都是一个局域网。

广域网指的是覆盖广大范围的大型网络。Internet 是目前世界上最大的广域网，参见术语 Internet。

机器学习（Machine Learning，ML）

机器学习由 IBM 科学家、计算机游戏和人工智能领域的先驱之一亚瑟·李·塞缪尔（Arthur Lee Samuel）于 1959 年提出，指的是专门研究计算机怎样模拟或实现人类的学习行为，以获取新的知识或技能，重新组织已有的知识结构使之不断改善自身的性能。机器学习是人工智能的核心。

根据可供学习系统使用的"信号"或"反馈"的性质，机器学习可以分为监督学习、无监督学习和强化学习。参见术语 Artificial Intelligence。

营销自动化（Marketing Automation，MA）

营销自动化指的是一类简化工作流程，自动执行营销任务，提升营销效果的软件。[①] 它通常按照营销者设定的策略和程序，部分地或完全地代替人工运行，与消费者自动且可重复地进行互动。

---

① 该术语解释由神策数据给出。

MAC 地址（Media Access Control，MAC）

MAC 地址指的是计算机或网络设备用于标识其唯一位置的字符串。例如，D3-BE-C3-6D-41-8B 就是一个 MAC 地址的实例。

原生 App（Native App）/网页 App（Web App）/混合 App（Hybrid App）[①]

原生 App 指的是专门为移动设备开发的应用程序，通常利用操作系统平台（如 Android、iOS）官方的开发语言、开发类库、开发工具、UI 框架进行开发。原生 App 通常通过移动设备的应用商店进行下载和安装，并通过移动设备主屏幕中的图标进行访问，且可以充分利用移动设备的资源，如 GPS、摄像头、指南针、联系人列表、消息通知系统等。

网页 App 指的是经过了移动优化的网页，本质上它并不是真正的应用程序，尽管二者看起来很像。它通过移动设备中的浏览器运行，用户无须下载和安装。网页 App 通常以 HTML5 编写，用户可以像访问任何网页一样访问它。它可以利用移动设备的部分资源，如 GPS、摄像头等，但不支持在后台运行的通知、复杂的手势等。

混合 App 指的是原生 App 与网页 App 的混合，用户需要下载和安装。

自然语言处理（Natural Language Processing，NLP）

自然语言处理指的是人工智能的一个分支，它将计算语言学、统计学、机器学习和深度学习模型结合起来，使计算机能以文本或语音数据的形式处理人类语言，并"理解"其全部含义，包括说话者或作者的意图和情感。

NLP 的具体应用实例包括网络口碑分析、文本分析、情感分析、主题分析等，参见术语 Electronic Word-of-Mouth/Text Analysis/Sentiment Analysis/Topic Analysis。

重定向（Redirect）/301 重定向（301 Redirect）/302 重定向（302 Redirect）

重定向指的是将网络请求重新定向跳转到其他位置，如网页重定向、域名重定向等。

301 重定向、302 重定向和刷新标记（Meta Refresh）是三种典型的重定向方式。**301 重定向**也称为永久重定向，**302 重定向**也称为临时重定向。301 重定向后，旧的 URI 已经被永久移除（该资源不可访问）；302 重定向后，旧的 URI 仍然存在且可以访问，只不过临时跳转到了另一个 URI。

响应式网页设计（Responsive Web Design，RWD）

响应式网页设计指的是一种网页设计方法，其设计理念是集中创建页面的图片排版大小，以便智能地适应用户行为及其设备环境，让网页在各种设备、窗口或屏幕尺寸中都能良好地呈现。

[①] 该术语解释由尼尔森官方网站给出。

搜索引擎（Search Engine）/推荐引擎（Recommendation Engine）

搜索引擎指的是基于用户搜索信息的需求，通过一定的策略和算法，将互联网中的相关信息集中展示给用户的技术。

推荐引擎有时也称为推荐系统（Recommendation System），指的是通过一定的策略和算法，向特定用户推荐相关产品或内容的技术。推荐引擎主要有三种类型：协同过滤（Collaborative Filtering），重点是收集和分析用户行为、活动和偏好的数据，基于该用户与其他用户的相似性预测其喜好；基于内容的过滤（Content-based Filtering），遵循"如果用户喜欢某个特定项目，那么其还会喜欢其他相似项目"的逻辑；混合模式（Hybrid Model），是对各种评级和排序算法的组合。

网站地图（Site Map）

网站地图指的是一个域内网站的页面列表。网站地图主要有三种类型：设计者在设计网站时使用的网站地图；网站中的用户可见列表，通常是分层的；用于引导搜索引擎爬虫的结构化清单。

软件开发工具包（Software Development Kit，SDK）

软件开发工具包指的是为特定设备或操作系统开发应用程序的软件集合。SDK 的实例包括 Windows7 SDK、MacOSX SDK 和 iPhone SDK 等。SDK 通常包括一个集成开发环境（Integrated Development Environment，IDE），由它充当中心编程接口；IDE 可能还包括编写源代码的代码编辑器、修复程序错误的调试器、允许开发人员创建和编辑程序的图形用户界面（Graphical User Interface，GUI）的可视化编辑器、从源代码文件中创建应用程序的编译器等。从 App 中收集数据通常会用到 SDK。

结构化查询语言（Structured Query Language，SQL）

结构化查询语言指的是一种数据库查询和程序设计语言，用于存取数据及查询、更新和管理关系数据库系统。

顶级域名（Top-level Domain，TLD）/二级域名（Second-level Domain，SLD）

域名由两组或两组以上的 ASCII（American Standard Code for Information Interchange，美国信息交换标准代码）或各国的语言字符构成，各组字符间由点号分隔。

顶级域名指的是域名最右边的字符组，也称为一级域名。

二级域名指的是域名右起前两组的字符。

其他各级域名依次类推。例如，在域名"support.google.com"中，"com"为顶级域名，"google.com"为二级域名，"support.google.com"为三级域名。

监测像素或监测代码（Tracking Pixel）

监测像素或监测代码指的是创建并安装在网站或电子邮件中的一段简单的 JavaScript 代码，通过它可以监测互联网用户在网站、邮件等页面中的访问行为。之所以称为"Pixel（像素）"，是因为网站分析工具是通过一个 1×1 像素的透明 GIF 图像完成数据收集的。

在页面中安装监测像素的过程称为部署监测代码，在中国，业内人士更常用的另一个名称是"埋点"。

传输控制/网络互联协议（Transmission Control Protocol/Internet Protocol，TCP/IP）

传输控制/网络互联协议指的是一组用于实现网络互联的通信协议，是 Internet 最基本的协议和 Internet 国际互联网络的基础。通俗地说，TCP/IP 协议就是打包、发送、接收信息的规范。比较常见的三种 TCP/IP 协议是 HTTP、HTTPS 和 FTP（File Transfer Protocol，文件传输协议）。参见术语 HTTP/HTTPS。

统一资源定位系统（Uniform Resource Locator，URL）/统一资源标识符（Uniform Resource Identifier，URI）

统一资源定位系统指的是 Internet 的 WWW 服务程序中用于指定信息位置的表示方法。URL 为资源的位置提供了一种抽象的识别方法，各种资源的地址用可以 URL 进行表示及定位。这里的"资源"可以是 WWW 服务器中可以被访问的任何对象，包括网页、文件、文档、图像、声音、视频等，也可以是 Internet 中 WWW 站点地址。通俗地说，URL 就是 WWW 地址或网址。

统一资源标识符指的是用于标识某一互联网资源名称的字符串，"资源"的含义如上所述。

URL 是 URI 的子集，二者的关系如图 B-31 所示。

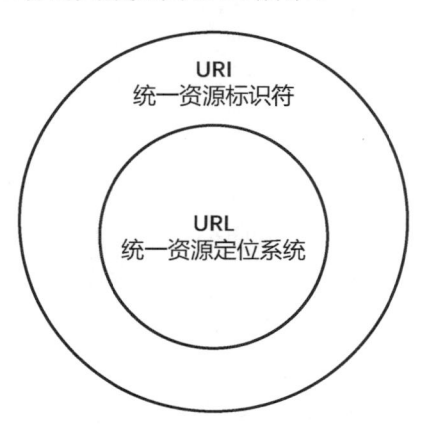

图 B-31　URI 与 URL 的关系

唯一标识符（Unique Identifier，UID）/通用唯一标识符（Universally Unique Identifier，UUID）/全局唯一标识符（Globally Unique Identifier，GUID）

唯一标识符指的是保证用于特定目标和用途的字符在所有标识符中是唯一的字符。UID 的实例包括国际标准书号（International Standard Book Number，ISBN）、电子产品代码（Electronic Product Code，EPC）、库存单位（Stock Keeping Unit，SKU）、无线射频识别（Radio Frequency Identification，RFID）、通用唯一标识符、全局唯一标识符、MAC 地址、身份证号、URL 和用户 ID 等。

通用唯一标识符是 UID 的一种实例，指的是一组由 4 个连字号"-"将 32 个字节长的字符串分隔后生成的字符串，总共 36 个字节长，如 350e2710-a88c-45c9-c987-958674632221。UUID 让分布式系统中的所有元素都有唯一的辨识信息，而无须通过中央控制端进行辨识信息的指定。UUID 由开放软件基金会（Open Software Foundation，OSF）制定的标准计算生成。

全局唯一标识符指的是微软公司对 UUID 的一种实际应用，它被广泛应用于微软的产品中。

与 UID 有关的一组概念关系如图 B-32 所示。

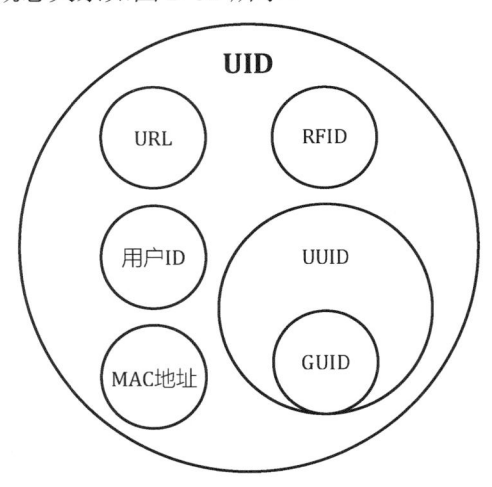

图 B-32　与 UID 有关的一组概念关系

谷歌追踪模块（Urchin Tracking Module，UTM）

谷歌追踪模块指的是 Google Analytics 用于识别访问流量的来源、媒介、关键词、名称、内容等的一组参数。其目前已成为被广泛接受的行业标准，很多分析工具都使用或兼容 UTM 参数。

用户代理（User Agent，UA）

用户代理指的是 HTTP 中的一部分（一个特殊字符串头），服务器可以通过它识别用户使用的操作系统及版本、CPU 类型、浏览器及版本、浏览器渲染引擎、浏览器语言、浏览器插件等特征参数。UA 被广泛用于标识浏览器客户端的特征信息。

用户标识（User Identification，UserID）

用户标识指的是标识网站、软件、系统或通用 IT 环境中的用户实体的符号。用户 ID 是计算机系统中比较常用的身份验证机制，无论用户的类型及其权限如何，每一个用户都有唯一的标识将其与其他用户进行区分。系统管理员使用用户 ID 分配特权，追踪用户活动并管理特定系统、网络或应用程序中的整体操作。如果用户在多个会话中使用多个设备，那么许多分析技术便无法识别唯一的用户，因为在用户每一次这样操作时都会被统计为一个新用户。而通过具有唯一性的用户 ID，就能解决这个问题，它允许在分析报告中将所有活动归于一个用户。

围墙花园（Walled Garden）

围墙花园指的是通过技术手段构筑的一种封闭式平台或生态，限制未获得授权的用户访问，与开放式平台形成鲜明对比。这一词汇由约翰·马龙（John Malone）提出。在互联网领域，"围墙花园"经常表现为一种竞争策略，互联网流量运营者通过这种策略巩固流量资源、强化竞争优势。

网络爬虫（Web Crawler）

网络爬虫也称为网页蜘蛛或网络机器人，指的是一种在互联网中自动浏览和采集页面内容的计算机程序。其典型应用是搜索引擎，通过系统地浏览、采集大量的互联网内容并建立索引，使用户可以更有效地进行搜索并获得信息。

网页视图（WebView）

网页视图指的是一种可嵌入的浏览器，在原生 App 中可以通过它显示网页内容。

白帽（White Hat）/黑帽（Black Hat）/灰帽（Grey Hat）

这些术语源于 20 世纪 50 年代的西方人使用的颜色编码方案：坏人戴黑色的帽子，好人戴白色或其他浅色的帽子。在互联网领域，白帽、黑帽、灰帽是三种典型的计算机黑客。

三者之间的显著区别是：当一个白帽黑客发现了一个计算机漏洞时，他只会在得到允许的前提下利用它，并在该漏洞被修复之前不泄露其存在；而黑帽黑客会以非法的手段利用该漏洞，或告诉其他人如何这样做；灰帽黑客则既不会以非法的手段利用该漏洞，又不会告诉其他人如何这样做，灰帽黑客通常是未经许可但具有潜在良好意图的、在系统中寻找漏洞的人，他可能会通知该组织他已经能利用其系统，并在随后要求对方付费以修复该漏洞。

在 SEO 中，白帽 SEO 指的是基于搜索引擎规则采取的正常优化排名的做法；黑帽 SEO 指的是违反搜索引擎规则采取的非正常优化排名的做法（如作弊）；灰帽 SEO 介于白帽 SEO 与黑帽 SEO 之间，通常指的是利用搜索引擎规则的模糊地带进行优化排名，且该做法可能是令人讨厌的，如纯粹出于提高收录的目的创建大量质量低下的内容。

Part 4　用户增长道德

Part 4 部分的术语及定义，读者可查阅附录 A 中的"适用术语"部分。

附录 C 常用缩写

常用英文词汇的缩写、全称、中文含义，如表 C-1 所示。

表 C-1 常用英文词汇的缩写、全称、中文含义

缩　写	英文词汇全称	中文含义
AARRR	Acquisition、Activation、Retention、Revenue、Refer	获取、激活、留存、收入、推荐
ARPU	Average Revenue Per User	每用户平均收入
ARPPU	Average Revenue Per Paying User	每付费用户平均收入
Ad	Advertising	广告
CTA	Call to Action	行动号召
CTR	Click Through Rate	点击率
CDJ	Consumer Decision Journey	消费者决策过程
CJM	Consumer Journey Map	消费者旅程地图
CEM	Consumer Experience Map	消费者体验地图
AIDA	Attention、Interest、Desire、Action	引起注意、激发兴趣、刺激欲望、促成行动
CR	Conversion Rate	转化率
CVR	Click Value Rate	点击转化率
CSAT	Customer Satisfaction	顾客满意度
CAC	Customer Acquisition Cost	获客成本
CES	Customer Effort Score	顾客费力度评分
DAU	Daily Active User	日活跃用户数
WAU	Weekly Active User	周活跃用户数
MAU	Monthly Active User	月活跃用户数
EDM	E-mail Direct Marketing	电子邮件营销
TLM	Tactic Loop Model	策略环模型
ICE	Impact、Confidence、Ease	ICE 评分：影响力、信心水平、容易程度
IVT	Invalid Traffic	无效流量
KOL	Key Opinion Leader	关键意见领袖
KOC	Key Opinion Consumer	关键意见消费者
KPI	Key Performance Indicator	关键绩效指标
GPI	General Performance Indicator	一般绩效指标
LTV	Life Time Value	用户生命周期价值
CLV	Customer Lifetime Value	顾客生命周期价值
MQL	Marketing Qualified Lead	营销认可线索
SQL	Sales Qualified Lead	销售认可线索
MOT	Moments of Truth	关键时刻

续表

缩　写	英文词汇全称	中文含义
FMOT	First Moment of Truth	第一关键时刻
SMOT	Second Moment of Truth	第二关键时刻
TMOT	Third Moment of Truth	第三关键时刻
ZMOT	Zero Moment of Truth	零关键时刻
MRR	Monthly Recurring Revenue	每月经常性收入
MVT	Multivariate Testing	多变量测试
MCN	Multi-channel Network	多频道网络
NPS	Net Promoter Score	净推荐值
NSM	North Star Metric	北极星指标
PV	Page View	页面浏览量
PPC	Pay Per Click	每次点击付费
PCV	Product Core Value	产品核心价值
PLG	Product Led Growth	产品导向型增长
PMF	Product Market Fit	产品-市场契合
RFM	Recency、Frequency、Monetary Value	RFM模型：最近一次消费时间、消费频率、消费金额
ROI	Return on Investment	投资回报率
ROAS	Return on Advertising Spending	广告支出回报率
ROI	Relevance Originality Impact	相关性、原创性、冲击力策略
TA	Target Audience	目标受众
UV	Unique Visitor	独立访问者
UE 或 UX	User Experience	用户体验
UGC	User Generated Content	用户生成内容
PGC	Professionally Generated Content	专业生成内容
OGC	Occupationally Generated Content	职业生成内容
UI	User Interface	用户界面
Adx	Ad Exchange	广告交换平台
AG	Automated Guaranteed	程序化合约
BDI	Brand Development Index	品牌发展指数
CDI	Category Development Index	品类发展指数
PDB	Programmatic Direct Buy	程序化直接购买
PG	Programmatic Guaranteed	程序化合约
CMS	Content Management System	内容管理系统
COS	Content Optimization System	内容优化系统
CPM	Cost Per Mille	每千次展现费用
CPC	Cost Per Click	每点击费用
CPT	Cost Per Time	按时长付费
CPD	Cost Per Day	按天付费
CPD	Cost Per Download	每下载费用
CPI	Cost Per Installation	每安装费用
CPL	Cost Per Leads	每线索费用

续表

缩　写	英文词汇全称	中 文 含 义
CPS	Cost Per Sales	每销售费用
CPV	Cost Per Visit	每访问费用
DMP	Data Management Platform	数据管理平台
CDP	Customer Data Platform	客户数据平台
CRM	Customer Relationship Management	客户关系管理系统
DSP	Demand Side Platform	需求方平台
SSP	Supply Side Platform	供应方平台
eCPM	effective Cost Per Mille	每千次展现收入
eCPC	effective Cost Per Click	每点击收入
eCPA	effective Cost Per Action	每行动收入
FFM	Five Factor Model	人格五因素模型
FUD	Fear，Uncertainty and Doubt	恐惧、不确定和疑虑
FAQ	Frequently Asked Questions	常见问题问答
GRP	Gross Rating Point	毛评点
MA	Marketing Automation	营销自动化
MarTech	Marketing Technology	营销技术
AdTech	Advertising Technology	广告技术
MPI	Market Penetration Index	市场渗透指数
MVP	Minimum Viable Product	最小可行性产品
DOOH	Digital out of Home	户外数字广告
oCPC	optimized Cost Per Click	优化的CPC
oCPM	optimized Cost Per Mille	优化的CPM
oCPA	optimized Cost Per Action	优化的CPA
PD	Preferred Deal	优先交易
PA	Private Auction	私有竞价
PMP	Private Market Place	私有市场
PLC	Product Life Cycle	产品生命周期
CMP	Creative Management Platform	创意管理平台
PCP	Programmatic Creative Platform	程序化创意平台
DCO	Dynamic Creative Optimization	动态创意优化
RMS	Revenue Market Share	收入市场份额
RMS	Relative Market Share	相对市场份额
RTB	Real Time Bidding	实时竞价
OA	Open Auction	公开竞价
SEM	Search Engine Marketing	搜索引擎营销
SEO	Search Engine Optimization	搜索引擎优化
ASM	App Store Marketing	应用商店营销
ASO	App Store Optimization	应用商店优化
SERP	Search Engine Results Page	搜索引擎结果页面
SOV	Share of Voice	声音份额

续表

缩　　写	英文词汇全称	中文含义
TOS	Tactic Optional Set	策略可选集
UCD	User Centered Design	以用户为中心的设计
TD	Trading Desk	投放操作平台
ITD	Independent Trading Desk	独立投放操作平台
BTD	Branding Trading Desk	品牌广告主投放操作平台
ATD	Agency Trading Desk	代理商投放操作平台
DIKW	Data、Information、Knowledge、Wisdom	DIKW 信息层次模型：数据、信息、知识、智慧
DDG	Data Driven Growing	数据驱动增长
DAM	Digital Asset Management	数字资产管理
eWOM	Electronic Word-of-Mouth	网络口碑
SNA	Social Network Analysis	社交网络分析
SMA	Social Media Analysis	社交媒体分析
APK	Android Package	安卓安装包
API	Application Programming Interface	应用程序接口
AI	Artificial Intelligence	人工智能
BI	Business Intelligence	商业智能
CCPA	*California Consumer Privacy Act*	《加利福尼亚州消费者隐私法案》
DNS	Domain Name System	域名系统
GDPR	*General Data Protection Regulation*	《通用数据保护条例》
GD	Guaranteed Delivery	保证交付量广告
HTML	Hypertext Markup Language	超文本标记语言
XML	Extensible Markup Language	可扩展标记语言
H5	HTML5	第 5 代 HTML
IDFA	Identifier for Advertising	广告标识符
IMEI	International Mobile Equipment Identity	国际移动设备识别码
IaaS	Infrastructure as a Service	基础架构即服务
PaaS	Platform as a Service	平台即服务
SaaS	Software as a Service	软件即服务
DaaS	Data as a Service	数据即服务
WWW	World Wide Web	万维网
IP	Internet Protocol	IP 地址
HTTP	Hypertext Transfer Protocol	超文本传输协议
HTTPS	Hypertext Transfer Protocol over Secure Socket Layer	超文本传输安全协议
JS	JavaScript	JS 程序
LBS	Location-based Service	基于位置的服务
LAN	Local Area Network	局域网
WAN	Wide Area Network	广域网
ML	Machine Learning	机器学习
MAC	Media Access Control	MAC 地址
NLP	Natural Language Processing	自然语言处理

续表

缩　写	英文词汇全称	中　文　含　义
RWD	Responsive Web Design	响应式网页设计
SDK	Software Development Kit	软件开发工具包
SQL	Structured Query Language	结构化查询语言
TLD	Top-level Domain	顶级域名
SLD	Second-level Domain	二级域名
TCP/IP	Transmission Control Protocol/Internet Protocol	传输控制/网络互联协议
URL	Uniform Resource Locator	统一资源定位系统
URI	Uniform Resource Identifier	统一资源标识符
UID	Unique Identifier	唯一标识符
UUID	Universally Unique Identifier	通用唯一标识符
GUID	Globally Unique Identifier	全局唯一标识符
UTM	Urchin Tracking Module	谷歌追踪模块
UA	User Agent	用户代理
UserID	User Identification	用户标识
PII	Personally Identifiable Information	个人身份信息
SMEI	Sales & Marketing Executives International	营销国际协会

附录 D 常用指标

常用指标的名称、计量或计算、相关说明，如表 D-1 所示。

表 D-1 常用指标的名称、计量或计算、相关说明

| \multicolumn{3}{c}{1. 用户获取 ① 广告推广（包含信息流、搜索引擎、社交媒体、广告网络等各类广告）} |

指标名称	计量或计算	相关说明
展现量 Impression	直接计量	广告被展现的次数，也称为曝光量
可见展现量 Viewable Impression	直接计量	对给定广告是否实际被人们看见的度量，如在相关标准中，对于 PC 展示类广告，在可视区域内展现至少 50%的像素、展现时长至少 1 秒才算作一个可见展现
接触频次 Frequency	直接计量	在一定周期内每位受众接触某支广告的平均次数
有效接触频次 Effective Frequency	直接计量	目标受众若要达到广告诉求目的则需要接触该广告的最少次数
到达率 Reach	到达率=看到广告的目标受众人数÷总人数×100%	在一定周期内看到某支广告至少 1 次的目标受众人数占该媒体（或某一地区）总人数的百分比
有效到达率 Effective Reach	有效到达率=达到"有效接触频次"的受众人数÷总人数×100%	在一定周期内，对于某支广告来说，达到"有效接触频次"的受众人数占该媒体（或某一地区）总人数的百分比
毛评点 Gross Rating Point （GRP）	GRP=到达率×接触频次×100%	在一定周期内广告的总到达率，其中包含重复接触广告的受众人数；在互联网领域，也常使用 Internet Gross Rating Point（IGRP）术语，其含义和计算方式与毛评点相同
广告填充率 Ad Fill Rate	广告填充率=广告成功填充数÷广告展示机会数×100%	广告成功填充数占广告展示机会数的百分比
点击率 Click Through Rate （CTR）	CTR=点击量÷展现量×100%	广告或内容的点击量占展现量的百分比
点击转化率 Click Value Rate（CVR）	CVR=转化量÷点击量×100%	CPA 类广告转化量占点击量的百分比
TA 浓度 TA%	TA%=目标受众÷总受众×100%	常用于评估媒体或渠道的质量，式中的"目标受众""总受众"都是在该媒体或渠道范围内的

1. 用户获取
① 广告推广（包含信息流、搜索引擎、社交媒体、广告网络等各类广告）

指标名称	计量或计算	相关说明
质量度 Quality Score	由媒体或渠道按相关规则计量	也称为质量得分，指的是对广告、关键词和目标网页质量的估算。拥有更高质量度的广告可以获得更低的价格和更好的广告展现。影响质量度的因素包括预期的点击率、广告相关性、目标网页或 App 的用户体验等
竞价率 Bid Rate	竞价率=竞价参与次数÷竞价发起次数×100%	竞价参与次数占竞价发起次数的百分比
竞得率 Win Rate	竞得率=实际竞得次数÷竞价参与次数×100%	实际竞得次数占竞价参与次数的百分比
声音份额 Share of Voice（SOV）	SOV=企业品牌广告费支出÷同类品牌广告费总支出×100%，或 SOV=企业品牌被提及数÷市场中同类品牌被提及总数×100%	与竞品相比，企业的品牌在互联网及社交网络中被提及的比重，可用于衡量广告或公关活动的效果
品牌搜索查询量 Branded Search Query	直接计量	品牌在搜索引擎中被搜索、查询的次数，可用于衡量广告或公关活动的效果
品牌情感 Brand Sentiment	基于用户调查或对网络口碑的自然语言处理技术获得	网络口碑中消费者对品牌的情感，如积极、消极或中立，可用于衡量广告或公关活动的效果
转化相关	—	详见"流量承接与转化"部分
投资回报	—	详见"投资与回报"部分

1. 用户获取
② EDM 和消息推广

指标名称	计量或计算	相关说明
发送成功率 Sent Rate	发送成功率=（发送总数-发送失败数-退信数）÷发送总数×100%	邮件或消息发送成功数占发送总数的百分比
跳出率 Bounce Rate	跳出率=邮件退回数÷发送总数×100%	也称"弹回率"，邮件退回数（被接收邮件方的邮件服务器退回）占发送总数的百分比，需要注意与"网页跳出率"的区别
送达率 Delivery Rate	送达率=（发送总数-发送失败数-退信数-进入垃圾箱数）÷发送总数×100%	邮件或消息送达成功数占发送总数的百分比
打开率 Open Rate	打开率=打开阅读数÷发送成功数×100%	邮件或消息的打开阅读数占发送成功数的百分比
点击率 Click Through Rate （CTR）	CTR=点击量÷打开阅读数×100%	邮件或消息中链接的点击量占打开阅读数的百分比，需要注意与"点击转化率"的区别
点击转化率 Click Value Rate（CVR）	CVR=转化量÷点击量×100%	CPA 类广告转化量占点击量的百分比
转发率 Share Rate	转发率=转发分享数÷打开阅读数×100%	邮件或消息的转发分享数占打开阅读数的百分比

续表

| 1. 用户获取 |||
| ② EDM 和消息推广 |||
指 标 名 称	计 量 或 计 算	相 关 说 明
退订率 Unsubscribe Rate	退订率=退订数÷发送成功数×100%	邮件或消息的退订数占发送成功数的百分比
转化相关	—	详见"流量承接与转化"部分

| 1. 用户获取 |||
| ③ 内容推广 |||
指 标 名 称	计 量 或 计 算	相 关 说 明
展现量 Impression	直接计量	内容（如文章）被展现的次数
打开率 Open Rate	打开率=打开阅读数÷展现量×100%	内容的打开阅读数占展现量的百分比
点赞量 Like/Favorite	直接计量	内容被点赞的数量（也可进一步计算点赞率）
收藏量 Collection	直接计量	内容被收藏的数量（也可进一步计算收藏率）
评论量 Review	直接计量	内容被评论的数量（也可进一步计算评论率）
转发量 Share	直接计量	内容被转发的数量（也可进一步计算转发率）
转载量 Reprint	直接计量	内容被转载的数量（也可进一步计算转载率）
增粉量 Follower	直接计量	因内容而获得的新粉丝数量、内容账号或专栏被关注或订阅的数量（也可进一步计算增粉率）
页面停留时间 Time on Page	直接计量	用户在内容正文页面中停留的时间
点击率 Click Through Rate （CTR）	CTR=点击量÷展现量×100%	内容中链接的点击量占展现量的百分比
转化相关	—	详见"流量承接与转化"部分

| 1. 用户获取 |||
| ④ 网站 SEO 推广 |||
指 标 名 称	计 量 或 计 算	相 关 说 明
搜索引擎索引量 Search Engine Index	直接计量	网站中可以作为搜索候选结果的页面数，包括网站的总索引数、特征页面索引数、分类索引数等
关键词排名 Keyword Ranking	由搜索引擎按相关规则计量	网站的首页目标关键词、分类页面关键词、其他的典型页面关键词（含 PC 端和移动端）
网站排名 Website Ranking	由有关工具按相关规则计量	如 Alexa 排名，网站排名只具有一定的参考价值，且数据通常缺乏准确性

279

续表

1. 用户获取 ④ 网站 SEO 推广			
指 标 名 称	计量或计算	相 关 说 明
外部链接数 External Link	直接计量	总链接数、特征页面链接数等
反链域名数 Referring Domain	直接计量	链接到本网站的其他站点数量
自然流量 Organic Traffic	直接计量	自然搜索的流量
每日页面抓取量 Pages Crawled Per Day	直接计量	在一段时间内每天被抓取的页面数量
抓取错误量 Crawl Error	直接计量	搜索引擎蜘蛛未成功抓取的 URL 数量
页面平均加载时间 Average Page Load Time	直接计量	在一段时间内页面加载时间的平均值，用于衡量页面加载速度
转化相关	—	详见"流量承接与转化"部分

1. 用户获取 ⑤ 应用商店 ASO 推广			
指 标 名 称	计量或计算	相 关 说 明
搜索排名 Search Ranking	直接计量	App 关键词在应用商店搜索中的排名
榜单排名 List Ranking	直接计量	App 在应用商店某一榜单中的排名
类别排名 Category Ranking	直接计量	App 在应用商店某一类别中的排名
下载量 Download	直接计量	App 的受欢迎程度
自然安装量 Natural Installation	自然安装量=总安装量-付费安装量	App 总安装量减去付费安装量的安装量
评论量 Review	直接计量	App 的评论热度
评分 Score	由应用商店按相关规则计量	App 的认可度
转化相关	—	详见"流量承接与转化"部分

1. 用户获取 ⑥ 用户裂变推广			
指 标 名 称	计量或计算	相 关 说 明
净推荐值 Net Promoter Score （NPS）	净推荐值=(推荐者数÷受访人数-贬损者数÷受访人数)×100%	衡量老用户向新用户推荐产品的意愿

续表

| \multicolumn{3}{c}{1. 用户获取} |
| \multicolumn{3}{c}{⑥ 用户裂变推广} |
K 因子 K-factor	K 因子=第 n 个周期的用户自然增长数÷第 n-1 个周期的活跃用户数， 或 K 因子=裂变用户数÷启动数	例如，第 7 个周期的用户自然增长数除以第 6 个周期的活跃用户数；第二式中的"启动数"即首批分享的用户数
转化相关	—	详见"流量承接与转化"部分
投资回报	—	详见"投资与回报"部分

| \multicolumn{3}{c}{1. 用户获取} |
| \multicolumn{3}{c}{⑦ 流量承接与转化} |
| \multicolumn{3}{c}{（普遍适用于上述各种推广方式）} |

指 标 名 称	计量或计算	相 关 说 明
会话/访问 Session/Visit	直接计量	用户访问一次统计为一个 Session/Visit
新会话比例 % New Session	新会话比例=首次会话÷所有会话	首次会话占所有会话的比例
独立访问者 Unique Visitor（UV）	直接计量	一位独立访问者只统计为一个 UV，但其可能会产生多个 Visits
页面浏览量 Page View（PV）	直接计量	访问者对每个页面的每次访问均被记录为一个 PV
平均会话深度 Average Page Depth	平均会话深度=一段时间内所有会话的总页面浏览量÷所有会话	会话深度指的是用户在会话期间访问的页面数
平均页面停留时间 Average Time on Page	平均页面停留时间=该页面上访问者的总停留时间÷（页面总浏览量-页面退出数）	页面停留时间指的是用户登录一个网页和进入下一个网页的时间差，退出页面的停留时间统计为 0；式中的"总停留时间"是该页面上访问者停留时间的和
平均会话长度 Average Session Duration	平均会话长度=一段时间内所有会话的总会话长度÷所有会话	总会话长度指的是用户在一个应用（如网站、App）中的总停留时间
跳出率 Bounce Rate	跳出率=只访问了一个页面的会话÷总的会话	跳出指的是访问者只访问了网站的一个页面就离开网站的情形；需要注意与 EDM 场景中"跳出率（弹回率）"的区别
退出率 Exit Rate	退出率=从退出页面离开网站的会话÷进入了退出页面的会话	退出指的是访问者从退出页面离开了网站的行为
用户参与 Engagement	自定义计量	对用户有积极意义的交互行为的统称
用户参与度 Engagement Rate	用户参与度=总用户参与分数÷会话	对用户平均参与程度的度量
App 下载量 App Download	直接计量	App 被成功下载的数量
App 激活量 App Activation	直接计量	App 被成功安装并打开的数量；新设备首次被成功安装并打开通常也称为"设备激活"

281

1．用户获取
⑦ 流量承接与转化
（普遍适用于上述各种推广方式）

指 标 名 称	计量或计算	相 关 说 明
新增用户 Added User	直接计量	通常指的是新增的注册用户数，也有另外两种计算层次，详见正文"用户增长数量的衡量"部分
新增注册用户 New Registered User	直接计量	新增的注册用户数
用户登录数 Logon Count	直接计量	用户登录的数量
热图指标 Heat Map Index	由热图分析工具按相关规则计量	重要的具体衡量指标如下。 一是点击热度，通常以鼠标在页面中的点击数量（或手指在屏幕中的触摸数量）及颜色冷热表示。 二是平均滚动深度（Average Scroll Depth），通常以鼠标向下滚动到某个位置的人数的百分比或颜色冷热表示。 三是驻留时间（Dwell Time），通常以百分比表示用户在不同页面或同一页面不同位置的停留时间。 四是移动路径，通常以颜色表示光标移动的路径
转化率 Conversion Rate	转化率=转化数÷基数×100%	转化指的是让用户完成某个设定目标的过程，"目标"的范围非常宽泛，如注册账号、添加购物车、下单、支付、填写表单等
线索数 Leads	直接计量	指的是在业务中产生的线索数量
留存率 Retention Rate	留存率=期末用户数÷期初用户数×100%	在某个事件后一段时间内的期末用户数占期初用户数的百分比，时间取值一般有次日、3日、7日等
用户增长率 User Growth Rate	用户增长率=（期末用户数-期初用户数）÷期初用户数×100%	衡量在一段时间内的用户增长水平

1．用户获取
⑧ 投资与回报
（普遍适用于上述各种推广方式）

指 标 名 称	计量或计算	相 关 说 明
每用户平均收入 Average Revenue Per User（ARPU）	ARPU=收入-成本。 收入范围：用户直接付费收入、用户点击广告形成的收入、自定义价值。 成本范围：推广费用、PC成本（购买成本或生产成本）、直接人工费用、其他相关费用	利润意义上的用户平均收入

续表

1. 用户获取
⑧ 投资与回报
（普遍适用于上述各种推广方式）

指 标 名 称	计量或计算	相 关 说 明
用户生命周期价值 Life Time Value（LTV）	LTV=LT×ARPU。 用户生命周期时长（LT）=1÷用户平均流失率	在用户与企业的整个关系期间内归属于用户的未来现金流量的现值，具体包括非预测、简单预测、高级预测三种计算模式，详见正文"用户生命周期价值的衡量"部分
获客成本 Customer Acquisition Cost（CAC）	CAC=总成本÷总客户。 总成本范围：推广费用、直接人工费用、其他相关费用	获得客户或用户的人均成本
投资回报率 Return on Investment（ROI）	ROI=LTV÷CAC	投资获得的回报与投资的比率
广告支出回报率 Return on Advertising Spending（ROAS）	ROAS=销售收入÷推广支出	广告推广带来的销售收入与推广支出的比率
每千次展现费用 Cost Per Mille（CPM）	CPM=总成本÷总展现量×1000	—
每点击费用 Cost Per Click（CPC）	直接计量	—
按时长付费 Cost Per Time（CPT）	直接计量	—
按天付费 Cost Per Day（CPD）	直接计量	需要注意其缩写 CPD 与 Cost Per Download 的缩写相同
每下载费用 Cost Per Download（CPD）	直接计量	需要注意其缩写 CPD 与 Cost Per Day 的缩写相同
每安装费用 Cost Per Installation（CPI）	直接计量	—
每线索费用 Cost Per Leads（CPL）	直接计量	—
每销售费用 Cost Per Sales（CPS）	直接计量	—
每访问费用 Cost Per Visit（CPV）	直接计量	—
每行动费用 Cost Per Action（CPA）	直接计量	与用户转化行为有关的模式如 CPD（Cost Per Download）、CPI、CPL、CPS、CPV 等统称为 CPA
每千次展现收入 effective Cost Per Mille（eCPM）	直接计量	从媒体角度衡量的不同结算模式的广告收入
每点击收入 effective Cost Per Click（eCPC）	直接计量	从媒体角度衡量的不同结算模式的广告收入

续表

| \multicolumn{3}{c}{2. 用户深耕} |
| \multicolumn{3}{c}{① 留存与体验} |

指标名称	计量或计算	相关说明
用户激活率 Activation Rate	用户激活率=激活用户数÷新增用户数×100%	用户激活指的是新用户完成特定操作。通常情况下新用户可以通过完成该操作体验到产品核心价值，并对留存产生显著影响
用户参与 Engagement	自定义计量	对用户有积极意义的交互行为的统称
用户参与度 Engagement Rate	用户参与度=总用户参与分数÷会话	对用户平均参与程度的度量
回访用户 Returning User	直接计量	重新访问网站或回到产品中的用户数量
活跃用户数 Active User	活跃用户数=当日新增用户数+除新增用户外当日有参与行为的用户数	根据不同的统计周期，通常有日活跃用户数、周活跃用户数、月活跃用户数等几种活跃用户数
用户黏性 User Viscosity	用户黏性=DAU÷MAU	日活跃用户数与月活跃用户数的比率
留存用户数 Retained User	直接计量	—
留存率 Retention Rate	留存率=期末用户数÷期初用户数×100%	在某个事件后一段时间内的期末用户数占期初用户数的百分比，时间取值一般有次日、3日、7日等
流失用户数 Churn User	流失用户数=总用户数-留存用户数	"流失用户"与"留存用户"是一对互斥的概念
流失率 Churn Rate	流失率=1-留存率	"流失率"与"留存率"是一对互斥的概念
休眠用户 Dormant User	直接计量	处于流失初期的用户（返回产品的概率较大），详见正文"用户流失干预"部分
功能留存率 Function Retention Rate	功能留存率=期末用户数÷期初用户数×100%	使用过特定功能的期末用户数占期初用户数的百分比
事件留存率 Event Retention Rate	事件留存率=期末用户数÷期初用户数×100%	发生过特定事件（如参加优惠活动）的期末用户数占期初用户数的百分比
顾客满意度 Customer Satisfaction （CSAT）	CSAT=（非常满意的顾客数+满意的顾客数）÷受访人数×100%， 或CSAT=所有顾客的打分总和÷（受访人数×打分上限）×100%	衡量顾客对产品或服务的满意程度
顾客费力度评分 Customer Effort Score （CES）	CES=所有顾客的打分总和÷受访人数	调查顾客使用产品或相关功能解决问题的难易程度，即产品的易用性
声音份额 Share of Voice（SOV）	SOV=企业品牌广告费支出÷同类品牌广告费总支出×100%， 或SOV=企业品牌被提及数÷市场中同类品牌被提及总数×100%	与竞品相比，企业的品牌在互联网及社交网络中被提及的比重，可用于衡量广告或公关活动的效果

续表

2．用户深耕 ① 留存与体验		
指 标 名 称	计量或计算	相 关 说 明
品牌情感 Brand Sentiment	基于用户调查或对网络口碑的自然语言处理技术获得	网络口碑中消费者对品牌的情感，如积极、消极或中立，可用于衡量广告或公关活动的效果
净推荐值 Net Promoter Score （NPS）	NPS=（推荐者数÷受访人数-贬损者数÷受访人数）×100%	衡量老用户向新用户推荐产品的意愿

2．用户深耕 ② 付费类用户的产出衡量		
指 标 名 称	计量或计算	说　　明
成交总额 Gross Merchandise Volume（GMV）	直接计量或由相关平台（如电商平台）按相关规则计量	衡量交易的总体水平
销售毛利 Gross Profit on Sales	销售毛利=销售金额-销售成本	—
毛利率 Gross Profit Margin	按照销售口径，销售毛利率的计算公式如下。 销售毛利率=（销售收入-营业成本）÷销售收入×100%。 按照成本口径，成本毛利率的计算公式如下。 成本毛利率=（销售收入-营业成本）÷营业成本×100%。	—
客单价 Per Customer Transaction（PCT）	PCT=成交总金额÷成交总人数	衡量订单的平均金额
每用户平均收入 Average Revenue Per User（ARPU）	ARPU=收入-成本。 收入范围：用户直接付费收入、用户点击广告形成的收入、自定义价值 成本范围：推广费用、PC成本（购买成本或生产成本）、直接人工费用、其他相关费用	利润意义上的用户平均收入
每付费用户平均收入 Average Revenue Per Paying User（ARPPU）	参照"每用户平均收入"	利润意义上的付费用户平均收入，对象是付费用户
用户生命周期价值 Life Time Value（LTV）	LTV=LT×ARPU。 LT=1÷用户平均流失率	在用户与企业的整个关系期间内归属于用户的未来现金流量的现值，具体包括非预测、简单预测、高级预测三种计算模式
复购率 Repurchase Rate	按照用户数量口径，复购率的计算公式如下。 复购率=复购的用户数÷有购买行为的用户总数×100%。 按照购买次数口径，复购率的计算公式如下。 复购率=用户购买行为次数÷有购买行为的用户总数×100%	衡量用户的复购水平

续表

2. 用户深耕
③ 非付费类用户的产出衡量

指 标 名 称	计量或计算	相 关 说 明
广告收入 Advertising Revenue	基于广告模式按相关计费规则计量	用户点击广告产生的广告收入
声音份额 Share of Voice（SOV）	SOV=企业品牌广告费支出÷同类品牌广告费总支出×100%， 或 SOV=企业品牌被提及数÷市场中同类品牌被提及总数×100%	与竞品相比，企业的品牌在互联网及社交网络中被提及的比重，可用于衡量广告或公关活动的效果
品牌情感 Brand Sentiment	基于用户调查或对网络口碑的自然语言处理技术获得	网络口碑中消费者对品牌的情感，如积极、消极或中立，可用于衡量广告或公关活动的效果
用户创造内容 Content	直接计量	用户创造内容主要有用户生成内容、专业生成内容、职业生成内容三种形态
净推荐值 Net Promoter Score（NPS）	NPS=（推荐者数÷受访人数−贬损者数÷受访人数）×100%	衡量老用户向新用户推荐产品的意愿

3. 总体经营

指 标 名 称	计量或计算	相 关 说 明
收入市场份额 Revenue Market Share（RMS）	RMS=产品或服务的收入÷该市场总收入×100%	产品或服务的收入与该市场总收入的比值，从销售收入角度衡量产品或服务的竞争水平
相对市场份额 Relative Market Share（RMS）	RMS=产品或服务的市场份额÷最大竞争对手的市场份额×100%	产品或服务的市场份额与最大竞争对手市场份额的比值，从对比角度衡量产品或服务的竞争水平，需要注意与"收入市场份额"的区别
市场渗透指数 Market Penetration Index（MPI）	MPI=使用某种产品或服务的用户÷该产品或服务的总估计市场×100%	使用某种产品或服务的用户与该产品或服务的总估计市场的比值，从用户需求角度衡量产品或服务的市场发展潜力
品牌发展指数 Brand Development Index（BDI）	BDI=（针对某群消费者的品牌销量÷该群消费者数）÷（该品牌总销量÷总消费者数）	衡量某个品牌在特定消费者群体中的相对表现
品类发展指数 Category Development Index（CDI）	CDI=（针对某群消费者的品类销量÷该群消费者）÷（该品类总销量÷总消费者数）	衡量某个品类在特定消费者群体中的相对表现
北极星指标 North Star Metric（NSM）	自定义计量	在某个阶段内可以非常直观且灵敏地反映有意义的用户增长水平的指标

续表

4. 数理统计

指 标 名 称	计量或计算	相 关 说 明
频率 Frequency	频率=某一事件发生的次数÷总的事件数	某一事件发生的次数与总的事件数之比
中位数 Median	排序后直接计量	将所有数据按升序排序后,位于中间位置的数值
众数 Mode	直接计量	在一个数据集中出现次数最多的数值（可能不止一个）
分位数 Quantile	详见附录 Part 2	常用的分位数有百分位数、四分位数
异常值 Outlier	自定义计量	异常值也称为离群值,指的是位于一个数据分布的总体模式之外的观测值
数学期望（均值） Mathematical Expectation	$E(X) = \sum_{i=1}^{\infty} x_i P_i$	试验中每次可能结果的概率乘以其结果的总和
总体方差 Population Variance	$\sigma^2 = \dfrac{\sum_{i=1}^{n}(x-\mu)^2}{n}$	方差用于度量随机变量和其数学期望（均值）之间的偏离程度
样本方差 Sample Variance	$S^2 = \dfrac{1}{n-1}\sum_{i=1}^{n}(x_i-\bar{x})^2 = \dfrac{1}{n-1}(\sum_{i=1}^{n}x_i^2 - \bar{x}^2)$	—
总体标准差 Population Standard Deviation	$\sigma = \sqrt{\dfrac{\sum_{i=1}^{n}(x_i-\mu)^2}{n}}$	标准差指的是方差的算术平方根
样本标准差 Sample Standard Deviation	$S = \sqrt{\dfrac{\sum_{i=1}^{n}(x_i-\bar{x})^2}{n-1}}$	—

附录 E 参考文献

[1] David Court, Dave Elzinga, Susan Mulder, et al.The consumer decision journey[EB/OL].[2021-08-31].https://www.mckinsey.com/business-functions/marketing-and-sales/our-insights/the-consumer-decision-journey.

[2] Nir Eyal, Ryan Hoover.HOOKED:How to Build Habit-Forming Products[M].New York: Penguin Group(USA)LLC, 2014.

[3] Philip Kotler.Marketing Management[M].15th ed.New Jersey: Pearson Education,Inc., 2014.

[4] International Organization for Standardization.ISO 9000:2015 Quality management systems — Fundamentals and vocabulary[S/OL].[2021-08-31].https://www.iso.org/standard/ 45481.html.

[5] International Organization for Standardization.ISO 9241-210:2010 Ergonomics of human-system interaction — Part 210:Human-centred design for interactive systems[S/OL].[2021-08-31].https://www.iso.org/standard/52075.html.